옵티미스트의
긍정
코드
100

옵티미스트의 긍정 코드 100

2009년 2월 10일 초판 1쇄 인쇄
2009년 2월 15일 초판 1쇄 발행

지은이 닉 인먼(Nick Inman)
옮긴이 문세원
편집기획 이원도
교정 홍미경, 이혜림, 이준표
제작 서동욱, 이경진
영업기획 김관호, 이장호
디자인 이창욱
발행인 윤국진
발행처 베이직북스
E-mail basicbooks@hanmail.net
주소 서울 마포구 동교동 165-8 LG팰리스 1508호
등록번호 제320-2005-58호
전화 02) 2678-0455
팩스 02) 2678-0454
ISBN 978-89-93279-15-3 03180

값 12,800원
*잘못된 책이나 파본은 교환하여 드립니다.

옵티미스트의 긍정 코드 100

Positive Code for Optimist

닉 인먼 지음 | 문세원 옮김

베이직북스

끔찍하고 우울한 세상이다. TV를 켜면 온통 전쟁, 범죄, 기아, 경제 위기에 대한 뉴스로 가득하며 이제는 기후 변화까지 우리를 공포로 몰아넣는다. 인구는 이미 포화상태에 도달했고 인간들은 환경을 오염시키며 스스로를 죽음으로 몰아가는 중이라고 한다.

이렇게만 본다면 끔찍한 세상이라고 불러야 마땅하다. 우리는 허세를 부리며 즐겁게 지내는 척하지만 대부분의 시간을 원치 않는 일을 하며 보내고 있다. 주위를 둘러보자. 당신의 짧은 인생은 화살같이 빠르며, 알맹이 없는 단편 영화에 불과한데다 결말은 해피엔딩과는 거리가 멀다.

그러니 사람들이 내게 그런 반응을 보인 것도 당연할 수밖에 없다. 내가 낙관주의에 대한 책을 쓰겠다고 하자 사람들은 대부분 놀람과 우려가 뒤섞인 반응을 보였다. 마치 내가 실현 가능성이 없는 무리수를 던지고 있다는 듯이 말이다. 괴로움으로 가득한 이 세상에서 어떻게 낙관주의자로 살아갈 수 있을까? 과연 쓸 거리를 찾을 수나 있으려나? 거짓말과 과장이라도 보태야 하는 것일까? 아니면, 이도 저도 아닌 애매모호 입장을 고수해야 하나?

우선 몇 가지 짚고 넘어갈 것이 있다. 나쁜 일은 언제나 일어나기 마련이다. 융(Jung)의 환자에게나 일러주어야 하는 것처럼 삶이란 호전될 가망성이 보이지 않는 불치병과 같다. 그리고 인생은 불공평하다. 그나마 인류의 마지막 희망이라고 할 수 있는 지구와 우주마저도 불안하다. 과학자들은 결국 열역학의 제2법칙에서처럼 엔트로피(entropy)만 증가하게 되리라고 예언한다. 만물이 '끝장'이 나는 그 순간까지 무질서와 붕괴가 증가하다가 결국 우주 에너지는 사방으로 흩어지거나 아예 없어지고 말 것이란다.

궁금하다면 직접 당신의 눈으로도 확인이 가능하다. 녹슬고, 먼지가 쌓이며, 썩는 일이 하루라도 쉬는 것을 본 적이 있는가? 아니면 정원 손질하는 사람들에게 물어봐도 좋다. 계속해서 자라나는 담쟁이덩굴을 없애보고자 24시간 내내 정원을 지키고 앉아 제초기와 가위로 잘라내기도 하고 휴대용 버너로 태워도 보고 강력한 화학약품을 뿌려댄다 한들 결국 담쟁이덩굴은 또 자라나기 마련이다.

그러니 주변만 둘러보아도 세상은 우리가 원하든 원하지 않든 파멸로 치닫는 중이라는 사실을 어렵지 않게 입증할 수 있다. 허나 이는 최후 평결이 아닐 수도 있다. 이 책은 우리 개인과 사회, 국가, 문명에 날마다 일어나고 있는 크고 작은 비극들을 못 본 척하자는 것이 아니다. 하지만 암울한 결론을 내리기에 앞서 우리가 현실을 정말 똑바로 보고 있는가를 다시 한번 확인할 필요가 있다. 우리로 하여금 사물을 실제보다 더 나쁘게 느끼도록 만드는 주범들을 다음과 같이 정리해 보았다.

1. 우리 눈으로 볼 수 있는 세상은 극히 일부에 불과한데도 우리는 TV나 인터넷, 책, 라디오 혹은 다른 사람에게 전해들은 이야기들을 토대로 인생과 우주, 모든 만물에 대해 판단을 내린다. 즉, 한 단계 거친 '2차적인' 낡고 고루한 판단이다.

2. 우리는 행복한 이야기보다는 끔찍한 이야기를 더 좋아한다. 남의 불행이라면 놓치지 않으려고 귀를 기울이지만 정상적인 과정을 거친 성공담을 들어줄 시간은 없다. 그러다 보니 세상에는 좋은 일보다 나쁜 일이 훨씬 더 많이 일어난다는 인상을 받게 된다.

3. 우리가 만족스럽기보다는 근심스럽고 우울한 상황에 있다고 말해주고 싶어 안달 난 강력한 집단이 세 개 있다. 정치인들은 유권자들에게 겁을 주면 쉽게 무기력해진다는 사실을 알고 있다. 신문기자들에

게는 나쁜 뉴스가 좋은 뉴스다. 그래야 신문이 팔리기 때문이다. 다국적 기업들은 하나라도 더 팔기 위해 우리의 무능함을 자극하는 마케팅 전략을 펼친다. 이 세 부류는 우리가 만족해 할 때는 아무런 이득을 누리지 못하는 집단들이다.

4. 우리는 이데올로기의 희생양이다. 편견에 사실을 짜맞추거나 혹은 무시한다. 만일 현 정부와 우리의 정치 노선이 다를 경우, 진실여부와는 상관없이 그들이 하는 일은 무조건 틀렸다고 본다.

5. 우리는 미신에 사로잡혀 있다. 우리 마음속에는 너무 큰 기대를 하면 신들이 이 희망을 부숴버릴 수도 있다는 남모를 두려움이 숨어 있다. 하지만 최악의 시나리오를 미리 생각해 두면 행여나 무슨 일이 생겨도 실망하지 않을 수 있다고 믿는다.

6. 우리는 비교적 고정관념에 익숙해 있으며 유동성이나 변화무쌍한 트렌드를 불편하게 여긴다. 어제 내린 결론을 오늘 뒤바꾼다는 것은 별로 유쾌한 일이 아니다.

7. 어떤 일이 겉으로 보이는 것이 전부가 아니라고 인정하는 것은 죽기보다 싫다. 정확하게 흑과 백으로 구분된 우리의 생각에 곁가지를 쳐서 복잡하게 만들고 싶지 않다.

8. 우리에게는 책임을 회피하고 남의 탓으로 돌리려는 경향이 있다. 거의 병적이다. 무슨 일이건 나 때문이 아니다. 모두 '그들' 잘못이다. '그들'은 내가 조금도 가지고 있지 않은 부패, 이기심, 교만, 속임수, 불신을 가지고 있다.

영화감독이자 제작자인 알레한드로 조도로프스키(Alejandro Jodorowsky)는 이렇게 말했다. "현실은 음식을 담는 커다란 접시다. 당신의 입이 당신이 먹는 음식을 정한다. 즉 음식의 맛은 당신이 정하는 것으로 본래 음식 자체에는 아무 맛이 없다. 당신의 입이 닭고기 맛을 느낀다면 현실은 닭고기인 것이다."

6

이 복잡한 세상을 이해하기 위해서는 우리에게 그러한 왜곡된 여과장치가 있음을 깨닫고 현실을 균형 있게 바라보는 시각을 길러야 한다. 부정적인 측면을 받아들이되 긍정적인 측면을 볼 줄 알아야 한다. "더 좋은 것을 바란다면 최악을 직시하라.(If way to the better there be, it exacts a full look at the worst.)" 토머스 하디(Thomas Hardy)의 말이다.

낙관주의는 우리가 만들어낸 현실의 균형을 바로잡는 도구다. 낙관주의의 목표는 "궂은 날씨도 감사할 수 있는 이유는 아예 날씨가 없는 것보다는 낫기 때문"이라던 빅토리아 시대의 가정교사처럼 억지스러운 경쾌함과 깃털처럼 날아갈 듯한 기분으로 세상을 장밋빛으로 보며 세상에 의연하게 맞설 용기에 얻고자 함이 아니라 이제 그만 투덜대고 행동에 옮기게 하려 함이다.

낙관주의란 태도를 말하는 것이다. 예언도 아니며 수학 공식도 아니다. 낙관주의의 언어는 확실성의 언어라기보다는 가능성의 언어다. 주저앉아 울기보다는 처한 상황을 인정하고 희망을 품고 전진하려는 경향이다. 희망은 언제나 존재하기 때문이다.

로빈슨 크루소는 난파 사실을 깨달은 뒤, 살아야겠다는 강한 충동과 주저앉고 싶은 절망의 유혹 사이에서 흔들렸다. 하지만 그는 그 판단을 자신의 이성에 맡겼다. 그는 냉정하게, 그리고 사실만을 바탕으로 그가 처한 상황의 희망적 측면과 절망적 측면을 목록으로 작성하여 비교해보았다. 그 결과, 그는 자신이 여전히 살아있으며 즉각적 위험에 처하지는 않았다는 점, 그리고 구조되기까지 목숨을 부지할 만한 넉넉한 식량이 있다는 사실만으로도 감사해야 한다는 이성적인 결론에 도달했다. 낙관주의란 바로 이런 것이다.

잡지 〈와이어드 Wired〉의 사외기자인 케빈 켈리(Kevin Kelly)는 2007년 1월 〈디 엣지 The Edge〉라는 웹사이트에서 과학사상가들을 상대로 실시한 조사를 통해 다음과 같은 결론을 내렸다.

"…일반적으로, 시간이 지남에 따라, 새로운 해결책들이 새로운 문제들보다 더 많아졌다. 랍비 잘만 샤흐터 샬로미(Zalman Schachter-Shalomi)는 이렇게 말한 적이 있다. '세상에는 악보다 선이 더 많다. 하지만 그 차이는 별로 크지 않다.'

문화가 그렇다. 세상에 문명을 축적하려면 매일같이 1퍼센트씩 혹은 1퍼센트의 십분의 일이라도 더 나은 날을 보내면 된다. 매년 인간이 만들어내는 창조의 양이 파괴의 양보다 1퍼센트라도 많은 한 인간은 진보하는 것이다. 하지만 이 델타는 너무 작아서 거의 감지되지 않는데 특히 죽음과 파괴가 차지하는 비율이 49퍼센트에 육박했을 때에는 더욱 그렇다. 하지만 이러한 변변치 않고 눈에 띄지 않는 차이가 진보를 만들어낸다.”

우리는 인간성을 무능한 것으로 치부하는 것, 혹은 인간성이라는 '확실한 수익성'에 투자하여 희망이 냉소를 이기고, 지혜가 어리석음을 이기고, 공감이 이기심을 이기고 용기가 거절을 이기는 꽤 괜찮은 복리를 챙기는 것의 두 가지 중 하나를 선택하며 살아야 한다. 진보의 속도는 너무 느려 알아채기 어려울 때도 많지만 앞으로 전진하려는 움직임이 있다는 것만으로도 족하다.

만일 우리가 테러나 전쟁, 가난과 같은 고통 속에서도 해결책을 찾을 수 있다고 기대한다면 우리 인생은 '플러스 게임'이 된다. 플러스 게임에서는 누구나 승자다. 2007년 제프리 삭스(Jeffrey Sachs)는 라디오에 출연하여 존 F. 케네디가 1963년에 했던 유명한 연설에 덧붙여 다음과 같이 호소했다. “전쟁을 필연으로 여긴다면 결국 우리는 전쟁으로 끝나게 될 것입니다. 만일 극빈의 문제를 해결 불가능한 것으로 여긴다면 결국 우리는 수백만 명의 사람들을 죽게 만들고 말 것입니다.”

그러므로 낙관주의는 행동하는 사람들, 사회 운동을 전개하는 사람들, 세상을 바꾸는 사람들이 갖는 특성이다. 협동과 협력과 건설, 그리고 무력이 아닌 논리로 적을 변화시키려는 성향을 가진 낙관주의는 분리와 대립, 자기만족, 착취, 단기성으로 이루어진 현대 정치에 대안이 될 수 있을 것이다.

이것만으로도 당신을 낙관주의자로 바꾸기에 충분하지 않다면 이번에는 당신의 이기심에 호소를 해보자. 연구 결과, 낙관주의자들은 '부정적인' 정보를 인지하여 받아들이고 위기를 극복하기 위한 조치를 취하는 데에 오히려 비관주의자들보다 더 뛰어나다는 사실이 밝혀졌다. 또한 불행과 패배를 도전으로 재분류하는 낙관주의자들은 보다 빨리 절망을 털고 일어나는 편이다.

　다시 말하지만 이 연구 결과를 통해 낙관주의가 건강에도 유익함을 알 수 있다. 비록 명확히 규명할 수는 없지만 정신과 육체 사이에 모종의 연관성이 있다는 점을 받아들인다면, 낙관주의가 당신의 세포에 물리적 영향을 미쳐 면역체계를 증강시킨다는 사실은 놀랄 일도 아니다. 낙관주의자들은 고통에도 훨씬 유연하게 대처하며, 절망해봤자 이득 될 것이 전혀 없다는 사실도 잘 알고 있다. 만일 지금 당신에게 고난이 닥쳐 절망 가운데 있다면, 혹은 엄청난 고통을 극복해야 하는 상황에 처했다면 낙관주의만이 유일한 대안이다. 낙관주의를 몸소 실천한 대표적인 사람으로는 헬렌 켈러가 있다. 그녀는 날 때부터 귀머거리와 장님이었지만 감각기관이 모두 멀쩡한 사람들보다 세상에 훨씬 더 큰 공헌을 했다.

　이와 반대로 비관주의자들의 성취도는 낮다. 동기부여가 되지 않고 스스로를 돌아보려 하지 않기에 사고를 당하기 쉽기 때문이다. 비관적인 생각을 한다는 것은 말 그대로 사고에 뛰어드는 것이나 다름없다. 비관적인 아이들은 만족스러운 삶을 영위하는 건강한 성인으로 자라 나기 어렵다. 우리 사회나 교육정책에 단 하나의 목표만 허락된다면, 세상에는 추구할만한 가치와 목표가 있다는 점을 젊은이들에게 심어주는 일이 그것이 되어야 할 것이다. 허무주의에 빠지는 것은 쉽다. 하지만 허무주의로는 아무 곳에도 갈 수 없다.

2009년 1월

저자 씀

이타주의 altruism

노벨상을 수상한 게리 베커(Gary Becker)는 이런 말을 했다.

"원래 사람들은 경제적 이기주의에 따라 행동하는 법이므로 단지 일부 낭만주의자들이 이러한 이기심을 인간사회의 근원 혹은 유일한 자극제로 받아들이지 않는 것이 놀라울 따름이다."

그렇지만 전통적인 경제이론이나 과학이론으로 설명할 수 없는 행위를 유발하는 자극제가 존재하는 것은 사실이다. 다른 사람의 이익을 위해 자신을 희생하는 이타주의가 바로 그것이다. 그렇다면 궁금해진다. 이타적으로 행동하는 사람이 정말 있는 것일까?

다윈주의에 따르면 혈족관계 혹은 호혜적 이타주의만이 철저한 생존경쟁과 최고의 짝짓기 상대를 정하려는 본능에서 제외된다고 한다. 즉, 같은 유전자를 가졌거나 혹은 보답을 기대할만한 상대를 향해 베푸는 계산된 관용이라는 것이다. 여기까지만 생각한다면 우리의 뇌는 '공감'에 사로잡혀 있다고 봐야 한다.

하지만 그것만으로는 설명하기 힘든 헌신의 행위가 실제로 있었다. 2차 세계대전 중 나치 점령 하에 있던 국가들의 수많은 이방인(유태인의 입장에서 볼 때)들이 유태인을 숨겨주었다. 그렇게 했다가는 자신의 목숨이 위태로워지는데도 그것이 옳은 행동이라고 여겼기 때문이다. 강제수용소에 갇힌 유태인 노동자 1천여 명을 구출해낸 오스카 쉰들러(Oskar Schindler)가 대표적 인물이다. 그는 후에 이렇게 설명했다.

"그들은 나를 위해 일했던 직원들이다. 누구나 아는 사람들을 두고서는 인간답게 행동할 수밖에 없지 않은가!"

가톨릭국제관계협회(the Catholic Institute for International Relations)의 국장인 이안 린든(Ian Linden)도 BBC와의 인터뷰에서 같은 얘기를 했다.

"예전에 나는 짐바브웨에서 선교단체와 함께 일을 한 적 있었습니다. 당시 짐바브웨는 전시 상황이었고 잰들러(Zandler)의 군대가 정권을 잡게 되었을 때였습니다. 나는 그때 그곳에서 선교활동을 하던 신부님 한 분이 하셨던 말씀을 똑똑히 기억합니다. '내가 첫 번째 차량에 탈 테니 당신은 두 번째 차량에 타시오.' 처음에는 그 말이 무슨 말인지 몰랐습니다. 물론 신부님의 말씀은 첫 번째 차량이 길에 깔린 지뢰를 먼저 밟게 될 터이니 나더러 안전한 두 번째 차량에 타라는 것이었습니다.

그의 그런 행동은 마치 집 주인이 손님을 문까지 배웅하는 것이 당연하듯이 자연스러웠고, 완전한 무의식의 상태에서 배어 나온 행위였기에 요란을 떨거나 과시하려고 하지도 않았습니다. 나는 방문자였고 그는 그곳에 선교를 하면서 살고 있는 사람이기에 누군가 지뢰를 밟을 수밖에 없다면, 그러니까 다리가 잘라져 나가는 일이라도 생긴다면 그건 손님인 당신이 아닌 당연히 자신이 되어야 한다고 생각한 거죠. 어쨌든 한마디로 이야기하자면, 그는 두 번째 차량을 양보할 정도로 타인을 위해서라면 목숨이라도 기꺼이 내놓을 그런 타입의 사람이었던 것입니다."

이보다는 덜 극단적인 이타주의는 우리 주변에서도 어렵지 않게 찾을 수 있다. 자신의 시간과 노력을 바쳐 동물보호캠페인이나 제3국가들의 빈민구호운동을 벌이는 이들만 봐도 그렇다. 이런 행위는 이타적 행위라고 할 수 있다. 그뿐 아니라 모든 직업에는 약간의 이타심이 필요하다. 다른 사람을 가르치는 일이나 환자를 간호하는 일처럼 말이다. 두들겨 맞거나 칼에 찔릴 위험이 있음에도 불구하고 괴한이나 폭력배의 횡포에 정면으로 맞서는 영웅 시민들도 빠뜨릴 수 없다.

정계에서도 이타주의자들을 찾을 수 있다. 우리는 그런 사람들을 정치꾼이 아닌 정치가로 인정해준다. 자선을 베풀기 위해 이윤을 남기는 기업들도 마찬가지다. (물론 쉰들러도 '그의' 유태인 노동자들을 위해 전 재산을 쏟은 사업가였다.)

쓰레기를 줄이는 작업에 몰두하고 있는 환경운동가들 또한 새로운 이타주의 집단이라고 할 수 있다. 이들은 쓰레기통을 포장 쓰레기로 가득 채우는 호사를 거부하고, 환경을 해치는 탄소발자국(carbon footprint), 즉 탄소의 흔적을 최소화하려고 애쓰는 사람들이다.

봉사정신이나 의무감, 혹은 사람들로부터 인정받고 싶은 마음 등과 같은 다른 동기로도 이타주의를 설명할 수 있다. 냉소주의자라면 이타주의자들이 그렇게 행동하는 이유는 이기적인 사욕을 위한 것이라고 할 수도 있을 것이다. 그런 식으로 스스로에게 위안을 얻기 위해서, 혹은 자선가라도 된 것 같은 기분을 느껴보기 위해서, 그것도 아니면 종교적인 이유 등으로 죽은 뒤 자기의 영혼을 구원하기 위해서라고 말이다. 하지만 그렇게 간단히 치부하기에 이타주의는 너무 심오하다.

《이타주의의 마음 The Heart of Altruism》의 저자인 몬로(Kirsten Renwick Monroe)는 그러한 숨겨진 동기들을 부인한다. 이타적인 행동을 하는 사람들은 자각하지 못하는 상황에서 그러한 행동을 하는 것으로 어떤 일에 대해 자신이 할 수 있는 범위를 살펴본 후 해야 할 필요가 있다고 생각하는 행동을 선택할 뿐이라는 것이다.

우리가 항상 이타적이어야 된다고 말하는 사람은 없다. 비록 공자가 그러한 무욕의 행위만이 문명이 제 역할을 하도록 만들 수 있다고 말하고 있더라도 말이다. 어쨌든 우리는 이타주의자들을 좀 더 높이 평가하고 인정할 필요가 있으며, 스스로 좀 더 관대해지고 타인과 공감하는 법을 배워야 한다. 또한 이타주의를 사회적 선으로 가르칠 수도 있다. 이타주의가 자유시장의 기능을 저해할 것이 분명한다해도 말이다. 하지만 지금으로서는 자기만 생각하지 않는 사람들이 존재한다는 사실에 만족하자.

우리 주변에는 봉사 활동, 기부 행위, 자선 사업 등을 통해 이기주의보다 행복한 이타주의자가 되길 바라는 사람들이 많이 있다. 이타주의를 신봉한 대표적인 인물로는 묵가(墨家)를 꼽을 수 있다.

→ 참고 :《이타주의의 마음 The Heart of Altruism : Perception of a Common Humanity》, 커스턴 렌윅 몬로(Kirsten Renwick Monroe) (1998)

마취 anaesthetics

혹시 당신은 습관성 불평꾼인가? 그렇다면 칼로 베인 상처나 편두통, 치통을 비롯한 각종 질병과 바이러스, 혹은 감기 등을 치료할 약이 전혀 존재하지 않는 세상이 있다고 잠시 상상해보라.

약도 없는 마당에 수술은 바랄 처지가 아니다. 마취법이 생겨난 지는 그리 오래되지 않았지만 마취가 의술에 미친 획기적인 변화는 이루 말로 설명할 수 없다.

19세기 초반만 해도 의사는 환자의 의식이 멀쩡한 가운데서 팔이나 다리를 절단하는 수술을 해야 했다. 당시에 쓰인 마취제라고는 독한 술이나 모르핀이 전부였다. 그러다 보니 환자가 수술 도중 쇼크로 죽는 것이 다반사였다.

마취가 처음 사용되기 시작한 것은 1850년경부터이며, 1950년대가 되어서야 비로소 환자들을 완전히 수면상태에 빠져들게 하는 마취제가 사용되었다. 지금은 이 독성의 혼합액체를 우리의 혈관에 흘려넣는 것만으로 대수술, 간단한 수술, 대기 수술 시 통증을 완화시키기 위한 국부마취와 전신마취 등 다양하게 선택할 수 있게 되었다.

미래에는 한층 더 섬세해진 마취제가 개발되어 회복 시간도 더 빨라지고 통증도 더 효과적으로 잠재울 수 있게 될 것이다. 또한 위험과 부작용을 크게 줄일 수 있는 비화학성의 새로운 마취술이 발견될지도 모를 일이다.

Positive

적합기술 appropriate technology

1991년의 어느 날, 수영장 설치기술자이자 한때 곡예사였으며 자칭 발명가인 트레버 베일리스(Trevor Baylis)는 TV화면에서 눈을 떼지 못했다. 거기에는 아프리카에 창궐한 에이즈에 대한 다큐멘터리가 방영되고 있었다. 현지를 조사 중인 한 연구원이 인터뷰를 통해 에이즈의 확산을 멈추게 할 최선의 방법은 라디오를 통해 에이즈와 그 예방법에 대해 알리는 것이라고 설명하고 있었다. 하지만 건전지 값이 한 가족의 일주일 치 식료품비보다 비싼 상황에서 시골 지역의 가난한 사람들이 무슨 수로 라디오를 듣는단 말인가?

베일리스는 곧장 작업실로 들어가 태엽장치로 듣는 라디오를 고안해냈다. 손으로 2분 정도 태엽을 감으면 14분간 라디오 방송을 들을 수 있었다. 사용자가 감은 강철스프링이 거꾸로 풀리면서 발전기의 역할을 한다는 원리를 사용한, 매우 간단하면서도 독창적인 아이디어였다. 전기 대신 물리적인 방법(스프링)을 사용하기에 험난한 비포장도로를 지나고, 또 경우에 따라 몇 년 동안 창고에 저장되더라도 끄떡없이 작동할 수 있을만큼 튼튼하고 오래 가는 라디오를 만들 수 있었다. BBC의 〈내일의 세계 Tomorrow's World〉에 베일리스의 라디오가 소개된 이후 내량 생산을 돕겠다는 사람이 나다났고 드디어 1996년 최초의 태엽식 라디오가 출시되었다.

이것이야말로 진정한 '적합기술' 이라고 할 수 있다. 적합기술이란 저비용으로 고효율적이며 환경적으로도 피해를 입히지 않으면서 특정 목적을 달성하는 기술이다.

이 용어는 대부분 개발도상국, 특히 전기를 비롯한 다른 기간시설이 없는 시골 지역과 연관지어 사용된다. 최소한의 투자로 최소한의 오염과 폐기물을 발생시키면서 가난한 나라를 더 나은 수준으로 '도약' 할 수 있도록 만들어 줄 수 있어야 적합기술이다.

하지만 선진국에 사는 사람들도 이 개념을 생활 속에서 적용할 줄 알아야 한다. 만일 자동차, 컴퓨터, 냉장고 등이 부가 기능 없이 꼭 필요한 몇 가지 기능만 가지고 있다면 어떨까? 그리고 그 메커니즘이 매우 간단하여 누구나 기본적인 공구만 가지고 쉽게 고칠 수 있다면? 게다가 그러한 제품들의 운영 및 유지비가 상당히 낮다면? 그리고 한번 고장 나면 그 즉시 내버릴만한 것이 아니라 오랫동안 쓸 수 있도록 튼튼하게 만들어졌다면 어떨까?

개발도상국에서 사용되고 있는 적합기술들은 다음과 같다.

● 말리의 땅콩 까는 기계 : 미국의 영화기술자이자 구호요원인 조크 브랜디스(Jock Brandis)가 말리를 방문했을 때 그곳의 한 여성이 그에게 미국에 돌아가게 되면 땅콩 껍질 벗기는 저렴한 가격의 기계를 찾아달라고 부탁한 것이 계기가 되어 발명했다. 그녀가 부탁한 것을 미국에서 찾지 못하자 그는 저비용을 들여 수동으로 작동하는 기계를 직접 고안해냈다.

● 자이 컴퓨터(jhai computer) : 자전거 틀에 탑재한 발판의 힘으로 작

동되는 동력 자전거 컴퓨터로 아주 적은 에너지를 소비한다. 이메일을 읽으려면 열심히 발을 굴려야 한다. 원래는 라오스의 한 가난한 마을을 위해 자이 재단(Jhai Foundation)이 고안한 것인데, 소프트웨어와 하드웨어 모두 개방되어 있다는 점에서 적합기술 발명품이 지녀야 할 철학의 집적체라고 부를만하다.

● 로밴드 웹사이트 : 인터넷 접속이 느린 사람들을 위해 복잡한 웹페이지를 간단한 텍스트로 바꾸어주는 사이트다. (사실상 화면에 나타나는 사진이나 그래픽 없이도 내용을 이해하는 데에는 아무 문제없다.)

● 항아리 냉장고 : '항아리 속의 항아리' 라는 원리로 1995년 모하메드 바 아바(Mohammed Bah Abba)가 발명한 음식물 저장장치다.

● 안개 수집 기술 : 공기 중의 수분을 캔버스에 응축하여 물통으로 흘려보내는 기술로써 이름이 재미있다.

● 빙글빙글 놀이펌프 : 아이들이 치는 장난이 동력이 되어 작동하는 워터펌프다.

● 하마 롤러 물통 : 머리나 어깨에 무거운 물통을 지는 대신 땅바닥에 굴려서 운반할 수 있도록 고안된 물통이다.

● 생명의 빨대 : 일반적인 음료수 빨대와 다를 바 없지만 그 기능은 상당히 다르다. 이것은 깨끗하지 않은 물을 마셔야 할 때 쓰는 미니 정수기 역할을 한다. 힘껏 빠는 힘으로 작동한다.

● 갈대침대 하수처리 : 자연적으로 하수를 정화하는 방법이다.

● 회오리 휠체어 : 가난한 장애인들을 위해 고안된 것으로 가격 부담도 없으며 오픈 소스라 편리하다.

위의 발명품들 모두가 개발도상국가 전체에 적용이 가능하고 저렴하다고 할 수는 없지만 기발한 생각만으로 얼마나 쉽게 공동의 문제를 해결할 수 있는 지를 확인할 수 있다. 단순히 돈을 벌기 위한 발명품도 있지만, 사회적 병폐를 해결하고자 하는 의지로 발명품이 탄생하기도 한다.

➔ 참고 : 실천적 행동(Practical Action) : www.practicalaction.org

생태건축 ecological architecture

사람들 사이에 자주 회자되거나 신문의 헤드라인을 장식하며 몇 세기가 지나도록 보존되는 건축물들은 하나같이 웅장하고 도시적이며 종교적이고 기업적인데다 귀족적이고 호화롭다. 하지만 우리에게 정말로 중요한 건축물은 바로 우리가 살 집이다. 당분간 계속될 토속 건축의 흐름을 과거와 미래라는 두 가지 관점으로 짚어보고자 한다.

우선 우리 선조들의 지혜를 되짚어보자. 조악한 재료로 똑같은 네모 상자들을 찍어내기 훨씬 전부터, 우리의 선조들은 몇 세기에 걸친 쓰라린 경험과 시행착오를 반복하며 집 짓는 법을 터득했다. 집 터를 고를 때는 창밖으로 보이는 멋진 경치보다는 외풍을 효과적으로 차단할 방법에 더욱 신경을 썼으며 현지에서 구할 수 있는 재료를 가지고 최대한으로 활용했다.

최근에는 자연건축으로 돌아가자는 바람이 불어 벽돌이나 시멘트, PVC, 파이버글라스 등과 같은 재료는 되도록 쓰지 않고 돌이나 나무, 석회 모르타르, 자연적인 단열재가 많이 사용되고 있다. 자연 재료로 지은 집에 사는 사람이 더 건강하다고 하는데, 건강뿐 아니라 집의 내관과 외관 노한 보기 좋은 것 같나.

미래지향적 측면에서 현대의 에너지효율 기술을 집에 적용하여 전기세나 수도세를 낮추고 환경 파괴를 최소화하면서 더욱 안락한 삶을 제공하자는 데에 있다.

좋은 건물, 혹은 적어도 좋은 의도로 지은 상업용도의 생태건물은 베드제드(BedZED)가 대표적이다. 베드제드는 2002년 피바디 트러스트사가 영국 서리에 세운 탄소중립 생태주택단지인 베딩턴제로 에너지개발(Beddington Zero Energy Development)의 줄인말인데, 자연재료나 재활용 혹은 재생 재료를 최대한으로 사용했으며 에너지효율성을 염두에 두고 지었다. '수동적 태양열'을 받기 위해 집들은 남향으로 지어졌으며 따뜻할 때에 벽 속에 온기를 저장했다가 추울 때 이를 난방으로 활용한다. 재생 가능한 에너지를 이용하여 전력을 공급하는데 빗물 또한 재활용의 대상이 된다.

자연주택을 짓거나 자연주택으로 개조하는 것이 인기를 끌게 되면 가격도 내려갈 것이다. 미래에 세워질 에너지절약형의 지속 가능한 생태도시나 생태국가에도 이 원리를 이용하지 않을 이유가 없다.

➜ 참고 : 《자연주택에 대하여 The Natural House》, 데이비드 피어슨(David Pearson), 1998

"낙관주의자란 어디서나 푸른 신호등을 보는 사람이다. 반면 비관주의자는 어디서나 빨간색 정지신호를 보는 사람이다… 진정으로 현명한 사람은 색맹이다." 　　　　　　　　　　　알버트 아인슈타인

환경의 경고 environmental awareness

2007년 7월, 범대륙적으로 개최된 록 공연 '라이브 어스(Live Earth)'의 목적은 전 세계의 환경 문제를 일깨우기 위함이었다. 그렇지 않아도 탄소를 낭비하고 있는 가수나 록 그룹들을 무대에 세우느라 소비된 에너지의 양이 비난을 받기도 했지만 공연기획 측은 이로 인해 수백만의 사람들의 생활양식이 바뀔 수 있다면 그 정도의 에너지 소비는 정당화 될 수 있다고 주장했다.

"인류가 살 수 있는 유일한 별인 지구가 파괴되는 문제보다 길거리에 버려진 개똥이나 쓰레기 따위를 더 심각하게 여기는 사람들이 많다."

미국의 전직 부통령이자 이 공연의 프로모터인 앨 고어의 말이다. "우리는 지구를 거대한 하수구 취급을 하고 있다… 이산화탄소는 냄새도 없고 보이지도 않으며 맛도 없다. 허나 이러한 이산화탄소가 세계적 규모의 파괴력을 가지고 있다."

환경의식이란 바람직한 것이다. 당신이 기후변화협약에 동의할 수 없다고 해도 말이다. 하지만 공연에 참가한 록 스타들이 환경을 파괴하지 않으면서도 여전히 즐거운 삶을 살고 있다는 것을 보여줄 수 있었다면 '라이브 어스'는 더욱 성공적이었을지도 모른다.

어떤 콘서트는 퇴비더미 옆에 공연무대를 설치함으로써(생물분해성 용기를 사용하는 어느 멋진 음료수 회사에서 후원했다) 모범을 보였으며 홍보 영상물에는 자유분방한 보헤미안의 삶을 살면서도 분리수거를 하며 녹음실까지 자전거를 타고 다니는 록 스타가 등장했다.

록 가수들이 이전보다 덜 자기파괴적으로 사는 법을 배우게 되고, 또 우리들이 흡연이나 음주운전을 반항심의 절정이라기보다는 반사회적이며 죽음을 부르는 것으로 여기게 된 것과 똑같은 방법으로 생태의식은 인간의 의식 속에 스며들고 있다. 또한 에너지 소비 문제와 인간이 직간접적으로 원인을 제공하고 있는 오염을 우리가 책임지려는 움직임 또한 바람직한 현상이다. 사람들은 생활양식을 바꾸는 것은 어려운 일도, 시간을 빼앗기는 일도 아니라는 것을 깨닫기 시작했다.

물론 여기서 끝나지 않는다. 어쩌면 우리 모두는 검소하고 개척정신을 가진(록 스타가 아닌) 이들을 본보기 삼아 점차 분리수거용 쓰레기통이 필요 없을 정도로 쓰레기를 재활용하며 비행기를 타는 대신 기차를 타고 대륙을 가로지르게 될 수도 있다. 국제적인 인지도가 있는 유명인이 나서서 시작하기만 하면 탄소중립의 습관과 자전거 타기, 환경을 지키는 생활양식은 손쉽게 다음 시즌의 '머스트해브(must-have)' 아이템이 될 수 있다.

최상의 세계 the best of all possible worlds

불어와 라틴어로 글을 썼고 박식하기로 유명했던 독일의 고트프리트 빌헬름 라이프니츠(Gottfried Wilhelm Leibniz, 1646~1716)는 흔히 말하는 '걸어 다니는 백과사전'의 원조로, 사람들이 명사들에게 기대했던 것이 아름다운 육체가 아닌 아름다운 생각이던 시절의 슈퍼스타다. 그는 또한 낙관주의의 창시자로도 알려져 있다.(볼테르가 그의 소설 《캉디드 Candide》에서 비웃었듯이 말이다.)

라이프니츠의 충족이유율(Principle of Sufficient Reason)에 따르면 모든 사물이 존재하는 데에는 합당한 이유가 있으며 사람은 이 문제를 스스로 해결할 수 있다. 라이프니츠는 그의 저서 《변신론(Essais de Théodicée)》에서 신이 완전하다면 2등급의 세계를 창조할 수 없었을 것이라고 논증했다. 더 정확하게 말하면 만일 신이 무수히 많은 가능한 세계 중에서 하나를 결정해야 했다면(여기에 해당하는 모든 세계는 신으로부터 분리되었으므로 불완전하다) 신은 가장 덜 불완전한 세계, 즉 최선의 세계를 선택했을 것이라는 말이다. 이 세상에는 선과 악이 최적의 비율로 존재하는데, 라이프니츠에 따르면 그것이 바로 우리가 살고 있는 세계이며 우리는 최선의 세계에 살고 있기에 이 세계가 가진 본질적인 선에 대해 자신감을 가져야 한다는 것이다.

물론 라이프니츠가 틀렸다는 것을 증명하려면 우리가 살고 있는 이 세상보다 더 나은, 혹은 더 못한 세상을 찾아내면 된다.

몸(인체) your body

우리의 몸은 100조 개에 달하는 세포와 경이로울 정도의 복잡성을 자랑하며 서로 연결된 12개의 주요 기관으로 이루어져 있다. 이렇게 완성된 몸은 배터리나 연료의 도움 없이도 움직이며 극한 상황에 내몰리거나 잘못 사용되는 경우에도 본연의 기능을 한다.

우리의 신체기관들이 제대로 움직이고 있다는 것은 기적이다. 이 기관들은 우리가 엄마 뱃속에서 나와 첫 숨을 들이키는 순간부터 시작해서 우리가 살아 있는 동안 단 하루도 쉬지 않고 움직인다. 그것도 혼자의 힘으로 말이다. 동시에 움직이는 데도 서로를 방해하는 일 없이 함께 일을 한다는 점과 우리와 함께 자라난다는 점에서 더욱 대단하다.

살아 있는 동안 우리의 몸은 다음과 같이 사용된다.

● 소화기를 격렬하게 사용하면서 음식을 섭취하는 데에 3년 반

● 뇌 혹은 근력 혹은 두 가지를 동시에 긴장시키면서 일을 하는 데에 8년(겨우?)

● 변기에 앉아 괄약근을 조였다 풀었다를 반복하면서 6개월

● 자세를 망가뜨리면서 TV를 시청하는 데에 12년

● 턱을 심하게 움직이며 말하는 데에도 역시 12년

그러는 사이 우리의 다리는 주행거리 22,000㎞라는 기록을 세운다.

그리고 몸은 우리의 숨이 끊어지는 순간까지, 완벽하지는 않을지라도 어느 정도까지는 그 기능을 계속한다. 그런 후 다 쓰고 난 캡슐이 된 우리의 몸은 분해되어 스스로 재생의 과정을 거친다.

그러니 당신의 몸이 여기 저기 좀 쑤시고 아프다거나 코끝이 마음에 안 든다거나 안경 좀 쓰게 되었다 한들 어떠한가? 우리 모두는 생물공학의 기적이라는 사실을 잊어서는 안 된다.

책의 생존 the survival of the book

책과 컴퓨터는 대부분의 사람들의 일상에 없어서는 안 되는 것들로 이 두 가지 없이 생활하기란 여간 불편한 일이 아니다. 이 두 가지에는 서로 다른 목적과 즐거움이 있다. 지구상의 어떤 도서관에서도 인터넷 컨텐츠의 절반도 찾을 수 없는 반면 인터넷은 지구상의 모든 도서관이 보유한 컨텐츠를 검색할 수 있다. 혹은 적어도 곧 그렇게 될 것이다. 그러므로 책이 점차 이 디지털 세상 속에서의 마지막 몸부림을 포기하게 될 위험성이 있으며 조만간 글이라는 글은 전부 스크린을 통해 읽게 되는 날이 올 것이다.

책을 사랑하는 사람이라면 그렇게 되는 것이 책의 오랜 전통과 감성, 그리고 책에 대한 고풍스러운 애정을 배반하는 것처럼 느껴지겠지만(약 10년 전만 해도 역사나 외국 여행지에 대한 깊이 있는 정보를 얻을 수 있는 수단은 책이 유일했다) 이는 정보 전달의 매체가 변화하고 있다는 것을 가리키는 것이기도 하다. 소란스럽지 않게 필요를 충족하고 목적을 달성하는 기술은 대중성과 지속성을 갖는다.

기술애호가들에게 책은 도전의 대상이다. 물론 그들이 주장하는 바와 같이 책이 전자장치로 개발되면 편리한 점도 많을 것이다. 하지만 가끔 우리는 새로운 것이 우리를 위해 무엇을 할 수 있는지 보다는, 우리가 그것으로 할 수 있는 일을 찾기도 한다. 종이가 사라진 사무실이 생길 것이라고 떠들어대던 때가 있었다. 책이 사멸되는 날이 올 것이라고 예견하는 이들은 왜 그런 사무실이 아직도 생기지 않고 있는지부터 생각해 볼 일이다.

분명 언젠가는 '전자종이'가 일반화되어 영국, 프랑스, 스페인 문학의 전집을 하나의 파일로 만들어 열쇠고리에 매달고 다니게 될 날이 올 것이다. 하지만 책은 컴퓨터의 경쟁상대가 아니다. 지금은 물론 이후에도 책은 계속해서 보완의 역할을 할 것이다.

우리가 이 두 가지 장치를 어떻게 다르게 사용하고 있는지를 살펴보자.

"우리는 (컴퓨터 상의) 정보를 기하급수적인 수평적 연합이라는 비선형적 방법으로 접한다. 인터넷은 당신이 방문할 수도, 심지어 들어가 살 수도 있는 대중적 '공간'으로 인터넷의 산물은 태생적으로 인격과 육체를 갖추고 있지 않다.

문서를 스크롤 하는 것은 읽는 것과는 정반대다. 두 눈은 고정된 상태로 글자만 움직이기 때문이다. 우리는 '상호작용'의 기회를 저버린 채 인터넷으로 글을 읽는다… 컴퓨터가 우리를 대신해서 이미 종합사고까지 마친 상태이므로 이러한 행위는 완전히 수동적인 상태라고 할 수 있다.

전자매체란 본질적으로 하루살이 인생이며 끊임없이 개정될 운명에 놓여 있다. 또한 역사적 관점과도 계속해서 부딪힌다. 편집의 반대라고 할 수 있는 인터넷 상의 자료는 조정의 과정을 거치지 않는다. 기술에 따른 조정만 있을 뿐이다. 또한 가격이 없으므로 그 가치 또한 의심스럽다.

그리고 무엇보다 스크린의 빈 공간에는 50년 뒤 다른 독자가 발견할 수도 있는 당신만의 의견을 적어둘 수도 없다."

린 트러스(Lynne Truss)의

《먹고, 쏘고, 튄다(Eats, Shoots and Leaves)》중에서

'책의 두께'로만 볼 때 인터넷 최고의 성공신화로는 단연 다국적 소매서점인 아마존(Amazon)이다. 블로그도 여기에 해당하지만 블로그 작가들이 쓰는 글의 대부분은 종이책에서 얻은 지식과 영감을 바탕으로 한 것이다. 스크린에서 스크롤과 클릭으로 얻을 수 있는 소량의 사고보다 훨씬 더 충분한 사고를 접할 수 있다는 장점 때문에 종이책은 여전히 엄청나게 팔려나가고 있다.

책의 밝은 미래에 대해 마지막으로 덧붙이자면, 디지털화되어 있는 책의 컨텐츠를 주문할 경우에만 종이책으로 인쇄해 주는 '주문형 인쇄(print-on-demand)'의 기술이 출판 과정의 진정한 민주화를 이

루어내고 있다는 점에 주목할 필요가 있다. 즉, 누구나 저자가 될 수 있으며 샌드위치라도 만들 듯 원하는 내용을 마음대로 책 속에 담을 수 있게 되었다. 웹사이트를 만드는 것과 뭐가 다르냐고 반문할 수도 있겠지만 사람들이 손으로 직접 쥘 수 있는 물리적인 형태를 갖추었다는 점에서 차원이 다르다.

전자기기의 펄스에 의해 완전히 자취를 감출 수도, 전력 차단으로 접속이 끊기는 일도 생길 수 없고 그 어떤 서버보다 더 안전한 종이에 생각을 담는 것에는 힘이 있다. 책은 중세시대에 성경을 보급하기 위한 수단으로 시작되었지만 이는 여전히 본질적으로 동일한 정보전달체계를 가지며 여전히 파괴의 씨앗을 뿌리는 기능을 갖는다. 〈가디언 The Guardian〉지의 팀 래드포드(Tim Radford)는 다음과 같이 말했다.

"인쇄의 발명은 책을 다표적 탄두로 바꾸었다. 실컷 책을 불태워보라. 한 권은 반드시 살아남을 것이다."

지루함의 종말 the end of boredom

최근 몇 년 사이 불가능에 가까운 것을 가능하게 만든 기술이 등장하면서 사춘기 아이들의 지루함을 뿌리째 뽑아버렸다. 카메라가 내장된 휴대전화, MP3 플레이어, 포터블 DVD플레이어, 게임기 등은 TV 시청과 인터넷 접속을 금지 당했거나, 혹은 얘기할 상대도 없이 부모(사춘기 아이들에게 부모는 대화의 대상이 아니다)와 차를 타고 장거리 여행을 가야 하는 아이들의 완벽한 생존 장비다.

간단한 준비만 끝마치면, 즉 배터리만 충분히 충전되어 있으면 아이들만의 완벽한 쾌감대가 형성되며 이렇게 사춘기 이전에 형성된 쾌감대는 평생 지속될 수도 있다. 굳이 어른과 대화를 할 필요도 없이 말이다.

두 번 다시 지루하게 시간을 때우는 일은 없을 것이며, 두 번 다시 놀라울 정도로 아름다운 석양을 넋 놓고 바라보는 일도 없을 것이다. 친지들이나 기차 옆자리의 모르는 사람들이 들려주는 놀랍고 재미있는 얘기에 귀 기울일 필요도 없다.

부모들에게도 이만한 희소식이 없다. 아이들이 스스로 노는 법을 배우는 것, 이것이야말로 우리가 아이들에게 간절히 바라던 것이 아니던가? 그러니 아이들이 인내심이나 독창성, 창의성, 만족지연능력, 자기반성 등 한 번에 하나씩 주의를 집중할 수 있는 능력이 좀 떨어진다 한들 어떠한가? 아이들이 뭔가에 집중하고 있어서 징징거리지 않는 덕택에 우리도 평화롭게 우리만의 놀이를 즐길 수 있게 되었으니 말이다.

캉디드 candide

소설 속 등장인물 중 가장 낙천적인 인물은 아마도 볼테르(Voltaire)의 캉디드(《캉디드(Candide)》(1759)의 주인공)일 것이다. 그는 가정교사인 팡글로스(Pangloss, 라이프니츠를 풍자한 인물)에게 우리는 '최선의 세계'에 살고 있으며 '모든 것은 최선을 위해 존재한다'는 가르침을 받으며 자라난다.

그러던 캉디드는 한 순간의 잘못된 행실로 '최고로 아름다우며 최고로 살기 좋은 성에서 쫓겨나 야만적인 성 밖 세상에서 살게 된다. 거기서 그는 약탈, 강간, 살인, 학살, 식인, 난파, 고문, 질병, 화형, 지진 등 온갖 불행이란 불행을 직접 겪거나 목격하게 된다.

최근에 전 인류를 뒤흔든 사건으로 9·11사태를 꼽는다면 18세기에는 리스본 대지진이 있었다. 1755년 만성절(All Saints' Day) 아침에 일어난 이 지진은 최소 2만 명이 사망하면서 역사적 사건으로 기록되었다.

그러는 동안에도 캉디드는 자신이 겪은 어떤 일도 팡글로스의 철학을 뒤엎을 수는 없다고 믿으려 애썼다. 하지만 캉디드는 매번 나쁜 일만 일어나는 것을 보면서 우주에 존재한다는 선에 대해 의구심을 품으며 자기만의 현실을 재해석하는 법을 배우게 된다.

피상적으로 보면 캉디드는 라이프니츠의 낙관주의를 직접적으로 풍자한 소설로 보이지만 실은 그 이상의 것이 담겨있다. 합리주의의 위대한 옹호자인 볼테르는 그의 우화를 통해 빈틈없는 사고의 체계를 비판했다. 세상은 너무 다양하고 복잡하여 하나의 공식으로 정의될 수 없으며 그러므로 우리는 우리가 직면하게 될 결론에 대해 각오를 단단히 해야 한다고 그는 주장했다.

묘하게도 낙관주의를 방법론적으로 망가뜨리려는 의도로 쓴 책들은 하나같이 낙관주의로 마무리가 된다. 캉디드 또한 그저 끔찍스러운 이야기에 그치지 않고, 인간의 잔인함과 무자비함을 통해 빛을 발하는 친절과 작지만 용감하고 영웅적인 행동들과 인간적인 행위들에 대한 내용을 담고 있다.

캉디드는 세상을 통해 배우되 세상에 이끌려 부패하지는 않는 인물이다. 그는 현실을 피하려고도, 비아냥거림과 부정적인 생각 혹은 이기주의로 위안을 삼으려고도 하지 않았다. 이야기의 결말은 경험에 대해 가치 있게 반응한다는 것은 제아무리 혼란스럽고 무자비한 경험이라고 하더라도 그것을 통해 배울 것을 배우는 것이며 스스로를 더 나은 사람으로 만드는 것이라는 의미를 담고 있다.

"철학 따위는 관두고 일이나 하러 가세." 캉디드의 친구이자 보통 사람으로 등장하는 마르탱의 말이다. "그것만이 인생을 참고 견뎌낼 수 있는 유일한 길이라네."

"맞는 말씀이군요. 하지만 우리는 정원을 가꾸어야 합니다." 캉디드가 대답한다.

사형(제도) capital punishment

문명사회가 문명인답지 못한 행동을 하는 사람들을 어떻게 다뤄야 하는지는 간단히 대답할 수 없는 문제다. 그들을 모조리 사형에 처해버리고 싶은 유혹은 어쩌면 인간이 가장 원초적으로 보여주는 반응일 것이다. 보복을 통해 세상에서 악을 제거하겠다는 이론이다. 하지만 범죄자들의 죄가 아무리 막중하다고 하더라도 죽이는 것은 정의로운 해결책이라고 할 수 없다.

사형은 논쟁을 통해 해결할 수 있는 윤리적인 문제도 아니며 정치적인 문제도 아니다. 그냥 옳지 않은 것이

> "사형제도를 실시하고 있는 국가들의 수는 매년 감소하고 있다."

다. 이는 기독교를 포함한 인간 생명의 존엄성을 중요시하는 모든 도덕체계와 배치되며 인권의 개념과도 부딪힌다.

또한 논리에도 어긋난다. 실용주의적인 사형 옹호자들은 사형이야말로 마음이 약한 사람들에게 좋은 본보기를 보여주는 것이며 정의와 불의를 분간하지 못하는 사람들을 공포로 몰아넣을 수 있다고 말한다. 여기에 대해서는 확실한 반증이 가능하다. 사형제도는 범죄를 저지르려는 마음을 막지 못한다. 이미 제정신이 아니고 약에 취했거나, 혹은 너무 어려서 자신이 하는 일의 결과에 대해서 생각하지 못하는 사람들에게는 더욱 그렇다. 아니면 적어도 집단 살인을 저지르려는 정신병자에게는 붙잡히는 위험조차 자신의 끔찍스러운

계획의 일부에 해당한다.

사형제도는 현대적 의미에서 살펴볼 때 거슬리는 행위이다. 법의 진화를 거스른다. 서구세계의 법 제도는 무제한적 시간이 아닌 범죄의 정도에 따라서 정해지는 기한부 형벌이라는 개념에 기초하고 있다. 모든 사람들이 자신의 행동에 대해 속죄하거나 개심할 수 있다는 믿음에 입각한 것이다.

그러니 윤리학은 잊어버리자. 사형을 통해 달성한 것처럼 보이는 정의도 잊어버려라. 사형을 해석할 수 있는 유일한 이론은 극단적으로 단순화된 야만적 충동에서 비롯된 복수뿐이며 이는 결코 우리 사회에 자리잡아서는 안 될 것이다. 희생자의 유가족이 받은 대로 갚아주겠다며 저지른 살인을 묵인해준다면 청부업자를 고용하여 대신 사람을 죽이게 한 경우는 어떻게 할 것인가?

여전히 사형제도를 유지하고 있는 국가(혹은 미국의 주)들은 스스로의 도덕적 정당성을 희생시키고 있는 것이다. 그리고 이는 사형폐지 논쟁의 법적, 도덕적 측면에 관심을 갖기는커녕 위와 같은 끔찍한 원리에 따라 정치범에게 사형을 집행할 수도 있는 국가들에게는 위험한 선례를 만들어 주는 셈이 된다.

사형제도를 유지해야 할 마땅한 이유는 없지만 폐지해야만 할 좋은 이유는 하나 있다. 무고한 사람들이 사형으로 목숨을 잃고만 에가 상당히 많은데 만일 그 사형을 결정하여 집행한 주체가 국가라면 이는 그 국가에 속한 국민 개개인의 책임이다.

사형제도를 사법 프로그램의 일부로써 유지하고 있는 국가들의
수가 감소한다는 것은 인간애의 성장과 직접적인 연관이 있다. 그것
은 이성적인 논증의 가치가 분노를 능가하기 때문이며, 그에 따라
헌법도 개정되고 있다.

콩코드 광장(Place de la Concorde, 파리에 있는 광장으로 프랑스혁명 당시
루이15세와 마리 앙투아네트가 처형당한 곳)까지 따라 나가 반드시 피를 구
경하고 싶어하는 무리들이 언제나 있듯이 사형제도를 지지하는 사람
들도 언제나 존재할 것이다. 하지만 우리는 인간의 존엄성을 압도하
는 복수심과 피를 구경하고 싶어하는 욕망을 자제해야 할 것이다.

이러한 논리를 받아들일 수 없다면 통계수치가 왜 일관된 방향을
보이고 있는지를 생각해보라. 1977년 기준, 사형제도를 완전히 폐지
한 나라는 16개 국가뿐이었다. 하지만 오늘날 사형제도 폐지 국가는
90개 국가에 달하며, 10개 국가는 특별한 경우의 범죄만을 위해 제
도를 유지하고 있고, 아직도 사형제도가 유효한 국가들 중 30개국은
기술적으로만 폐지하지 않았을 뿐 사실상 집행을 멈춘 상태다. 즉,
130개 국가가 중죄 처벌을 위한 다른 해결책을 찾았으며 67개국만

이 여전히 사형을 집행하고 있다는 얘기다. 대부분의 사형제도 유지국들은 아프리카와 아시아 대륙에 걸쳐 있다.

서구사회에서 일어나고 있는 진보의 흐름에서 유독 다른 길을 걷는 나라가 자칭 민주주의와 문명의 등대 역할을 하고 있다는 미국이다. 미국의 38개 주에서는 여전히 사전에 초청된 사람들이 보는 앞에서 반공개적 처형을 실시할 권리를 유지하고 있다.

프랑켄슈타인을 보는 듯이 끔찍스러운 전기의자 처형 대신 그나마 덜 고통스러운 치사 주사로 바뀌긴 했지만 이러한 '개선' 에도 여전히 문제는 존재한다. 어찌 사람의 목숨을 살리는 윤리적 의무를 가진 의사가 생명을 교묘히 앗아갈 치사량의 약을 처방할 수 있단 말인가? 이렇게 죽음을 처방하는 의사들이 사라지고 나면 복수심에 불타는 판사나 교도소장들도 자취를 감추게 될 것이다.

아이러니하게도 자비를 베풀려고 하면 할수록 더욱 민감한 문제들이 일어나기 마련이다. 2006년 미국은 '서투른 사형' 의 공포에 빠졌다. 플로리다의 사형수가 치사 주사를 맞고도 34분간 숨이 끊어지지 않아 또 다시 주사를 맞았으며 주사약이 혈관이 아닌 살로 흘러들어가는 바람에 팔에 화학적 화상을 입는 사건이 일어났기 때문이다. 이로 인해 여러 주에서 사형집행을 보류하게 되었으며 사형제도를 폐지해야 한다는 주장이 더욱 강력해졌다.

2007년에는 의사인 아툴 가완디(Atul Gawande)가 자신의 책《닥터, 좋은 의사를 말하다. Better : A Surgeon' s Notes on Performance》의 집필을 위해 미국 의사들을 대상으로 특별한 여론조사를 실시했다. 그 결과, 사형집행에 개입하는 것을 도덕적 문제라고 여기지 않는 의사는 놀랄 정도로 소수라는 사실을 알게 되었다. 간디는 점점 더 많은 의사들이 그러한 행정적 살인에 참여하기를 거부하고 있다는 사실을 지적하면서 이러한 움직임을 계기로 사형제도는 서서히 사라지게 될 것이라고 예견했다.

→ 참고 : 국제사면위원회(Amnesty International)

자선자본주의 caring capitalism

소득규모에 따라 등급을 나누었을 때 바닥에 가깝거나 중간에 위치하는 사람들은 저 꼭대기에 있는 이들은 모두 사치스럽고 잘난 척하며 인정이라고는 눈곱만큼도 없는, 자기 밖에 모르는 냉혈인간들이라고 여기곤 한다. 이런 식의 묘사에 꼭 들어맞는 이들도 있겠지만 전부 그런 것은 아니다. 대단한 부자들을 편들어주는데 많은 시간을 할애하고 싶지는 않지만, 여기서는 잘못한 것도 없이 어쩌다가 우리보다 부자가 된 사람들에 대한 생각을 나눠보고자 한다.

이 부분의 제목을 '박애주의'로 할까도 생각해보았지만 나는 이 단어가 내포하는 의미를 좋아하지 않는다. 잘 사는 사람들만이 사랑을 베풀 수 있다는 말처럼 들리기 때문이다. 그리고 소수의 사람들이 누구에게 얼마를 줄지를 좌지우지하는 것도 아니꼬울뿐더러 거기에는 아무런 사회성도 없어 보인다.

그럼에도 불구하고 여기서 이야기하고자 하는 것은 박애주의, 즉 자선이다. 남들에게 나눠줄 만큼 돈이 있어서 베푸는 사람들 말이다. 박애주의는 이기주의가 아닌 개인주의에 의해 움직이는 자본주의 제도에 반드시 있어야 할 구제수단이다.

부가 몇몇 일부의 사람들에게만 쌓이는 경향이 있다고 한다면 그 이유는 돈이 사업에서 성공을 측정하는 척도이기 때문이다. 가장 현명한 사업가들은 돈을 충분히, 아니 그보다 더 많이 벌 수 있다는 것과 벌어들인 만큼 쓸 수 있다는 것을 아는 사람들이다. 로터스(Lotus)사의 스프레드시트(spreadsheet) 개발자 중 하나인 짐 맨지(Jim Manzi)는 이렇게 말했다.

"5백만 달러가 있으면 뭐든지 할 수 있다. 5천만 달러가 있으면 그것들을 제트기 속에서 할 수 있게 된다."

이 시대를 살고 있는 또 다른 백만장자의 말에 따르면 요즘 세상에 '그럭저럭'이나마 살아가려면 1천만 달러는 있어야 한단다.

지구상에 사는 억만장자의 수가 1천명에 달한다면 (〈포브스지(Forbes Magazine)〉가 1986년에 발표한 억만장자의 수가 140명이었으니 백만장자의 수는 굳이 세어볼 필요도 없겠다) 다른 사람들을 위해 베푸는 데 사용되거나 혹은 개인통장에 고스란히 남아 무용지물이 될 돈도 그만큼 많다는 얘기다. 다행히도 이 막대한 현금 중 일부는 부를 축적하는 데에 쓴 시간만큼 베푸는 데에도 쓰려는 사회적 양심을 가진 사람들의 소유다. 그들이 그렇게 하는 이유는 허영심에서 비롯되었을 수도, 명예를 얻거나 이름을 길이 남길 목적일 수도 있지만, 그들이 '왜' 그들의 돈을 나누어주는지는 중요한 것이 아니다. 중요한 것은 그들이 돈을 '베푼다'는 사실이다. 즉, 세상을 바꾸고 싶지만 그럴 만한 돈이 당신에게 없다면, 모임에서 그럴 수 있을만한 사람 옆에 앉는 것만으로도 당신은 세상을 바꾸는 일에 일조할 수 있다. 한번의 대화가 1년간 진행해온 캠페인만한 가치를 가질 수도 있다.

어쩌면 이 글을 읽고 있는 당신도 부자라서 단순히 당신과 가족을 먹여 살리는 행위 이상의 것을 하길 원하며(자녀들에게 너무 많은 돈을 남겨주어 방탕의 길로 빠지게 만들고 싶지는 않을 테니까 말이다) 돈을 가장 가치 있게 쓰리라고 생각되는 이들에게 현금 뭉치를 나눠주는 재미를 보고 싶을 수도 있다. 그렇다면 철강왕 카네기의 말을 잘 생각해 볼 필요가 있다.

"부자로 죽는 것은 불명예스러운 죽음이다."

→ 참고 : 박애주의협회(Institute for Philanthropy) / 사회변화네트워크(The Network for Social Change)

아동 childhood

오늘날 응석받이로 자라나고 있는 아이들도 너무 많지만, 또 그럴 수 없는 아이들도 너무 많다. 유럽과 미국에서는 소아비만이 골치인 반면, 그 외 지역에서는 2억 1천 1백만 명의 아이들이 생계를 위해서 일을 하고 있으며 개중에는 노예나 다름없는 여건에서 살아가고 있다. 아직도 많은 어린이들에게는 배고픔이 극복해야 할 주된 문제다.

하지만 우리가 이전보다 훨씬 더 아이들을 잘 이해하고 소중하게 여기게 되었다는 사실을 간과해서는 안 된다. 지난 세기 개발도상국들에서 일어난, 그리고 모든 선진국에서도 기대할 수 있는 주요 변화는 돈이 자녀에서 부모가 아닌, 부모로부터 자녀의 방향으로 흐르게 되었다는 사실이다. 아이들은 더 이상 생계를 위해 일하지 않게 되었으며 놀이터에서 놀 수 있게 되었음을 의미한다. 동시에 아이들의 지위는 올라갔고 아이들에게도 정치적, 사회적 권리가 주어졌다. 아이들도 국민으로 인식되기 시작했으며 유년기는 더 이상 성인이 되기 위한 '대기'의 단계가 아닌 인격형성의 중요한 시기로 여겨지고 있다.

아이들과 그들의 의견이 존중을 받는 (아이들에게 인생에 대해 질문해보라. 그들에게도 할 말이 놀랄 만큼 많이 있다) 세상과 가정이 존재하며, 전 세계적으로

> "돈이 자녀에서 부모가 아닌, 부모로부터 자녀의 방향으로 흐르게 되었다는 사실이다."

성인들의 필요를 채우기 위한 자선사업들보다 아이들의 특별한 필요를 채우기 위한 자선사업이 훨씬 더 많이 존재한다는 사실에 우리는 기운을 내야 한다. 아이들이 어른 세계로부터의 위협이나 무시에 대한 두려움 없이 연락할 수 있는 긴급전화 상담센터인 차일드라인(ChildLine)의 개념 또한 이러한 계몽의 일환이라고 할 수 있다.

그리고 유년기를 더욱 즐거운 시기가 되도록 만들어주려는 노력은 우리 사회 곳곳에서 찾을 수 있다. 데이비드 보더니스(David Bodanis)의 글에서 어른들과 아이들의 관심사가 일치하는 예를 찾을 수 있다.

"에블리나 병원(Evelina Hospital)은 1백년 만에 처음 런던에 새로 세워진 아동병원이다. 건물의 한 가운데에는 거대한 아트리움(atrium, 가운데가 뚫린 건물의 구조)이 있는데 병원의 청소용역회사의 창문청소직원들은 슈퍼히어로의 복장을 입고 창문을 닦는다. 병실에 누운 아이들에게는 병실 창문에 대롱대롱 매달려 유리를 닦는 슈퍼맨이나 스파이더맨을 만나게 되는 것 만한 즐거움이 없을 것이다. 청소하는 직원들에게도 그 순간이 가장 보람 있는 순간임에 분명하다.

정부는 국민건강보험(NHS)을 위한 컨설팅, 각종 절차, 기구 개편 비용에 막대한 자금을 낭비하고는, 문제는 경영에 있었다는 말로 그럴 듯한 변명을 만들어낸다. 창문청소담당직원들의 복장만으로도 가능한 것을 말이다."

클라크의 불가능 안내서
Clarke's guide to the impossible

아서 C. 클라크(Arthur C. Clarke)는 자신의 저서 《미래의 모습 : 가능성의 한계에 대한 발견 Profiles of the Future : An Inquiry into the Limits of the Possible》에서 그의 제1법칙과 더불어 이에 대한 추가 설명을 덧붙였는데 그의 책을 출간한 프랑스 출판사는 이를 제2법칙이라고 해석했다. 클라크는 이에 응하여 제3법칙을 내놓았다.

클라크의 제1법칙

"저명하지만 나이든 과학자가 어떤 것이 가능하다고 한다면 그의 말은 대부분 옳다. 하지만 그가 어떤 것을 불가능하다고 할 때는 틀렸을 가능성이 높다. 아마도 '나이든 과학자'라는 말의 '나이'부터 정의를 내릴 필요가 있겠다. 물리학, 수학, 우주항공학에서는 30세 이상이 여기에 해당하며 다른 학문에서는 경우에 따라 퇴화가 40대에 시작하기도 한다. 물론 영광스러운 예외들이 존재하기는 하지만 막 학교를 졸업한 사람들이라면 누구나 알고 있듯이 40대 이상의 과학자들은 이사회에 참석하는 일 이외에는 쓸모가 없으며 무슨 일이 있어도 연구실에 들어오지 못하게 막아야 한다."

클라크의 제2법칙

"가능성의 한계를 발견하는 유일한 방법은 가능성을 넘어 불가능의 세계로 과감히 들어가 보는 것이다."

클라크의 제3법칙

"고도로 발전된 기술은 마술과 잘 구분이 되지 않는다."

기후변화 1 climate change (for believers)

"환경문제는 비관주의자들에게 맡기기에는 너무 중대한 문제다. 우리는 미래를 포함한 모든 것을 재창조하려는 계몽 정신을 일깨워야 한다. 비관주의는 스스로를 속이는 예언을 함으로써 낙관주의는 언제나 승리한다. 그 사실을 모르는 사람이 하나도 없을 때까지 말이다."

토르 뇌레트라네르스(Tor No' rretranders)
《왜 사랑에 빠지면 착해지는가 The Generous Man》의 저자

현재에 대한 종말론적 집착이란 우리 인간들이 점진적으로 그리고 무자비하게 우리의 둥지를 망가뜨리고 있는 점이라는 것을 깨달아야 한다. 골초들이 밀폐된 흡연실에 둘러 앉아 마지막 한 톨의 산소마저 빨아들이면서 서로를 향해 "네가 끊으면 나도 끊는다!"라고 외쳐대고 있는 것과 꼭 같이 말이다.

몇몇 전문가들의 말에 귀 기울여봤자(이 분야의 권위자들이 빠르게 늘

어나고 있다) 기후변화에 대해 우리가 할 수 있는 일이라고는 가만히 앉아서 기후변화의 재앙이 그것 보라는 듯이 우리를 찾아올 때까지 기다리는 것 외에는 없다.

〈데일리 텔레그래프〉의 기자 톰 포트(Tom Fort)는 그의 기사를 통해 종말에 대한 끝도 없는 예언에 시달리느니 차라리 종말을 맞이하는 편이 나은 것이 아니겠냐며 궁금증을 표현하기도 했다.

만년설이 녹아내리고 해수면이 높아지며 태풍이 잦아지고 멕시코 만류의 온도가 낮아지는 것에 대해 낙관적으로 대처할 수 있는 최초이자 가장 인기 있는 방법은 이런 일들이 일어나고 있다거나, 또는 앞으로 일어나게 될 것이라는 사실을 전면 부인하는 것이다. 우리가 살고 있는 흑백논리의 세상에서 우리는 지구의 종말이 온다고 믿는 무리와 '기후변화 불신자들' 로 나뉜다. 기후변화를 믿는 이들로부터 반론의 공격을 받아 배척당할 위험을 무릅쓰는 자들이다. 대부분의 기후변화 '신봉자' 들은 '불신자' 들이 확실한 증거를 가지고 주장하지 못한다고 확신한다.

만일 기후변화가 일어난다는 주장을 수용한다고 해도 절망할 필요는 없다. 인간에게는 해결책을 마련할 재주가 있기 때문이다. 어쨌든 유럽에 사는 모든 십대들의 손에 쥐어줄 수 있는 분량의 휴대전화를 생산해낼 수 있다면, 무공해 에너지로 경제를 움직이도록 만드는 것도 분명히 가능할 것이며 이로써 개발도상국가들, 그 중에서도 특히 인도와 중국이 서구사회가 저질렀던 환경적 실수를 반복하지 않고 우리가 누리는 것과 똑같은 수준의 생활양식을 누릴 수 있게 될 것이다.

《지구의 미래로 떠난 여행 High Tide》과 《6도 Six Degrees》의 저자 마크 라이너스(Mark Lynas)가 언젠가 '기후변화 회의론자'인 비외른 롬보르(Bjorn Lomborg)를 대면할 일이 있었는데 우리의 생활양식을 바꾸는 것은 고행자가 되는 것과는 다른 것이라는 그의 입장은 단호했다. 그의 견해로 볼 때 우리에게는 스스로 삶의 질을 향상할 수 있는 능력이 있다.

"우리가 에너지를 덜 사용하고 깨끗한 에너지를 만들어내며 이를 신중히 사용하게 될 미래는 우리 대부분이 지금보다 더 부유하고 만족스러운 삶을 살게 될 미래일 것이다."

실제로 우리는 난방시설이 필요 없는 주택을 설계할 수 있게 되었다. 에너지는 소규모의 식물만으로도 생성이 가능하며 이는 에너지의 민주적 생산이 가능하다는 것을 의미한다. 우리가 정말로 포기해야 하는 것은 '호사스러운' 비행뿐이라고 라이너스는 말한다. 대륙 내에서 이동할 때는 기차를 타면 되지만 장거리 여행의 경우에는 환경을 보호하기 어렵다.

BBC에서 주최한 2007년도 리스(Reith) 강연의 강사였던 제프리 삭스는 과거 오존층 파괴 문제(기억이나 나는가?)를 해결했던 것처럼 이러한 환경의 위협 또한 해결할 수 있다고 주장한다. 오존층 문제는 위기로부터 해결책을 찾기까지 총 4단계의 과정을 거쳤다.

i. 오염자들의 부인 : "과학적으로 증명하려고 하자 기득권을 가진 기업들은 '쓰레기 과학'이라고 주장하기 시작했다. 그들의 로비 본능 때문이다. 하지만 자연을 상대로 로비할 수는 없는 일이다. 자연에는 우주의 섭리와 법칙이 존재한다. 이사회에서 어떤 결정을 내리던 자연에는 아무런 영향을 미치지 않는다. 중요한 것은 실질적인 물리적 메커니즘이다. 만일 과학이 옳으면 이러한 생각은 점점 더 퍼져나갈 것이다."

ii. 나사(NASA)가 찍은 오존층에 생긴 구멍의 사진이 명백한 시각적 증거가 되었다.

iii. 이 문제에 대해 해결책을 찾는 쪽으로 여론이 형성되고 소비자들과 유권자들이 압력을 가했다.

iv. 오염의 주범이던 기업들이 문제를 해결할 수 있다는 사실을 깨닫게 되면서 1990년대에는 오존층을 파괴하는 CFC(프레온 가스)의 사용을 금하는 제도가 만들어졌다.

15년에 걸쳐 이루어진 변화였다. 기후변화의 문제도 마찬가지로 해결될 수 있다.

"기쁜 소식은 과학자들과 엔지니어들이 바삐 움직이고 있다는 점이다. 기술적 대안이 개발 중에 있으며 탄소 포집 및 격리 기술이 시범 프로젝트에서 사용되기 시작했다. 비화석연료를 사용한 대체 에너지뿐 아니라, 효율성은 광범위하게 높이면서 연료 단위당 거리는 길어진 하이브리드나 충전식 하이브리드 차량들처럼 에너지 효율성의 눈부신 발전만 봐도 그렇다.

좋은 소식은 그러한 기술적 약진으로 기업들이 정치인들의 귀에 이렇게 속삭이기 시작했다는 점이다. '괜찮아, 우리가 다 해결할게.' 정말 최고의 소식이 아닐 수 없다. 이제는 기업들이 정치인들을 이끌게 되었다. 사실상 기업들은 정치인들에게 이제 우리가 움직일 때이며 이를 위한 제도를 원하고 유인체계가 필요하며 지속 가능한 에너지를 이용하기 위한 가격 구조가 필요하다고 말하고 있는 것이나 다름없다.

우리는 곧 여기에 드는 비용이 행동하지 않고 가만히 있음으로써 일어날 수 있는 위험성과 비교할 때 상당히 작은 것이라는 사실을 알게 될 것이다. 최근의 연구에 따르면 기후변화는 전 세계 연간 소득의 1퍼센트만 있어도, 어쩌면 그보다 더 낮은 비용으로 해결될 수 있는 문제지만 기업들이 계속해서 지금까지와 같은 방법으로 회사를 운영해나간다면 잠재적 비용은 기하급수적으로 증가할 수도 있다."

제프리 삭스, 2007년도 리스 강연 중에서

Positive

기후변화 2 climate change (for deniers)

환경회의론자들은 기후변화에 대한 주요 논증을 세 가지로 반박한다. 그들의 주장은 낙관주의적 견해로써, 어느 누구에게도 격렬한 희생이나 고통을 요구하지 않는다.

1. 과학적 반박

인류는 환경운동가들이 '주장하고 싶어하는' 것처럼 환경에 큰 충격을 가하고 있지 않다. 지구에서 일어나는 기후의 순환은 극히 자연스러운 것으로 우리가 통제할 수 있는 것이 아니다. 또한 날씨의 패턴은 태양흑점에 의해 정해지기도 하는데 태양흑점 역시 사람들이 비행기를 많이 이용하는 것과 아무런 관계가 없다. 지구종말론은 언제나 존재하기 마련으로, 지금은 지구온난화를 문제 삼고 있지만 한동안은 지구냉각화가 문제되기도 했다.

2. 도덕적 반박

기후변화 문제를 해결하기 위한 비용의 부담은 세계 최빈국들과 최극빈자들이 떠안게 될 것이다. 개발도상국들더러 지난 수십 년간 시구의 선진국들이 맘껏 누리던 것들을 포기하고, 불편하게 살더라도 오염시키지 말라고 요구하는 것은 정당하지 못하다.

3. 경제적 반박

저들이 제시한 방법으로 기후변화 문제를 해결하려면 터무니없이 큰 비용이 들 것이다. 기후변화를 굳이 피하기보다는 차라리 그로 인한 결과를 있는 그대로 받아들이는 편이 비용 면에서 효율적이다. 이러한 상황을 해결할 최선의 방법은 아무것도 하지 않는 것, 즉 내버려두는 것이다. 자유 시장에 맡겨라. 예를 들어 재생 가능한 에너지가 수익성이 있다고 여겨지면 사람들은 자연히 재생가능 에너지로 교체하게 될 것이다.

대부분의 논쟁이 우리가 현재 누리는 삶의 방식이 얼마나 지속가능한지, 또는 계속 경제 성장 혜택을 누리면서 기후도 보존할 수 있는지에 대한 것이다. 자원은 한정되어 있지 않으며, 통상적 시장이론대로라면 공급이 하락하면 가격이 상승하고 수요가 감소되기 때문에 지속 불가능한 비율로 격감될 수 없다는 것이 회의론자들의 주장이다. 하지만 기술의 향상으로 자원을 더욱 효율적으로 사용할 수 있게 되었고 효과적으로 공급을 증가시킬 수 있게 되었다.

작고한 경제학자인 줄리언 사이먼(Julian Simon)이 1980년, 환경론자인 파울 에를리히(Paul Ehrlich)에게 내기를 걸면서 이것이 단순한 이론에 그치는 것이 아니라는 것을 시각적으로, 그리고 결정적으로 보여주었다. 에를리히는 어느 날 지구가 더 이상 인간의 수요를 맞추지 못하게 될 것이라고 예언했다. 사이먼은 향후 10년 내에 어느 국가에서건 원자재가 상승 추세를 보일 것이라고 장담했다. 이에 에를리히는 전문가의 도움을 얻어 반드시 가치가 오를 것이라고 여긴 금속 다섯 가지를 후보로 정했다. 구리, 크롬, 니켈, 주석, 텅스텐이 그것이었다. 하지만 1990년, 그 다섯 가지 금속은 모두 가격이 하락했고 에를리히는 패배를 인정하고 사이먼에게 수표를 보내야 했다. 가격이 하락한 이유는 기술의 발전 덕분이라고 사이먼은 말했다. 더 효율적인 광산 방법이 개발되었거나 대체 가능한 합성자원이 만들어졌기 때문이다.

사이먼은 식량과 같은 기본 필수품목에서도 그의 말처럼 되고 있다고 주장했다. "인구증가율이 어떻게 되든지 식량 공급율은 더 빠르게 증가될 것이다." 식량난의 문제보다는 일부 국가에서 증가하고 있는 비만의 문제 때문이라는 얘기다. 그런고로 만일 기후변화가 정말 일어난다고 가정했을 때 여기에 대처하기 위해서 우리가 할 일은 기술과 자유 시장이 방해 받지 않고 성장할 수 있도록 돕는 것뿐이라고 사이먼은 결론을 내렸다.

사이먼은 모든 사회적, 경제적 집단에는 '건설자'와 '방해자'가 있다고 말하며 해결책을 자꾸만 방해하고 규제하며 인위적으로 처리하려 드는 환경론자들이 후자에 해당한다고 비난했다. "환경은 살 수는 있지만 꼭 필요한 것은 아닌 사치품"이라고 그는 주장했다.

비관주의자가 멜빵에 허리띠까지 맨 사람이라면 낙관주의자는 둘 다 매지 않은 사람이다."

듀어 경(Lord Dewar), 1924

색 colour

32비트 디지털 영상은 컴퓨터 화면으로 수백억 가지의 색을 통해 실제와 똑같은 형상을 만들어 내고, 48비트 영상이 만들어내는 색의 가짓수는 셀 수도 없다. 인간의 육안으로 식별할 수 있는 색의 수는 천만 가지에 불과하다. 컴퓨터 영상이 만들어내는 색상의 가짓수에 한참 모자라지만 그만큼 많은 색을 만들어낸다는 사실을 알고 있다는 것만으로도 족하다.

우리는 말 그대로 온갖 색상에 푹 젖어 있는 세상을 살고 있으며 심지어 세상이 점점 밝아지는 중이라고도 말할 수 있다. 식물을 이용해서 칙칙하고 바래지 않는 무채색을 만들어냈던 청동시대의 염색기술을 생각해보면 실로 대단한 발전이 아닐 수 없다. 19세기 합성염료의 발명으로 큰 변화가 생겼고 저렴하고 대중적이면서도 화려한 색상의 직물, 물감, 가재도구의 시대가 열리게 되었다.

중세 시대에는 모든 백성들이 쓸 만큼 조개가 넉넉하지 못했던 이유로 황제들만이 침실을 자색으로 칠할 수 있었지만, 지금 당신은 창문이나 아이들 방도 자줏빛으로 꾸밀 수 있으며 머리도 자주색으로 염색할 수 있고 원한다면 자주색 음식도 실컷 먹을 수 있다.

→ 참고 : 염색가 및 컬러리스트협회(the Society of Dyers and Colourists) : www.sdc.org.uk / www.colour-experience.org

Positive

공동체 | community

■ 세컨라이프(Second Life, 온라인게임의 하나)와 같은 인터넷 속 가상 세계에 살고 있는 사람들이 호주의 인구보다 많아졌다. 그들더러 둘 중에 하나를 선택하라고 한다면 파리떼, 썩어가는 캥거루 시체들과 함께 지내는 오지에서의 삶과 17인치 컴퓨터 스크린 안에 그려진 가상세계 속에서의 흠 없는 '삶' 중 어느 쪽으로 뛰어 들어갈지 정말 궁금해진다.

물론 호주의 노던준주(Northern Territory)에 살면서 동시에 여가시간에는 당신의 아바타로 사이버 교외를 돌아다니지 말라는 법은 없다. 실제로 많은 사람들이 이미 그렇게 하고 있다. 원하는 대로 행동하며 우리 스스로를 세상으로부터 격리시키고 싶은 갖가지 유혹에도 불구하고 현실에서의 공동체는 여전히 잘 돌아가고 있다.

인간은 공동체에 속하지 않고서는 완전한 인간이라고 할 수 없다. 숲 속에 통나무집을 짓고 토끼 가죽으로 옷을 해 입고 살 수도 있겠지만 그러한 삶은 문명과는 거리가 멀다. 대부분의 시간을 식량을 구하는 데 사용하느라 언덕배기로 오페라단을 초청하는 일은 불가능할 테니까 말이다. 브로드밴드(broadband, 광대역통신)를 사용할 수도 없음은 말할 것도 없다.

공동체가 우리의 삶에 많은 이득을 가져다주는 것은 확실하지만 그만큼 우리에게 희생을 요구한다. 그렇기에 인터넷이 매력적일 수밖에 없다. 언제든 로그인할 수도, 또 로그아웃할 수도 있기 때문이다. 하지만 현실의 삶에서는 잠에서 깨어나자마자 다짜고짜 당신이라는 아바타가 되어 하루 종일 지내야 한다. 당신 기분이 어떻든 관계없이 말이다.

현실적이며 물리적인 공동체에는 중요한 기능이 있다. 너무 어린 혹은 너무 나이 많은 구성원들까지 모두 보호하며 소속감을 제공한다. 하지만 온라인 공동체에서는 어느 누구의 할머니라 할지라도 돌보는 법이 없기에 말귀를 못 알아듣는 일이 없도록 주의해야 한다.

하지만 동시에 서로 다른 여러 공동체의 일원이 될 수 있어 최선의 공동세계를 가질 수 있을 것처럼 보인다. 우리가 태어나 살아가고 있는 공동체는 물론 동료의식을 통해 하나가 된 공동체도 있다. 동성애 혹은 트랜스젠더 공동체(가지고 태어난 성별에 만족하지 않는 사람들)와 같이 반쯤 냉랭한 문화에 둘러싸여 살고 있는 소수집단이 그렇다. 사교계나 압력집단, 정당 등과 같은 선택적 공동체도 있다.

어떤 이들은 본래의 공동체를 떠나 새로운 방식의 회합을 꾀하는 유토피아나 뉴에이지(New Age) 같은 대안공동체에 합류하기도 한다. 새로운 종류의 공동체에 대한 두 가지 대표적인 예로는 스코틀랜드의 핀드혼(Findhom)과 이탈리아의 다만후르(Damanhur) 공동체가 있다. 핀드혼은 밀물이 들어오는 아름다운 만 옆의 모래언덕에서 시작된 영적 공동체로 정해진 신념은 따로 없다. 다만후르는 낙관주의에 기반을 둔 소규모 사회이지만 사업적 감각도 지닌 공동체로 그들만의 깃발과 화폐도 있다. 전통적 공동체나 새로운 형태의 공동체 모두 완전하지 않다. 하지만 둘 다 삶의 방식을 시험해보려는 노력이라고 할 수 있으며 그 결과는 다른 맥락에서 유용하게 사용될 수도 있다. 그러한 곳들은 동시에 네 가지 기능을 한다고 할 수 있는데, 그 자체가 살아있는 실험이며, 방문자들을 교육하고, 맞물려 돌아가는 많은 네트워크의 중심 역할을 하며, 새로운 생각을 세상에 전달하는 일을 한다.

19세기 후반 윌리엄 제임스(William James)는 샤타쿠아(Chautauqua) 호수에 위치한 "아무런 고통이나 어두운 구석 없이 모든 것이 빛 가운데 있는 인간 사회의 모습을 미리 맛볼 수 있는" 이상주의적 공동체를 방문했다. 하지만 그가 그곳을 떠나면서 자기도 모르게 보인 반응에 그는 놀라고 말았다.

"또다시 어둡고 사악한 세상으로 돌아오면서 생각지도 못했던 말을 나도 모르게 내뱉고 있었다. '어휴, 살았다!' 아르메니아 학살처럼 끔찍한 세상이라고 하더라도 원시적이고 미개한 쪽으로 치우친 나 자신의 균형을 다잡을 필요가 있었다. 그곳에는 지나치게 단조로운 질서, 모든 것이 너무나 2류적인 문화, 아무런 자극도 받을 수 없는 선량함뿐이었다. 악당도 고통도 없는 인간 드라마, 우리 안에 숨겨진 야수에게 선사할 수 있는 것이라고는 아이스크림 소다수가 전부인 공동체, 호숫가의 뜨뜻미지근한 햇빛 속에 이글거리는 도시, 끔찍할 정도로 무해한 모든 것들을 나는 견딜 수 없다. 나로 하여금 죄악과 고통으로 가득한 저 넓은 속세의 광야와 다시 부딪힐 수 있게 하라. 높은 산과 깊은 골짜기들이 있으며 낭떠러지와 같은 절망과 동시에 가파른 이상이 있고 장엄함과 무한함의 한줄기 빛이 있는 그 곳 말이다. 거기서는 단조로움과 모든 2류의 본질로 가득한 이곳보다 일천 배나 더 많은 희망과 도움을 찾을 수 있다."

그곳에 없는 것들은 다음과 같았다.

"소위 무모함과 강인함, 집요함과 집중, 그리고 위험성의 요소… 빛의 세력과 어두움의 세력 사이의 영원히 끝나지 않을 전투… 곳곳에는 눈에 보이지 않는 죽음의 가능성이 도사리고 있으며 위험이 나타날 곳을 알려주는 나침반 바늘은 보이지 않는다… 인간에게 먹히지 않는 과일은 전부 비천한 것이다."

의외라고 여길지도 모르지만 가상의 공동체 또한 완벽하다고 할 수 없다. 현실 세계의 온갖 나쁜 것들이 케이블을 타고 한때 순수한 전자의 영역이었던 곳으로 침투해 들어온다. 범죄, 포르노 및 다른 악한 것들이 당신의 '두 번째 삶'을 노린다. 기술이 당신을 통제하기는 하지만 그것도 한계가 있다. 나가고 싶을 때면 언제든지 접속을 끊으면 그만이다. 바로 이 점이 당신이 반사회적 시간을 갖고 싶은 순간에도 누군가 찾아와 방문을 두드리고 마는 현실세계와 다른 점이다. 당신이 가상으로 사람들을 만날 때에는 대화와 같은 모든 상호작용도 가상에서 그친다.

현실의 공동체가 제공하지 못하는 가상의 공동체만의 장점이 여기 또 있다. 소아마비 등과 같이 장애를 앓고 있는 사람들은 온라인 상에서 평소에 입어볼 수 없던 옷을 입을 수도 있고 원한다면 하늘을 날아볼 수도 있다.

할 수만 있다면 기존의 공동체를 유지하면서 그 안에서 더 큰 개인적 자유를 가질 수 있도록 맞추는 편이 훨씬 낫다. 어떤 면에서 우리는 지금 그렇게 하는 법을 터득하는 중이며, 소비주의와 개인주의가 판치는 이 세상 속에 서로의 단결을 꾀하는 공동체가 존재한다는 사실만으로도 기운이 난다.

세계의 경제 이주민들의 대부분은 자기 자신의 주머니만을 채우기 위해 먼 길을 떠난 것이 아니다. 고국에 남아 있는 가족들을 부양하기 위해서다. 우리가 인터넷 같이 겉이 번지르르한 것에 사로잡히지 않을 정도로 현명하다면 홀로 사는 인생에는 아무런 가치가 없다는 사실을 기억해야 한다. 자신이 만들어낸 작은 낙원에 3미터 높이의 담을 쌓고 혈혈단신 억만장자로 살기를 갈망하는 사람이 있을까? 대답은 들을 필요도 없다.

→ 참고 : 핀드혼 공동체(Findhorn) : www.findhorn.org / 다만후르 공동체 (Damanhur) : www.damanhur.org

음모론 conspiracy theories

증거나 물증은 상상력을 저해하는 멍청한 방해꾼들이다. 증거나 물증을 통해 과학과 법의 집행을 믿을 수 있게 될지는 모르겠지만, 이는 역사를 소위 전문가들이 쓴 단조로운 산문으로 격감시킨다.

우리 대부분은 전문가들이 틀렸을 수도 있다고 믿고 싶어한다. 최근 역사에 풀리지 않은 미스터리가 여전히 있다고 생각하는 편이 위안이 되기 때문이다. 모든 사건의 원인과 결과가 한 치의 오차도 없이 정확하다면 무엇을 기대할 수 있겠는가?

때때로 누군가 나타나서 너무도 확실한 '증거'를 들이밀며 음모론이 아무 근거 없는 것이라고 밝히기도 한다. 하지만 그는 이 일을 업으로 하는 또 다른 전문가에 불과하며 그 또한 그가 부인하고 있는 음모론의 일부라는 것을 우리는 생각한다.

문제를 오랫동안 집요하게 물고 늘어지다 보면 언젠가는 모든 것이 밝혀질 것이며 우리의 호기심도 충족될 것이다. 조만간 비밀금고가 열리거나 다락방을 정리하다가 종이쪽지가 발견되어 마릴린 먼로와 다이아나 황태자비, 그리고 교황 요한 바오로 1세의 타살 사실이 밝혀질지도 모르며, 케네디 대통령의 암살 역시 한 사람 짓이 아닐 수도 있다.

어떤 얘기를 듣고 무엇을 보건 간에 우리는 여전히 공식적인 발표는 믿지 않으려고 한다. 특히 사건의 진실이 사람을 잘못 알아보았거나 혹은 사소한 동기로 일어난 살인, 실수로 인한 은폐, 무능력한 관료들의 우유부단함으로 인해 파기된 증거 등 지극히 평범한 것으로 밝혀졌을 때는 더욱 그렇다.

용기 courage

아웅산 수지 여사는 지난 20년간 가택연금, 혹은 출국할 경우 미얀마로 돌아오는 것이 금지된 상태에서 여전히 미얀마의 민주화 운동을 하고 있다. 그녀는 그 오랜 시간 동안을 자신이 국가를 위해 해야 할 의무이자 미얀마 독립에 중추적 역할을 했던 자신의 아버지(그녀가 두 살이 되던 1947년에 암살당했다)의 뜻을 받들기 위해 영국에 살고 있는 가족들과 떨어져 살아야 했다. 그녀는 자녀들이 자라는 것을 지켜볼 수도 없었고 1999년 세상을 떠난 남편의 임종을 지키지도 못했다.

실제로 가족과 떨어져 있는 것보다 더 나쁜 것은 미얀마의 권력자들이 그 점을 이용한 것이다. 그들은 그녀를 정치적 야망을 이루기 위해 자식들까지 내팽개친, 명예욕으로 가득한 사람으로 묘사하고 있다.

이러한 명성과 너불어 노벨평화상을 수상하게 됨으로써 그녀는 세계적으로 유명하게 되었다. 하지만 우리는 그녀보다 덜 알려졌지만 그녀 못지않은 불굴의 의지로 일관하고 있는 운동가들나 양심수들이 있다는 사실과 바로 이런 고집스러운 사람들 덕분에 세상이 선한 방향으로 움직이고 있다는 사실을 잊어서는 안 된다. 이런 사람들 중에는 세상에 진실을 알리기 위해 목숨을 건 기자들도 있다. 매년 수많은 기자들이 권력에 대해 너무 많은 질문을 했다는 이유만으로 목숨을 잃고 있다.

영국 수상인 고든 브라운(Gordon Brown)은 그의 최근 저서 《용기 Courage》에서 전쟁터에서 볼 수 있는 그런 용기, 즉 부상이나 위험을 무릅쓰고 싸우는 것만이 용기가 아니며 "두려움이 행동을 지배하도록 내버려두지 않는 습관을 기르는 용기와 '압박 속에서도 잃지 않는 여유'로 묘사될 수 있는 용기"도 있다고 말한다. 이는 선천적이거나 본능적인 반응이 아니며 미리 계산된 행동도 아니다. 용기는 오직 실천을 통해서만 입증된다. 그리고 넬슨 만델라가 그의 자서전에서 말했듯이 용기는 다른 이들과 함께 나눌 때 배가 된다.

> "낙관주의자란 만년필을 들고 낱말 맞추기 게임을 시작하는 사람이다."
>
> 작자미상

죽음 death

죽음에 대해 긍정적으로 할 말을 찾아보라. 낙관주의자들에게는 이만한 도전이 없다. 이 피할 수 없는 운명을 정면으로 부딪치는 것 외에 무엇을 할 수 있을까? 죽음은 누구에게나 다가오는 중이다. 그러니 최대한 잘 맞이할 수 있도록 스스로 준비하는 편이 좋을 것이다. 심지어 당신이 원하는 때에 죽음을 맞이할 수 있도록 준비할 수도 있다. (자살이 아니다. 적극적 안락사라고 해야 한다.) 운이 좋다면 죽음이 불시에 찾아와 당신은 전혀 아무것도 느끼지 못한 채로 죽음을 맞이할 수도 있다.

사람이 왜 죽어야 하는지가 궁금하다면('불멸' 참조) 사람들이 계속 태어나기만 하고 죽지 않아 계속 지구에 남아있다면 어떤 일이 일어날지를 잠시 생각해보라. 또 죽음이라는 것이 사라진다면 우리의 정신세계에 어떤 변화가 일어날지에 대해서도 생각해보아야 한다. 우리가 이곳에 영원히 있을 수 없다는 사실을 아는 것이 우리의 행동에 충동을, 우리의 삶에 신랄함을 더하면서 가장 깊은 감각으로부터 아름다움과 경이로움을 끌어낸다.

> "이 세상에 태어나기 훨씬 전인 수십억 년 전에 나는 이미 죽었으며 그 죽음으로 인해 아주 조금의 불편도 겪지 않았다는 점을 생각하면 죽음은 두렵지 않다."
>
> 마크 트웨인(Mark Twain)

만일 어떻게 죽을 것인가?가 아닌 그 이후에 어떤 일이 일어날 것인가를 고민하느라 밤마다 잠 못 들고 있다면 아무 것도 걱정할 필요가 없다. 노골적으로 이야기 하면 경험적 증거란 전선을 확 뽑자 컴퓨터 전원 꺼지듯 사라지는 의식이다. 짐을 싸서 다른 길로 떠나기 전 당신이 비워주기만을 기다리고 있는, 쓸모없는 세포들, 즉 커다란 저택에서 평생을 바쳐 일한 뒤 버림받은 하인들로 가득한 커다란 자루만 덩그러니 남겨둔 채 말이다. 겉으로 보이는 모습은 적어도 그렇다.

하지만 그 안에서는 무슨 일이 일어나는지 우리는 모르며 그 자체로 우리는 안심할 수 있다. 과학이 뭐라고 하건 인간이란 실체가 있는 요소들을 뭉쳐둔 것 이상이 아니라는 사실은 믿기 어렵다. 우리가 마음의 탓으로 돌리는 '나'라는 지각은 무가치한 것이 되어가고 있다는 사실 말이다. 죽음의 순간 우리의 22그램, 즉 영혼의 무게는 날아가버린다. 여기서 실낱같은 희망이라도 찾으려면 종교적 신앙심이 있어야 한다.

영혼이나 정신 등이 죽지 않고 살아남는다고 하더라도 당신의 일생을 거쳐 유전자와 환경의 상호작용에 의해 형성되어 생물분해가 가능한 당신의 뇌에 저장되었다고 볼 수 있는 당신의 성격이나 기억은 남겨질 수밖에 없다.

육체나 성격은 죽더라도 의식은 재생 가능할지도 모른다. 철학자이자 동양사고의 해석자인 앨런 와츠(Alan Watts)는 이를 명쾌하게 설명했다.

"내가 죽게 되면 나는 태어나기 전과 똑같은 상태에 놓이게 될 것으로 마치 한 번도 태어난 적 없는 것과 같은 상태가 될 것이다. 내가 태어나기 전의 세상은 따로 있었으며 거기서도 수많은 일들이 일어나고 있었다. 죽음을 통해 내가 태어나기 전에 있었던 그곳에 돌아가게 된다면 나는 또다시 태어날 수 있게 될까? 육체는 우주로부터

온다. 우주 또한 사과나무에서 사과가 열리는 것과 꼭같은 방법으로 살아가고 있다. 내가 죽게 되면 나의 이 육신과 함께 내 몸의 기억체계도 사라지고 이전에 내게 있었던 의식이 또 다시 처음부터 시작될 것이다."

어쩌면 당신은 하루살이나 지렁이로 다시 태어날 수도 있지만 걱정은 그 때가 되면 하자. 중요한 것은 죽음에 대한 두려움 없이 지금을 사는 것이다.

"아무것도 걱정할 필요가 없다는 것에는 취할 것이 없다. 그렇게 생각하면 당신의 남은 인생을 거저 얻은 것처럼 살 수 있다. 당신은 이미 죽었기 때문이다. 언젠가는 죽게 되리라는 것을 당신은 알고 있다. 당신을 이미 죽은 몸으로 여겨라. 그러면 잃을 것이 없어질 것이다. 터키 속담에 이런 말이 있다. '바닥에서 잠을 자는 사람은 침대에서 떨어질 일이 없다.' 당신이 아무것도 아니라는 사실을 알게 될수록 더욱 가치 있는 사람이 될 것이다."

죽음 후에 어떤 일이 일어나든지 당신이 경험하는 죽음은 한 번뿐으로, 죽는 즉시 모든 삶의 고통과 죽음의 고통이 없어질 것이라는 것은 믿어도 좋다.

→ 참고 : 《죽음 Death》, 앨런 와츠(Alan Watts) (1975) /《천국; 미지의 나라를 위한 여행 가이드 Heaven; A Traveller's Guide to the Undiscovered Country》, 피터 스탠포드(Peter Stanford) (2002)

민주주의 democracy

민주주의는 간편하지만 이상한 관념이다. 불완전한 형태가 아니면 실행에 옮기기 어렵다. 민주주의가 최초로 적용된 것은 5세기경 그리스에서였으며 클레이스테네스라는 이름의 정치가가 처음 시작했다. 물론 훨씬 더 믿을만한 구체적인 설에 의하면 민주주의는 트라이림(trireme, 삼단노船)의 사공들 사이의 의사결정 제도에서 비롯되었다고 한다. 목적지와 근무 조건 등을 결정하는 데에 이 제도를 사용했다고 한다.

생사가 걸린 해군작전에 참여한 60명의 사람들이나 아테네의 야외 집회에 모인 6천명(여자와 노예는 세지 않았다)의 시민들 중 어느 쪽에서건 오늘날 6천만 명의 시민들로 이루어져 완전한 기능을 하는 국가로 성장했다는 것은 대단한 발전이다. 누구나, 여자와 노예도 포함한 누구라도 18세 이상이 되면 정부의 구성에 대한 의견을 낼 수 있다는 것과 다수의 의지를 어떻게 하면 정확하게 결정할 수 있는지를 아직도 고민하고 있다는 것은 무모하고 정신 나간 생각이다. 그 많은 사람들과 사람들만큼 다양한 교육수준, 삶의 수준, 정치적 인식을 가지고 대단하지도 않은 일에 대한 다수의 관점을 어떻게 결정하려는가? 중대한 일은 말할 것도 없다. 우리가 아는 모든 민주주의는 진화된 것으로, 우리는 책임감 있는 과두정치, 즉 선택 받은 엘리트들이 이끄는 통치에 멋지게 이름을 붙인 것이라는 사실을 어쨌든 인정해야 한다.

Positive

하지만 독재주의와 민주주의 사이의 본질적인 두 가지 차이점은 정부가 변화할 줄 안다는 것과 시끄럽고 관료주의적인 제도가 언론이나 감시에 최대한 노출되었다는 것이다.

근본적으로, 민주주의 사회의 시민으로서 얻을 수 있는 정말 큰 혜택은 투표권이 아닌, 법 안에서 누구나 발언권이 없거나 취약하더라도 평등하다는 사실을 아는 것에 있다. 이 원칙은 모두에게 언행의 자유를 부여하며 이 자유는 사법부와 경찰이 시행한다.

세계의 많은 곳에서 이러한 관념이 여전히 혁명적인 것으로 치부되고 있다는 사실은 우리로 하여금 현재로서는 민주주의가 가장 뛰어난 정치제도라고 전파할 좋은 이유가 되지만 다른 이들에게 민주주의의 변형을 강요하게 되는 일이 없도록 주의해야 한다.

➜ 참고 : 《뉴에이지 혁명 The Aquarian Conspiracy》, 마릴린 퍼거슨(Marilyn Ferguson) (1980) / 《정치에 대한 변호 In Defense of Politics》, 버나드 크릭(Bernard Crick) (1962)

치과 dentists

당신의 어머니가 온갖 회유와 협박으로 당신이 규칙적으로 양치를 하도록 만드는 데 실패했더라도 괜찮다. 당신의 어금니가 헐거워지기 시작하거나 몇 십 년 동안 태만하게 방치한 대가로 치아에 금이라도 가게 되면 당신은 스스로 현대 치의학의 도움을 받기 위해 치과를 찾을 것이며, 위생과 소비자만족을 최우선으로 여기는 동시에 스키를 타러 떠날 생각에 열심히 일하고 있는 능력 있는 전문의에게 치료를 받을 테니 말이다.

치과용 기구 박물관에 한번 가보면 (우리가 새로운 여행지를 방문했을 때 제일 먼저 찾을 만한 곳은 아니지만 말이다) 동네 이발사를 찾아 치통 해결을 호소하지 않아도 된다는 것만으로도 현대의 삶이 가진 모든 고뇌는 충분히 보상받았다는 것을 알 수 있을 것이다.

> "구름이 하늘을 가린다고 해서, 또는 장님이 볼 수 없다고 해서 하늘이 덜 파래지는 것은 아니다."　　　　덴마크 속담

Positive

존 다이아몬드 John Diamond

그가 세상을 떠났던 2001년 3월보다 석 달 앞서, 47세의 영국의 저널리스트 존 다이아몬드(John Diamond)는 〈옵저버 The Observer〉에 기이하고 짧은 글을 실었다.

"내가 지난 20여년 간 자살유서에서 뽑아낸 것 같아 보이는 글을 쓰면서 최초로 받은 임무가 이것이었다. '이봐, 존, 이게 대체 무슨 말이요?'"

그렇게 해서 나온 글이 모호하고 통렬한 낙관주의적 기사인 '명랑함의 이유(Reasons to be Cheerful)' 였다.

글을 시작하면서 다이아몬드는 자신이 '외관상 불치병' 을 앓고 있다고 설명한다. 이 병으로 인해 이미 혀를 잘라냈고 대부분의 나날을 어지간한 고통 속에서 보내고 있었으며 앞으로 그에게 남은 시간은 두 달에 불과했음에도 이 낙관주의자는 이 문장에 '외관상' 이라는 단어를 넣었다. 글은 계속 이어진다.

"나를 심판할 사람들의 입장에서는 충분히 그렇게 생각할 수 있다. 앞으로 살 날이 얼마 남지 않은 상황에서 무엇을 위해 살아야 할까? 이에 대한 쉬운 대답은 죽을 운명을 실제로 감지한다면 우리 중 어느 누구도 침대에서 일어날 수 없을 것이라고 말한 필립 리르킨 (Philip Larkin)의 말에서 찾을 수 있다."

그리고 존 다이아몬드는 '무엇을 위해 살아야 하는가?' 에 대해 스스로 대답했다.

"우리에게는 제한적인 용량의 행복이 주어진다. 하지만 불행이라고 하기는 어려운 비(非)행복에 대한 용량은 거의 무한하다. 이것은 일요일 아침신문을 읽으면서도 머릿속으로는 오늘밤 이웃집에서 열리는 연말 파티에서 어슬렁거릴 수 있을지를 생각하는 것이다. 이것은 내 의견이 당신의 생각과 다르거나 혹은 당신이라면 표현했을 견해를 내가 표현하지 않았다는 이유로 화를 내는 것이다. 이것은 방금 당신이 먹은 아침식사며 곧 먹게 될 저녁식사에 대한 것이다. 이것은 놀랍게도 아직도 무례하고 불쾌한 행위를 능가하는 무작위적 친절에 대한 것이다. 이것은 《위대한 개츠비》를 다시 읽는 것에 대한 것이며 헤이독 경마장에서 열리는 3.30경기에서 누가 이길 것인가에 대한 것이다. 이것은 〈프레이저(Frasier, 미국 인기 TV시리즈물)〉의 지난 방송을 위성방성을 통해 언제든 볼 수 있으며, 선택할 수 있는 시리얼의 종류가 36가지나 되며, 세인스베리(Sainsbury's, 영국의 편의점 브랜드)에 진열되어 있는 버진 올리브오일의 종류가 7가지나 됨에 대한 것이다. 이것은 사랑하고 사랑 받는 것에 대한 것이며, 옳은 일을 하는 것에 대한 것이며, 우리가 죽고 난 뒤 어느 날 누군가가 우리를 그리워하는 것에 대한 것이다.

이것은 그 어떤 것보다도 지나간 시간에 대한 것이다.

'이게 대체 무슨 말이요?' 라는 질문에 대한 간단한 대답은 이것이다. 행복하지 않다고 느껴지는가? 아니다, 당신은 행복하다. 여기, 지금 이 순간 바로 이것이 행복이다. 그러니 이 행복을 맘껏 즐겨라."

→ 참고 : 2000년 12월 31일자 〈옵저버 The Observer〉에 실린 기사 'Reasons to be
Cheerful' / 존 다이아몬드(John Diamond)의 또 다른 저서로는《겁쟁이
들도 암에 걸리니까 Because Cowards Get Cancer Too》(1999)

질병의 근절 eradication of disease

우리는 우리에게 아무런 해도 끼치지 않는 도도
새를 몽둥이로 때려죽일 수도 있지만 감사하게도
인간에게는 일부러 종을 말살시키려는 사악한 습
관이 없다. 하지만 인간이 천연두 바이러스를 퇴
치했다는 것에 대해서는 아무도 마음 아파하지 않는다.

18세기, 이 작은 비렁뱅이 하나가 당시 세력을 떨치던 군주 다섯
과 더불어 6천만 명의 사람들을 죽였다. 20세기에는 천연두에 대한
전쟁이 미처 선포되기도 전, 최소 3억 명의 목숨을 빼앗으면서 지구
상에서 사라져야 할 최초이자 유일한 인간을 통해 전염되는 질병이
되었다. 처음에는 아프리카 대륙 북동부까지 후퇴했다가 1977년 소
말리아에서 마지막으로 발병되었다. 영국의 연구용 가축으로부터
전염되어 죽은 사건이 한 번 있기는 했지만 1980년, 천연두의 근절
이 선포되었다.

세계보건기구(World Health Organization)의 그 다음 근절 대상은 소
아마비다. 소아마비의 발병률은 많이 줄어들었으며 지금은 그 발병
지역이 거의 나이지리아와 인도로만 제한된다고 할 수 있을 정도다.

아마도 2010년이면 소아마비 또한 자취를 감추게 될 것이란다.

그 다음에 우리를 기다리고 있는 것은, 혹은 그래야 할 것은 말라리아로써 비교적 저렴한 방법으로 예방이 가능한 질병이다. 전염 가능 지역의 각 가정마다 침대용 모기장을 보급하기만 하면 된다.

> 참고 : 세계보건기구(World Health Organization)

경제학의 신사고 new thinking in Economics

피도 눈물도 없는 거대 공룡 기업들이 아무런 어려움이나 제재 없이 지구를 휩쓸었을 때 일어나는 것이 세계화라면(세계화에 대한 정의 중 하나다) 우리는 더욱 지적이고 민감하며 지속 가능한 것으로 진화하기 위해 나타나는 징후를 잘 살펴보아야 할 것이다. 거대한 공룡과 같은 세계적 도시는 하나의 거대한 쇼핑센터가 되어 똑같은 제품을 판매하는 똑같은 브랜드들로 가득하겠지만 지구촌에서는 소규모 회사들이 다양하고 분산된 경제 모델을 가지고 미래를 위한 실험을 하고 있을 것이다.

선진국에서 일어나고 있는 현상 중 두 가지 재미있는 것이 있다. 지역적 현상과 가상적 현상이 그것이다. 비즈니스의 기본으로 되돌아가자는 의미에서 여러 공동체들이 지역고용 및 거래제(Local Employment and Trading System; LETS)라는 것을 조직했는데 이는 한층

Positive

발전된 형태의 물물교환이라고 할 수 있다. 가상의 통화단위에 지역의 특성을 떠올릴 수 있는 다채로운 이름을 붙여-가령, 맨체스터는 보빈스(bobbins, 실을 감는 얼레라는 뜻. 한때 맨체스터는 직물공업의 중심지), 브릭스턴은 브릭스, 리딩은 리디스, 바스는 올리버스(바스의 수도원이 올리버 킹 주교의 꿈에 나타난 계시에 의해 세워졌다는 전설이 있다) 등-정해진 지역 내에서 통용하도록 하여 '진짜' 돈으로 거래하지 않으면서 지역 내에서 기술과 자원을 교환하도록 만든 제도다.

지금까지 렛츠(LETS)는 소규모 단위(300명 정도가 가장 큰 규모였다)에서만 그 효과가 입증되었지만 이것의 강점은 독점성에 있다. 렛츠의 화폐는 다른 수단으로 환전이 되지 않기에 재화가 렛츠 공동체 밖으로 흘러나가지 못하기 때문이다. 렛츠가 세상을 점령하는 일은 일어나지 않겠지만 적어도 돈과 거래에 대한 새로운 생각을 사람들에게 심어줄 수는 있다.

"사람들이 이 원리를 진정으로 이해하게 되면 지역 공동체가 믿을 수 없는 은행들이나 슈퍼마켓, 관료들 또는 악독하고 비밀스러우며 초국가적인 경제제도로부터 힘을 빼앗아 올 수 있을 것이다."

1994년, 존 비달(John Vidal) 기자가 〈가디언〉지에 쓴 글이다.

LETS를 확대한 것이 프리사이클(Freecycle)이다. 필요 없는 물건을 주고 필요한 물건을 가져옴으로써 자원을 재활용하는 인터넷 기반 네트워크다. 두 제도 모두 로버트 푸트넘(Robert Putnam)의 '사회자본' 원리가 틀리지 않았음을 입증한다. 친구 간의 신뢰를 바탕으로 한 네트워크, 동일한 가족이나 공동체의 구성원이 사업을 운영하기 때문에 전통적인 경제계산을 적용하지 않고서도 가치를 지닌다.

한편 온라인에서는 완전히 새로운 거래와 교역의 장이 펼쳐졌다. 어떤 제품을 구매하려는 사람에게 어쩌면 지구 반대편에 살고 있을 수도 있는 판매자를 소개하는 이베이(eBay)를 비롯한 많은 온라인 회사들은 가히 혁명이라고 부를만한 경제생활 양식을 창출해내고 있다. 인터넷은 무한대로 넓은 골동품가게가 되고 있다. 특화된 판로를 노리는 틈새사업이라도 점포를 임대하는 일 없이도 충분한 돈을 벌 수 있게 되었다.

《디지털 경제를 지배하는 10가지 법칙(New Rules for the New Economy)》의 저자인 케빈 켈리(Kevin Kelly)와 같은 기술예언자들은 변하고 있는 것은 속도가 아니라 비즈니스의 본질이라는 것을 계속해서 우리에게 상기시킨다. 거미줄을 뜻하는 '웹(web)'처럼 적절하게 잘 지은 이름도 없을 것이다. 웹은 중앙집권적 제도 없이 각각의 마디와 가닥으로 서로 연결되어 있다. 컴퓨터를 모른다고 하더라도 모든 것들이 디지털화 되어 복제가 가능하게 될 때 전통적인 의미에서의 소유권과 저작권은 사라지게 되리라는 것쯤은 알 수 있다. 변화의 속도는 늦춰지지 않을 것이다. 유동성이 기준이 될 것이며 전통이나 장소, 영업시간은 '뭐든지, 언제든지, 어디서든지'에게 밀려나게 될 것이다. 하지만 변하지 않고 그대로 남아 있는 것들도 있다. 유연성과 친절, 즉각적 응대 등은 언제나 비즈니스에서 강점으로 작용할 것이며 밤 늦도록 인터넷을 하는 사람들에게 밤참을 제공하느라 늦은 시간까지 영업을 하는 길모퉁이의 작은 가게들도 언제나 그 자리에 있을 것이다.

또 다른 불변의 법칙으로는 사교성과 결속성이 있다. 이 두 가지는 장기적으로 비즈니스와 뗄래야 뗄 수 없는 것들이다. 인터넷은 이베이를 백만장자로 만들기도 하지만 또한 부유한 나라와 가난한 나라의 사람들을 전에 없이 가깝게 만들어 주기도 했다. 칭찬할만한 혁신을 이룬 웹사이트 중 하나가 키바(Kiva)로 투자를 원하는 사람들과 아주 소량의 현금만 있어도 기업을 일으킬 수 있는, 지구 반대편에 있는 기업가들을 연결해주는 일을 하고 있다.

마이크로파이낸스(microfinance), 즉 소액금융 서비스라고 불리는 새로운 경제 분야에 속하는 키바는 무하마드 유누스(Muhammad Yunus)가 방글라데시의 그라민은행(Grameen Bank) 프로젝트로 2006년 노벨평화상을 수상하게 되면서 세상에 알려지기 시작했다. 세계에는 9천 2백만 명의 극빈자들(이 중 대부분은 여성이다)에게 소액대출을 해주고 있는 은행이 3천여 개가 있다. 아주 작은 돈(대부분 100달러 이하)으로 기업가를 꿈꾸는 이들에게 큰 변화를 가져다주자는 것과 경제가 타격을 입게 되면 결국 스스로 일어설 수 있어야 한다는 것을 기본 이념으로 하고 있다. 마이크로파이낸스의 개념은 그저 부유한 국가의 자본을 가져다가 나눠주는 또 다른 방법에 불과하며 절망적으로 가난한 사람들이 아닌 그나마 먹고 살만한 수단을 가진 사람들에게만 도움을 준다는 비판을 받기도 하지만, 본질적으로 누구나 사업을 시작하거나 확장할 수 있도록 도움을 받아야 한다는 점에서는 아무도 부인할 수 없다.

사회적 자각능력이 있는 기업들만 살아남는다고 말할 수 있다면 정말 기운이 날 일이지만 그럴 수는 없을 것이다. 하지만 성공적인 사업체를 운영하면서 동시에 지역 사회에 공헌을 하는 것은 가능하다고 말할 수는 있다.

진지하게 사회적 책임을 다하는 회사의 좋은 예로는 육포 양념과 코코넛 런다운 소스(coconut rundown sauce), 솔로몬 건디(Solomon Gundy) 어묵, 럼으로 만든 마멀레이드를 만드는 자메이카의 워커스우드(Walkerswood) 사가 있다. 이 회사는 비록 명목상의 식민지 벤처 기업으로 시작되었지만 페이비어니즘(Fabianism, 사회주의의 점진적 실현을 추구하는 이념)의 영향을 받아, 이 회사를 소유한 가족들은 지역 고용을 기본 조건으로 삼으며 농부들을 존중하는 것을 수익을 극대화하는 것보다 더 중요하게 여기고 있다.

이보다 더 마음이 따뜻해지는 이야기는 미렘베 카오메라(Mirembe Kawomera, '맛있는 평화'라는 뜻)라는 우간다의 커피 협동조합에서 찾을 수 있다. 땡스기빙커피회사(Thanksgiving Coffee Co.)의 일

> "아주 작은 돈으로 기업가를 꿈꾸는 이들에게 큰 변화를 가져다주자는 것과 경제가 타격을 입게 되면 결국 스스로 일어설 수 있어야 한다는 것을 기본 이념으로 하고 있다."

부를 구성하고 있는 협동조합이기도 하다. 분파주의보다 공동의 성공을 우선으로 여김으로써 유태인, 이슬람교도, 기독교인 농부들이 같은 기업에서 힘을 합쳐 일하고 있다.

Positive

이와 같이 전 세계의 가장 밑바닥에서부터 각각의 기업정신이 시작되고 있으며, 오로지 수익 창출과 세계화에 정신 팔린 수직구조의 다국적 기업의 운영방식이 아닌, 여러 가지 다양한 모습의 기업운영 방식을 보여주고 있다.

→ 참고 : 프리사이클(Freecycle) : www.freecycle.org / 키바(Kiva) : www.kiva.org / 《디지털 경제를 지배하는 10가지 법칙 New Rules for the New Economy》, 케빈 켈리(Kevin Kelly) (2003) / 워커스우드(Walkerswood) : www.walkerswood.com / 미렘베 카오메라(Mirembe Kawomera) : www.mirembekawomera.com

교육 education

수상이 되자마자 교육의 가치를 강조했던 토니 블레어가 옳았다. 아이들은 누구나 학교 교육을 받아야 한다는 말에 이의를 제기하는 사람은 아무도 없지만 한 세기가 넘도록 계속되었던 실험에도 불구하고 세상은 아직도 교육의 기본목표인 3R(읽기, 쓰기, 셈하기)을 마친 후에는 무엇을 배워야 할지에 대한 합의점을 찾시 못하고 있다. 이 문제에 대한 수많은 책들과 연구들이 있다. 우리가 그 동안 배움에 대해 배워온 것들 중에서 뭔가 일치점이 나타나면 좋겠지만, 과연 그럴 수 있을까?

한 가지 분명한 것은 무상의무교육이 전 세계 모든 어린이들에게 확대 적용되어야 한다는 점이다. 취학 아동의 수가 지난 20년 사이 10명당 8명에서 10명당 9명으로 늘어났다는 것은 좋은 소식이다. 하지만 이는 여전히 1억 명의 아이들이 학교제도의 혜택을 받지 못하고 있다는 것을 의미하기도 한다. 미래의 교육정책은 기본적인 3R 외에도 다음의 네 가지 사항에 핵심을 두게 되길 바란다.

1. 지식의 배움이 정치처럼 점점 더 세속화되어가는 종교에서 분리되어야 한다.

2. 모든 아이들에게 제2언어를 가르쳐야 한다. 2개 국어를 상용하는 것은 자동적으로 의사소통의 장벽을 무너뜨리며 어른들이 스스로를 '우리' 와 '그들' 로 나누어 생각하는 덫에 빠지지 않도록 돕는다.

3. 창의성이 교과과정의 핵심요소가 되어야 한다. 꼭 그림을 그리거나 음악을 배우기 위해서만이 아니라 창의적 사고와 문제해결 능력을 기르기 위해서다.

4. 감정을 조절하고 민주 시민으로서의 역할을 이해하는 것은 물론 자존감과 권리와 책임에 대한 의식을 길러주어야 한다.

이메일 email

당신이 알아채지 못하는 사이 당신의 인생을 장악한 것들이 있다. 아이들은 연신 확인 버튼을 눌러대며 친구들에게 보내는 문자메시지를 전산망을 통하여 쏘고 있다. 과거에는 친구에게 소식을 전하고 싶은 충동이 일 때는 우선 문구함을 열어 종이와 봉투부터 확인한 뒤 우체국에서 우표를 사가지고 집에 돌아온 후에야 편지를 쓸 수 있었으며(그러한 충동이 그때까지 남아 있다면 말이다) 편지를 다 쓴 후에는 밖에 나가 우체통을 찾아야 했다는 사실을 아이들에게 설명하기란 쉽지 않다. 운이 좋으면 일주일 안에 답장을 받을 수도 있었다.

손으로 편지를 쓸 필요가 없는 마법과도 같은 팩스가 처음 나온 때를 기억하는 사람들이라면 이메일(그리고 휴대폰 문자)이 가져다 준 우아함과 간편함에 경탄해 마지않을 것이다. 이메일은 당신의 의식이 다른 사람에게로 흘러 들어가는 의식의 흐름에 대한 즉각적 확장일 뿐 아니라 텔레파시와 크게 다를 바 없이 두 사람 간에 조용하게 흐르는 사고이기도 하다. 하지만 이는 놀랄 정도로 평등하여 사람들 사이의 모든 차이점을 없앤다. 이메일의 세계에서는 나이도, 인종도, 사는 곳도 일 수 없다.

이메일이 가져다주는 가장 커다란 이득 중 하나는 부모나 조부모를 이기적이고 제멋대로인 자녀들이나 손주들과 다시 연결시킨다는 점이다. 집에 전화할 생각은커녕, 휴대전화 벨소리로 구분하여

전화를 받기도 하고 안 받기도 하는 젊은이들은 잠시라도 문자나 이메일을 확인하지 않고서는 견디지 못한다. 그들은 그렇게 몇 글자 적어 답장을 보내고는 만족해한다. 적당히 거리를 유지하면서도 나이든 가족들을 즐겁게 해드릴 수 있는 방법이기 때문이다.

에너지 energy

이 문제에 대해 우리가 가장 듣고 싶어하는 말은, 앞으로도 아무런 죄책감 없이 지독한 환경주의자들의 손가락질을 받지 않으면서 에너지를 실컷 낭비하더라도 아무런 걱정 없이 살 수 있게 되리라는 것이다.

어쩌면 우리에게는 낙관주의자가 될 충분한 이유가 있을 지도 모른다. 미래에도 우주에는 동력을 공급할 뿐 아니라 지구를 더 이상 오염시키지 않으면서도 지금의 생활양식을 유지할 수 있을 만큼 에너지가 충분할 것이라니 말이다. 〈뉴사이언티스트 New Scientist〉지의 선임 컨설턴트(전 편집장이기도 하다)인 앨런 앤더슨(Alun Anderson)은 이 상황을 다음과 같이 요약했다.

"우리가 필요로 하는 에너지의 70퍼센트는 화석연료를 통해 얻지만 우리가 쓸 수 있는 잠재적 에너지의 양은 실로 어마어마하다. $3,000,000 \times 10^{20}$ 줄(joule, 에너지와 일의 SI 단위) 이것이 매년 지구가 무상으로 얻고 있는 깨끗한 녹색 에너지의 양이다. 태양은 우리가 쓸 에너지의 7천 배에 해당하는 에너지를 제공하고 있는데 이는 중국이나 인도와 같은 나라를 개발하기에도 충분한 양이다."

실질적 견지에서 우리는 이 모든 공짜 에너지를 가져다가 지구상의 모든 사람이 사용할 수 있는 깨끗하고 효율적이며 상업적인 동력으로 전환할 필요가 있다. 그것은 에너지 사다리의 맨 아래 칸에도 아직 도달하지 못한 10억 명의 사람들과 에너지 사용의 기본 요건을 이제야 간신히 충족한 또 다른 30억 명의 사람들을 위한 커다란 도전이 아닐 수 없다.

하지만 에너지산업은 미래의 수요를 채우고, 부유한 국가의 사람들뿐 아니라 전 세계 모든 인구에게 충분히 공급할 수 있다고 자신한다. 21세기가 끝나갈 무렵 우리가 어떤 식으로 가정 난방을 하고 있을지는 아무도 모른다. 그렇지만 20세기가 시작할 때도 오늘날 우리가 이렇게 다양한 에너지를 사용하게 되리라고 예상 못하지 않았는가?

지금으로서는 현재의 에너지 자원에 의지할 수밖에 없다. 걱정할 만한 근거가 있긴 하지만 크게 당황할 정도는 아니다. 석유가 곧 고갈될 것이라는 이야기는 오래 전부터 들어왔지만 2001년도 쉘(Shell)사에서 발표한 자료에 의하면 2025년, 어쩌면 2040년까지는 끄떡없을 것이라고 한다. 가스에 대해서도 크게 다르지 않다. 매장량이 석유만큼 분명치는 않지만 말이다.

에너지효율을 높이는 것만으로 지금의 보유량을 보존할 수도 있다. 앞서 말한 쉘 자료는 "현 기술과 앞으로 발전될 기술을 널리 보급하여 효율성을 두 배 이상으로 증대"할 수 있으며 "여러 연구를 통해 효율성을 4배 혹은 그 이상으로 향상시킬 가능성을 확인"했다고 말한다.

우리에게 알려졌거나 혹은 이미 사용 중에 있는 에너지 자원은 새로운, 혹은 우리를 깜짝 놀라게 하며 삶의 방식을 완전히 뒤엎을 만큼 '파괴적인' 대체에너지와 관련이 있을 것이다. 1900년, 시끄럽고 매연도 심하고 출발하기도 쉽지 않던 내연기관보다는 증기 혹은 전기가 자동차를 완성하게 될 것처럼 보였지만, 우리가 알고 있듯이 자동차는 헨리 포드가 적은 비용으로 대량 생산을 시작하면서 발전이 되었고 소비자의 선택의 폭이 넓어지면서 경쟁 체제에 돌입하게 되어 기술이 빠른 속도로 진보했다. 이와 마찬가지로 석유를 대체하기 위한 경주에서 이기는 승자가 나머지 기술을 밀쳐내게 될 것이다.

풍력 및 태양에너지가 이 에너지 믹스(mix)의 일부를 차지하게 될 수도 있지만 이 에너지가 기여하는 바가 크다면 에너지를 저장할 방법을 찾아야 할 것이다. 하지만 그들의 중앙집권적이 아니면서 민주적인 면을 이용할 수도 있다. 만일 시골 지역에 사는 사람들이나 도시의 아파트 밀집지역에 사는 사람들도 쓸 만한 가격이 되어 그들이 가스배관망으로부터 자유로워질 수 있다면, 이러한 기술은 발전하기 시작할 것이다. 어쩌면 상업용 범선이 다시 부활하여 최소한의 비용만으로 화물을 싣고 세계 곳곳을 누비고 다니며 우리를 깜짝 놀라게 만들 날이 올 수도 있다.

우선 현재로서는 수소 연료를 이용하여 대단한 효율성을 자랑하는 정적 에너지 또는 차량 엔진에 투자하는 것이 현명하다.

미래에 어떤 에너지를 사용하게 될지는 아무도 모르지만 그 문제가 손쉽게 해결될 가능성이 높으며 걱정이 오히려 좋은 자극제가 될 것이다. 지금의 기후변화 논쟁으로 혁명적인 연료자원이 출현할 수도 있다. 쉘 책자에 나오듯이 "실제 혹은 인지된 환경 위기가 기술의 발전에 박차를 가할 수 있다."

→ 참고 : 영국 에너지절약재단(Energy Saving Trust) : www.energysavingtrust.org.uk / 에너지퓨처(Energy Future) : www.energyfuture.org.uk / 대체기술센터 (Centre for Alternative Technology) : www.cat.org.uk

유럽인구, 아직도 부족한 7억
700 million not yet redundant Europeans

중국과 인도가 유럽을 넘어서고 차세대 경제 및 정치강국으로 부상한다고 해도 눈물을 흘려줄 비유럽인은 하나도 없겠지만 유럽의 영향력은 여전히 건재하다.

하나의 민족이라고 증명할 만한 것이 없는 유럽 대륙은 오히려 모호하다고 할 수 있다. 굴곡 많고 오만한 유럽 역사에는 씻어버릴 오명도 많지만 좋은 점도 많이 가지고 있다. 20세기를 거치며 유럽은 온갖 경이롭고 끔찍한 아이디어를 통해 수많은 실험을 거친 결과, 다음에 나열된 사안에 대해서는 부산을 떨지는 않아도 자신 있게 세계적 컨설턴트로 자리잡을 수 있었다.

- 언제나 이민자들을 환영했던 것은 아니지만 수많은 이민자들을 수용하고 기회를 준 것

- 체제의 변화 (스페인 및 동구권의 경우를 보라.)

- 연합 민주주의 (수없이 많은 함정을 거쳐야 했다.)

- 전쟁의 잿더미를 딛고 국가들을 재건한 일

- 다문화주의 : 다양성을 장려하며 삶의 일부로 받아들임

- 인도주의 및 권익 보호

- 세계화에 맞서 전통을 고수한 점. 전통유산의 보존에 대해서는 유럽을 따를 곳이 없으며 심지어 다른 문명의 예술작품들을 보존하는 일에도 뛰어나다. 언젠가는 되돌려줘야 하겠지만 말이다.

- 신앙의 자유 : 어려운 시기를 겪으면서 터득한 자유다.

- 예술이나 음식 등과 같은 삶의 가치를 소중히 여기는 법 (프랑스의 전문 분야다.)

- 인구밀집 지역의 도로교통정책

- 빈부의 차 극복

전반적으로 유럽 문화는 오래된 기업적 문화로 선의와 높은 적응성을 가진 문화다. 유럽은 매서운 바닷바람을 맞아 우악스러워진 얼굴에 다양한 경험과 지혜, 그리고 먼 곳을 다니며 들은 흥미진진한

Positive

이야기보따리가 준비된 노련한 뱃사람과도 같다. 유럽 대륙에도 황금기가 있었다. 그것도 여러 번 있었다. 그러니 언젠가 다른 대륙의 차례가 돌아오면 유럽이 기꺼이 나서서 도와줄 수 있지 않을까?

> "나는 낙관주의자다. 하지만 우비를 챙길 줄 아는 낙관주의자다."
>
> 해롤드 윌슨(Harold Wilson)

악 evil

1971년, 스탠포드대학교의 심리학과 지하실은 인간 행동을 실험하기 위한 감옥으로 변했다. 정상적인 사람들이 비정상적인 상황에 처하게 되면 어떤 일이 일어나는지를 살펴보려는 의도였다. 사회심리학자인 필립 짐바르도(Philip Zimbardo)는 실험이라기보다는 한 편의 그리스 희곡 같았다며 당시를 회상한다.

정상이라는 판정을 받아 선택된 남학생 자원자들은 가상의 죄수와 간수들이 되었다. 최대한으로 완벽한 수감시설과 환경을 갖추어 죄수들이 무력하게 느낄 수 있도록 만들었다. 죄수복을 입을 때는 속옷을 입지 못하게 한 것이 그 예다. 첫째 날에는 그다지 특별한 일이 일어나지 않았다. 하지만 얼마 지나지 않아 상황이 변하기 시작했다. 간수들은 자신의 권력을 이용해서 죄수들을 비인간적으로 대하며 학대하기 시작했다.

"닷새 만에 변태적 성행위를 강요하기까지에 이르러, 우리는 거기서 실험을 그만둘 수밖에 없었다."

인간의 본성이나 미래가 사악하지 않으리라는 것을 입증할 만한 것이 아무것도 없다. 2003년 이라크의 아부그라이브(Abu Graib) 교도소에서 일어났던 사건(미군 헌병들이 정보를 빼내기 위해 이라크인들에게 잔혹한 고문과 성적 학대를 자행했던 사건)만 봐도 스탠포드의 실험이 현실을 정확하게 대변하고 있다는 것을 알 수 있다. 하지만 선한 사람들이 악한 상황으로 내몰리게 되면 서로가 서로를 선동하여 악행 속에서 허우적거리게 되는 법이다.

"제도가 인간을 부패시키는 상황을 창출한다."고 짐바르도는 결론을 내리지만 제도는 언제나 개인(그것도 몇몇 썩은 사과들) 탓으로 돌리며 도덕적 고리를 교묘히 빠져나간다. 이렇게 말함으로써 익명의 제도에 모든 비난의 화살을 돌리려는 것이 아니라, 독방 열쇠와 총, 디지털카메라를 가진 개인들을 해방하고자 함이다. 우리는 어떤 유니폼을 입고 있든지, 어떤 계급에 속하든지, 어떤 명령을 받았든지 간에 각자의 행동에 책임을 질 수 있는 개인이기 때문이다.

그렇다고 제도가 스스로 악한 결정을 내리며 이를 정당화하기 위한 논리를 만들어낸다는 얘기도 아니다. "역사를 통틀어 '나는 나쁜 짓을 하고 있다'고 말한 사람은 하나도 없었다. 누구나 자신은 선한 행동을 하고 있다고 말한다."

사람들은 '국가안보' 함양이라는 미명하에 제도적인 악을 행하기도 한다. 명목이나 국가가 있건 없건 간에(요즘에는 '테러'만으로도 충분한 명목이 되기에 부족하다) 적이 존재하는 한, 테러혐의자를 고문하는 것이 정당화되는 비도덕적인 국가로 특별송환(extraordinary rendition, 미국 정보기관이 테러혐의자를 무단으로 타국으로 보내는 조치)하고는 스스로를 국민들이 편안하게 발 뻗고 잘 수 있도록 만들어 주는 구세주로 여기는 사람은 반드시 있기 마련이다.

악을 막으려면 우선 당신과 나는 물론 누구든지 악이 판치는 상황에 놓이게 되면 악해질 수 있다는 사실을 인정해야 한다. 악의 필연성을 인정함으로써 악을 예방할 수 있으며, 또 악의와 태만으로 이러한 상황이 벌어지도록 내버려둔 정치가들과 제도를 향해 반대의 목소리를 높이고 우리가 가진 투표권을 이용하여 악을 저지할 수도 있다.

> "역사를 통틀어 '나는 나쁜 짓을 하고 있다'고 말한 사람은 하나도 없었다. 누구나 자신은 선한 행동을 하고 있다고 말한다."

하지만 이 모든 우려는 낙관주의로 한방에 해결할 수 있다. 세상에는 악한 상황에 처해도 나쁜 짓에 휘말리지 않는 사람들이 있다. 만연한 악행을 못 본 체하고 눈감아주는 대신 가학적인 사람들과 제도에 적극적으로 맞서는 이들이 진정한 영웅이라고 짐바르도는 말한다. 대부분의 사람들에게는 없는 성품과 더불어 특별한 용기를 지닌 이들은 사회의 모범이 되어 젊은이들의 좋은 역할모델이 될 수 있다. 악의 필수조건을 깨달아 이를 사람들에게 가르쳐 스스로 존엄성 있는 행동을 하도록 만듦으로써 악을 방지하는 것, 이것이야말로 문명인인 우리가 할 일이다.

→ 참고 : 《루시퍼 이펙트 The Lucifer Effect : How Good People Turn Evil, 필립 짐
바르도(Philip Zimbardo) (2007)

"알라를 믿되 네 낙타는 매어두어라."　　　　　　아랍 속담

실패 failure

낙관주의가 성공을 기대하는 것이라면 실패했을
때는 어떻게 해야 할까? 못 본 척할까? 무시해버
릴까? 실패를 하게 되면 낙관주의의 몽상가적 실
체가 폭로되는 것이며 비관주의가 옳았음이 입증되
는 것과 마찬가지이다.

하지만 실패를 낙관주의와 일치시킬 뿐 아니라 심지어 실패를 통
해 낙관주의를 더욱 돋보이게 만들 여러 가지 방안이 있다. 살아있
다는 것은 실패의 가능성을 받아들이는 것이기도 하다. 끊임없이 성
공만 기대한다는 것은 스스로를 끝없는 자유낙하의 상황으로 밀어
넣는 것과 같다.

다음은 성공적 실패를 위한 전략이다. 예술, 비즈니스, 정치, 과학,
미래예측을 비롯한 야망이 꿈틀거리는 인생의 여러 분야에 적용해
보자.

1. 성공과 실패는 주관적이며 상대적이다.

실패란 뇌가 그렇게 해석한 정보에 불과하다. 여기에 의미와 감정을 입히는 것은 다름 아닌 우리 자신으로 하여금 스스로를 다른 사람들과 비교하거나 혹은 다른 이들이 우리를 비교하려 할 때 특히 그렇다. 재미있는 것은, 종종 우리가 세상의 기준으로 성공을 했을 때에도 스스로는 실패감을 맛볼 때가 있다는 사실이다. 스스로에게 거는 기대가 지나치기 때문에 일어나는 현상이다. BBC의 설립자인 리스 경(Lord Reith)은 스스로에게 불가능할 정도로 높은 잣대를 들이댄 후 결과에 대해 끊임없이 만족하지 못했던 사람이지만, 세상 사람들은 그와 그가 세운 업적을 높이 칭송한다.

우리는 '성과'와 '목표'에 중독되어 비난이 일반적인 기준이 되어버린 문화 속에서 살아가고 있다. 당신이 계획한 해보다 한 해가 지나서야 목표를 달성했는데 그것도 목표를 훌쩍 넘어섰다면, 이것은 성공인가, 실패인가?

2. 실패는 대부분 일시적이다.

실패라고 마침표를 찍는 대신 잠시 장애물을 만났다거나 일시적인 후퇴를 할 뿐이라고 여겨보라. 당신의 주변 상황이 새롭게 보일 것이다. 꼭대기에 도달하려다가 죽을 수도 있다는 점을 명심하자.

3. 실패를 통해 많은 것을 배운다.

이 말의 진위여부는 막 걷기 시작한 아기에게 물어보면 알 수 있다. 안전하게 넘어지는 법을 익히지 못했다면 아직은 스키 슬로프를 내려가지 않는 편이 현명하다. 단번에 성공하는 기업가는 거의 없다. 실수를 돌아보아 제품이나 방법을 재정비하여 또 다시 도전한다. 스스로 저지른 잘못을 통해 배운다는 것은 자존심이 상하는 일이지만 수치스러워할 필요는 없다. 다음의 노래가 우리에게 가르쳐주듯이 말이다.

> 넘어지더라도 자신감을 잃지 말아요
> 즐거운 실수였다고 감사하세요
> 그 자리에서 일어나, 툭툭 털어버리고
> 다시 시작하세요

실패는 우리로 하여금 유연성을 가지게 하며 다른 길을 모색하도록 한다. 다른 방법이 생각나지 않는다면 계속 생각하라.

4. 어렵게(혹은 정직하게) 얻은 성공일수록 값지다.

인생이란 적어도 반은 즐거운 과정이다. 혹은 이드리스 샤(Idries Shah)가 《마법의 수도원(Magic Monastery)》에서 재치 있게 말했듯이 "먹고 싶었던 살구를 입에 넣으면 결코 생각만큼 달지 않다." 만일 당신이 이와 같이 과학으로 치장한 짓궂은 지혜를 좋아하는 종류의 사람이라면 정신물리학 전문가에게 상담을 받을 필요가 있다. 《웃음에 대한 과학적 탐구(Laughter: A Scientific Investigation)》의 저자 로버트 프로빈(Robert Provine)은 정신물리학이 '물리적 사건에 대한 심리적 충격을 연구하는 학문'이라고 말한 바 있다.

"더 많은 것이 언제나 더 좋은 것은 아니다. 더 푸른 잔디일수록 더 빨리 색이 변하는 법이다… 두 번째 얻은 백만 달러는 첫 번째 만큼 감동이 없다. 페라리를 두 번째 구입하는 것도 마찬가지다. 두 번째 노벨상부터는 당연한 것으로, 지난 수상자의 딜레마일 수밖에 없다. 한때 목표로 삼았던 것에 도달하고 나면 인정과 명예라는 가파르고 미끄러운 비탈길에 미처 발을 내딛기도 전에 그 목표는 새로운 기준이 되고 만다… 인생은 단거리 경주가 아닌 마라톤이며, 행복과 안녕을 만들어내는 공식은 목적의 달성이 아닌, 그 길을 따라가는 여정과 그 과정 속에서 친구와 가족들로부터 얻는 위안이라는 사실에는 예나 지금이나 모든 철학자들과 과학자들이 동의하는 바다."

정신과 의사들과 종교 지도자들은 보상을 기다릴 줄 아는 능력을 '만족지연(delayed gratification)'이라고 부른다. 만일 당신의 신경이 날카로운 편이라면 5세 이전에 만족지연 방법을 배우지 못했기 때문이다. 만일 당신이 성공에 눈이 멀었다면 이 말 또한 좋아하지 않겠지만 말이다.

5. 고통과 고난이 우리를 자라게 한다.

M. 스콧 펙(M. Scott Peck)은 그의 서서 《아직도 가야 할 길(The Road Less Traveled)》에서, 공격을 받으면서도 앞으로 전진해야만 그 길의 끝에서 더욱 강인한 모습을 갖출 수 있게 된다고 말한다. 다른 말로 표현하면, 실패를 받아들이라는 얘기다. 실패를 받아들인다는

것은 당신이 옳은 길을 가고 있다는 것을 의미한다.

6. 너무 빨리 정상에 도달하는 수도 있다.

많은 위대한 미술가들과 작가들이 자신의 대표작을 20대에 완성하고는, 다시는 그러한 걸작을 내놓지 못하거나 잃어버린 영광을 되찾지 못하리라는 생각에 사로잡혀 전전긍긍하며 남은 인생을 보내야 했다.

너무 일찍 천재로 칭송을 받게 되면, 이후 그러한 기대치에 도달하지 못할수록 고통만 커질 뿐이다. 슬픔에 잠긴 테네시 윌리엄스 (Tennessee Williams)가 스스로에 대해 다음과 같은 글을 썼다.

"내 머릿속으로 채색된 빛이 들어올 수만 있다면! 성공
이라는 불길한 태양에 과다 노출된 나의 재능은 일사병
에 걸려 내 안에서 죽고 말았으니… 이 기나긴 내리막길
은 끝이 없구나…"

만일 당신이 평생 동안 유명인으로 살았다면, 일반인들이 겪는 보통의 삶은 결코 경험하지 못할 것은 당연하다. 세르반테스는 60년이라는 세월의 싸움과 투옥, 가난, 은둔을 거쳐 걸작 소설을 탄생시킬 수 있었다.

사실 초기의 성공을 우습게 여기는 내 생각부터 고칠 필요가 있다. 시카고대학교의 경제학 교수 데이비드 갤런슨(David Galenson)은 창의적 사람들을 각각 '실험적 혁신자' 및 '개념적 혁신자'라는 두 유형으로 분류했다.

"실험적 혁신자는 천천히, 그리고 다양한 시도를 통해 좋은 방법은 취하고 그렇지 않은 방법은 버린다. 이들의 걸작은 뒤늦게 빛을 발하는 경우가 많다. 세잔의 작품들이 그러했듯이 말이다. 피카소와 같은 개념적 혁신자는 새로운 아이디어를 일찍 형성한다."

화가들의 경우를 얘기한 것이지만 과학자를 비롯한 다른 이들에게도 똑같은 원리를 적용할 수 있다. 그는 어린 나이에 성취하는 사람들을 가리켜 '파인더(finder)'라고 일컬었다. 그들은 "선입견적 사고의 습관이 뿌리 내리기 이전부터 특별한 아이디어를 가진 사람들"로서 그들은 한 곳에 정착하여 빛을 잃게 되기 전, 그 아이디어로 자신의 한계를 넘어서는 사람들이다. 뒤늦게 성취하는 사람들을 가리켜서는 '구도자(seeker)'라고 불렀다. "천천히 끓고 단정적이지 않고 조심스럽고 실험적인" 사람들로 창의성의 본질은 어떤 일 그 자체보다는 그것을 이루어내는 과정 속에 있다고 믿는 사람들이다.

7. 실패를 통해 우리가 정말로 원하는 것이 무엇인지 또는 우리에게 최선의 것은 무엇인지를 발견해 낼 수 있다.

실패를 통해 우리는 우리의 목표를 재정비할 수 있나. 당신은 스스로 가짜임을 알고 있지만 겉으로는 부자이고 유명해서 지금 당장 수많은 이성들로부터 잠자리를 같이 하자는 청을 받기를 원하는가, 아니면 죽은 뒤에 천재로 인정을 받으며 몇 세기에 걸쳐 그

명성이 유지되기를 바라는가? 이에 대해 반드시 흑백이 분명한 결정을 내릴 필요는 없다. 한때 기자였지만 지금은 세계적으로 유명한 소설가인 이사벨 아옌데(Isabel Allende)는 잡지사의 요청으로 시인인 파블로 네루다를 인터뷰한 적이 있었다. 잡지에 실린 그녀의 기사를 본 네루다는 실망하고 말았다. 그녀는 사실을 다루는 데에 너무 서툴다며 덧붙여 꾸밀 필요가 있다고 네루다는 말했다.

그러니 시간 낭비하지 말고 이제 세상으로 나가 실패하라. 탈룰라 뱅크헤드(Tallulah Bankhead)는 말했다. "만일 인생을 처음부터 다시 살아야 한다면, 나는 똑같은 실수를 다시 저지를 것이며 차이가 있다면 더 일찍 저지른다는 것이다."

기분이 좋아지는 영화들
films to make you feel good

보기만 해도 기운이 나는 영화가 되려면 단순한 오락성이나 재미, 감동 정도로는 부족하다. 뭔가 끌어당기는 것이 있어야 한다. 영화 속 주인공에게 안 좋은 일이 생긴다든지, 하는 일마다 꼬인다든지, 또는 영화가 끝나 자막이 올라갈 때나 되어야 해피엔딩을 알려주는 등의 사실성도 가지고 있어야 한다.

그런 영화는 공상이 아닌 현실에 뿌리를 두고 있으며, 비록 90분이라는 상영시간의 제한 때문에 과장되거나 혹은 축약적으로 묘사되기도 하지만, 바로 우리들과 똑같이 꿈, 감정, 나약함이 뒤죽박죽으로 섞인 인물이 등장한다. 화면 안에서나 밖에서나 철저하게 완전한 사람도, 또 철저하게 불완전한 사람도 없다. 제 아무리 영웅일지라도 허점이 있기 마련이며, 사악한 악당에게도 희미하게나마 구원의 빛을 비추는 법이다.

우리가 주인공들에게 바라는 것은 악당에 맞서 고통스러워하면서도 이를 통해 배우면서 조금씩 행복을 향해 전진하고 세상을 이해하게 되는 모습이다. 있지도 않은 그런 인물을 만들어내려니 영화제작자들에게도 쉽지 않은 일일 테다. 관객들이 영리해서 영화를 보면서 사기 당하는 순간과 영화를 통해 진정으로 용기를 얻게 되는 순간을 구별할 줄 알기 때문이다. 우리의 생각을 지키고 도덕성을 고수하면 언젠가는 우리에게도 모든 것이 잘 풀리는 순간이 오리라는 영화의 설득에 넘어가 준다.

당신을 암흑에서 끄집어내어 빛으로 이끌어줄 여덟 편의 영화를 다음과 같이 선정해보았다.

★ 〈나우 보이저(Now Voyager)〉
어빙 래퍼(Irving Rapper) 감독, 1942년
노처녀(베티 데이비스)와 유부남 사이의 러브스토리로 둘이 이별을 결심하면서 영화가 끝남에도 불구하고 행복하다.

★ 〈멋진 인생(It's a Wonderful Life)〉

프랭크 카프라(Frank Capra) 감독, 1946년

당신이 태어나지 않은 세상은 어땠을까? 지금보다 더 나빴을 것임은 분명하다. 전형적인 크리스마스용 고전영화인 이 작품이 우리에게 주는 메시지는 마치 우리가 우주의 중심인 양 느끼는 것과 극단적으로 자살을 생각할 정도로 무의미한 존재라고 느끼는 것 사이에서 그만 방황하고, 인생이라는 커다란 메커니즘의 일부로서 살아가라는 것이다.

★ 〈위트니스(Witness)〉

피터 위어(Peter Weir) 감독, 1985년

더럽고 썩은 사회에서도 최선을 다해 살아가는 존 북(해리슨 포드)은 그의 정직으로 인해 부패에 찌든 친구로부터 괴롭힘을 당하게 되면서 엄격한 도덕적 규율을 지키며 단순한 삶을 영위하는 아미쉬 교도들의 공동체로 피신을 한다. 영화 중 아미쉬 신도들이 동료를 위하여 힘을 합쳐 헛간을 세우는 감동적인 장면이 나온다. 마지막 장면에서 주인공은 아무런 무기도 소지하지 않은 무방비 상태에서 자신을 당장이라도 쏴버릴 수 있는 옛 친구와 맞서는데 그 친구는 결국 주인공 앞에서 부끄러움을 느끼고 굴복한다.

★ 〈피셔 킹(The Fisher King)〉

테리 길리암(Terry Gilliam) 감독, 1991년

원래부터 호감 가는 형이 아니었던 주인공(제프 브릿지스)이 자

신의 오만함으로 인해 하루아침에 명성을 잃게 되고 결국 속
죄의 길을 찾아 나선다는 내용의 영화다. 이 영화의 매력은 인
간의 불완전함을 비난하거나 덮으려는 것이 아니라 도리어 찬
미했다는 데에 있다.

★ 〈사랑의 블랙홀(Groundhog Day)〉
해롤드 래미스(Harold Ramis) 감독, 1993년

잘난 척과 불만으로 가득한 TV 앵커(빌 머레이)가 자꾸만 똑같
은 날을 반복적으로 살게 되는 이야기다. 그 날을 '똑바로' 살
게 되기까지 말이다. 이기심, 자기 파괴 등 온갖 시도를 다한
끝에 그는 스스로를 위한 최고의 하루는 다른 사람을 돕는 것
에서 비롯된다는 사실을 깨닫게 된다.

★ 〈쉰들러 리스트(Schindler's List)〉
스티븐 스필버그(Steven Spielberg) 감독, 1993년

토머스 커닐리(Thomas Kennelly)의 원작소설 《쉰들러의 방주
Schindler's Ark》를 영화화했다. 오스카 쉰들러는 2차 대전 중
그가 가진 부와 명성은 물론 생명까지 걸고 그를 위해 일했던
유태인들의 목숨을 구한 독일인 사업가로, 나치 체제를 위해
일하면서도 물들지 않은 사람이었다. 영웅주의와 이타주의는
결코 간단한 것이 아니다. 이 영화는 고난 속에서 빛을 내는 양
심에 대한 탐구였다.

★ 〈돌로레스 클레이본(Dolores Claiborne)〉

테일러 핵포드(Taylor Hackford) 감독, 1995년

캐시 베이츠(Kathy Bates)와 제니퍼 제이슨 리(Jennifer Jason Leigh) 가 주연을 맡은 영화로 얼핏 보면 단순히 살인사건의 범인을 찾아내는 스릴러물로 보이지만 실은 그 이상이다. 주인공인 딸은 엄마를 증오하며 고향을 떠나 도시로 가서 성공한 기자 가 되지만 살인 혐의로 재판을 받게 된 엄마를 돕기 위해 고향 으로 돌아온다. 두 주인공 모두 과거에 저지른 과오로 고통을 받고 있으며 옳은 일을 하기 위해 애쓴다. 여기에 등장하는 도 덕성은 결코 단순하지 않다.

★ 〈씨 인사이드(Mar Adentro)〉

알레한드로 아메나바르(Alejandro Amena' bar) 감독, 2004년

하비에르 바르뎀(Javier Bardem)이 주연을 맡은 영화로 죽는 시 점과 방법을 스스로 선택할 권리를 위해 28년간 싸워왔던 전 신마비 환자 라몬 삼페드로의 실화를 바탕으로 했다. 결코 유 쾌한 주제라고 할 수는 없지만 그렇다고 영화의 전반적인 분 위기가 음울하지도 절망적이지도 않다. 영화는 삼페드로가 결 국 자신이 원하는 방식으로 죽음을 맞이하게 됨으로써 끝을 맺지만 기이하게도 긍정적이다.

몰입 flow

문제가 시간이라면—뭔가를 이루기 위해서는 오늘도, 내일도 여전히 부족한 것은 시간이며 앞으로 70년이 생긴다고 해도 여전히 부족하다('불멸' 참조)—지금 당신에게 필요한 것은 그 흐름을 타는 것이다. 이 느낌은 간절히 바라던 것을 원하는 대로 이루는 순간 느낄 수 있는 것으로 완전히 집중한 상태에서 동시에 두 가지 감각을 경험하는 순간이며, 자의식을 잃어버리는 순간이며, 그 순간처럼 살아있음을 경험한 적이 없는 순간이며, 영원한 생명에 확신을 느끼는 순간이다.

여기에 '몰입(flow)' 이라는 이름을 붙인 사람은 심리학자 미하이 칙센트미하이(Mihaly Csikszentmihalyi)지만, 이미 오래 전부터 있었던 현상에 이름을 붙였을 뿐이다. 스포츠에서는 이를 최상의 컨디션이라고 하며 종교에서는 무아지경 혹은 황홀경이라고 부르는데 동양의 신비주의에서 말하는 명상을 통해 우주와 하나가 되는 상태와 가깝다고 볼 수 있다.

칙센트미하이는 이를 "모든 것이 흑과 백으로 구분되는 자기충족의 우주 안에서 힘들이지 않고 얻을 수 있는 집중과 기쁨" 이며 "이를 위한 활동에 완전히 개입하는 것" 이라고 정의 내리며 이때는 "자아가 분열되며, 시간이 쏜살같이 지나가고, 모든 행동과 움직임, 생각이 마치 재즈 연주라도 하는 것처럼 이끌리듯 흘러간다. 당신의 전부가 몰입되어 당신에게 있는 모든 능력을 백분 활용하게 된다"

고 덧붙였다. 그는 적절하게 조건만 갖춰지면 의도적으로 몰입의 상태에 들어서는 것도 가능하다고 주장한다. 스포츠나 신체적 활동 등이 가장 자연스럽게 몰입으로 빠져드는 방법이지만 성취적인 일을 할 때도 쉽게 빠져들 수 있다고 한다. 오히려 자유시간이 일을 하고 있을 때보다 더 즐기기 어려운 시간이다. 아이러니하게도 무장강도 행위나 최전방 전투 또한 몰입의 상태로 들어가기 좋은 방법에 속한다. 이 기술을 잘 터득한 사람이라면 슈퍼마켓 계산대에 줄을 서거나 설거지를 하는 사이에도 몰입을 경험할 수 있게 된다.

　그렇다면 굳이 이 글을 읽으며 시간을 낭비할 필요가 있는가? 몰입을 경험하고 싶다면 다음의 특징이나 조건에 일치하는 활동을 찾아보라. 만일 당신이 먼저 설거지를 의욕적이며 보람 있는 일로 만들어줄 방안을 찾게 되면, 내게도 알려주길 바란다.

- 분명한 목표가 있으므로 해야 할 일을 알고 있다. 그러한 활동의 체계를 갖추고 싶다면 기술이나 의식(儀式)이 도움이 될 수 있다.

- 집중을 요하는 것은 바로 활동이다.

- 당신은 뭐든 할 수 있다. 그러므로 이를 위해 다른 사람에게 의지할 필요가 없다.

- 그 활동은 당신의 능력이 감당할 수준의 범위에서 도전장을 던지며 가능한 정도로 그 한계를 뛰어넘을 수 있게 이끈다. 긴장감이 느껴지지 않는다면 도전의 강도를 높여보라. 능력의 향상에 따라 도전의 강도도 높이는 것이 가장 이상적이다.

- 그러한 활동에는 유쾌함과 만족이라는 보상이 따른다.

- 직접적이고 즉각적인 피드백을 얻을 수 있다. 성공과 실패를 확인할 수 있기에 당신의 행동을 조절할 수도 있다.

→ 참고 : 《몰입 ; 미치도록 행복한 나를 만난다 Flow ; The Psychology of Optimal Experience》, 미하이 칙센트미하이(Mihaly Csikszentmihalyi) (1990)

어리석은 짓 folly

"아무도 어리석은 짓을 하지 않았다면 지적 발전은 없었을 것이다."

루드비히 비트겐슈타인(Ludwig Wittgenstein)

1998년, 보도에 따르면 '네 명의 나이든 히피들' 혹은 예술가들이 직접 만든 배를 타고 노바스코샤(Nova Scotia)를 출항하여 63일만에 대서양을 건너 아일랜드에 도착했다. 그들이 타고 건넌 배는 드라마 〈베버리 힐빌리즈 (Beverly Hillbilies, 1960년대 인기를 끌었던 미국 TV시리즈로 유전을 발견하여 갑자기 벼락부자가 된 시골사람들이 베버리 힐즈에 살게 되면서 겪는 좌충우돌 이야기)〉의 주인공들이 만들었을 법한, 정원에 세워진 창고와 쓰레기장의 중간쯤 되는 모습이었다고 하는데 이에 대해 그들 중 하나가 이렇게 말했다고 한다.

"누구나 주변에 버려진 물건들을 재활용해서 예술작품이나 집, 교통수단을 만들 수 있다는 것을 모두에게 보여주고 싶었다."

놀랍게도 합판을 이리저리 붙여 누더기 같은 겉모습과는 달리 '선 오브 타운 홀(Son of Town Hall)' 이라는 이름을 가진 이 배는 항해에 적합한 튼튼한 배였다. 어리석은 행동이 언제나 겉보기처럼 쓸모없 지만은 않다는 사실을 증명해 보인 사건이었다.

단순히 그렇게 해보고 싶어서 '이성적' 행동을 벗어나고자 했던 사람들이 없었다면, 이 세상은 지금보다 훨씬 더 재미 없는 곳이었 으리라. 기발한 행동이 관습에 따르는 행동만큼 지지 받지도, 보상 받지도 못한다는 사실은 부끄러운 일이다. 하지만 다행스럽게도 마 음속으로부터 우러난 충동에 따라 평생을 바치거나 큰 돈을 들이기 까지 하며 괴상한 행동을 하는 사람들은 언제나 있다. 대부분 명예 를 추구하거나, 세간의 주목을 원하는 것도 아니기에 이들을 찾아내 려면 상당 기간을 투자해야 할 것이다. 그들이 원하는 것은 인정이 아니기 때문이다. 나는 언제나 두 눈을 크게 뜨고 불가능해 보이고 괴상하지만 아름다운 일들을 하는 이들을 찾으려고 두리번거린다.

음식 food

냉장고를 열어보아도 딱히 먹을 만한 것이 보이 지 않는 날이 있다. 하지만 먹을 것이 아예 없었던 날은 평생에 단 하루도 없었다. 물론, 세상 모든 사람들에게 해당되는 말은 아닐 것이다. 세상에 는 기아로 고통 받고 있는 이들도 있으니 말이다.

서구사회에 살고 있는 우리들은 우리가 얼마나 행운아인지를 잘 모르고 산다. 우리의 수입에 비하여 기본 식료품비가 차지하는 비율은 지난 한 세기를 걸쳐 계속 하락 중이고 우리 중 기본 식료품 구입에 어려움을 겪고 있는 사람은 거의 없을 뿐더러, 각 가정마다 냉동고가 있다는 놀라운 사실조차 당연하게 여긴다. 문자 그대로 빵 한 조각 얻기 위해 힘든 노역에 시달려야 하던 시절도 지나갔다. 더 이상 추수 때만을 고대할 필요가 없어졌으며, 혹시 못된 귀족의 군대가 쳐들어와 우리가 힘들게 키운 옥수수 밭을 폐허로 만들거나 가축을 죽이지나 않을지 전전긍긍하지도 않게 되었다.

여기서 끝이 아니다. 대단히 간단한 방법으로 음식을 구할 수 있게 되었다. 사방에 널린 가게나 슈퍼마켓에는 먹을 것들로 넘쳐난다. 우리의 소화기관과 박자를 맞추어 돌고 있는, 생산자로부터 근처 가게까지 이어진 보이지 않는 먹이사슬 덕분에 언제든 원하기만 하면 배를 채울 수 있게 되었다.

감사할 것은 그 뿐이 아니다. 우리의 선택을 기다리고 있는 식료품의 가짓수는 당황스러울 정도로 많으며, 많은 제품이 조리라는 노동조차 거추장스러워 한다. 한때 부잣집 찬장에서나 볼 수 있었던 향신료들도 저렴한 가격으로 구할 수 있게 되었으며 그 종류 또한 다양하다. 식생활에서 종교를 찾겠냐면, 당신이 신선한 과일과 채소를 숭배의 대상을 삼겠다고 해도 아무도 당신을 막지 않을 것이다. "음식은 기어코 지성의 장벽을 뛰어넘어 개념적 장벽을 건넜다"고 사이먼 젠킨스(Simon Jenkins)가 〈가디언〉에서 말했다.

하지만 상황은 더 좋아지고 있다. 대부분의 식료품이 좋은 품질을 유지하고 있으며 제품마다 라벨이 일일이 붙어있어 어떤 재료가 들어갔는지를 소비자들에게 세세히 알려준다. 건강식품과 유해식품은 당신이 선택하기에 달렸다.

그리고 무엇보다도 소비자에게 힘이 생겼다. 가까운 곳에서 쉽게 구할 수 있지만 일부러 시간을 들여 유기농 제품을 구입할 수도 있으며, 조금만 신경 쓰면 먼 나라에서 수입되느라 신선함을 잃은 제품이 아닌 산지에서 막 도착한 신선한 제품을 맛볼 수도 있다. 또한 만일 당신이 가난한 사람들에 대한 연대책임을 느낀다면, 대형 슈퍼마켓의 자체 브랜드 제품 대신 가격이 조금 비싸더라도 공정무역 제품을 선택할 수도 있다.

그러므로 우리는 슈퍼마켓 계산대 앞에 잠시 멈추어 서서 한때 우리의 농작물을 지배했던 신들을 위해 묵념을 할 필요가 있다. 이제 우리는 날마다 추수를 한다.

→ 참고 : 영국 세계공정무역협회(Fairtrade) : www.fairtrade.org.uk /《짚 한 오라기의 혁명(One Straw Revolution)》, 마사노부 후쿠오카(Masanobu Fukuoka) (1978)

자유 freedom

오늘날 서구사회에 살고 있는 사람들이 날 때부터 누리고 있는 자유는 과거 선조들에게는 상상도 할 수 없는 것이었다. 이런 행운을 당연한 것으로 여기게 되는 것은 권리와 특권을 끊임없이 주장하고 보호하지 않으면 사라지고 마는 것처럼 쉬운 일이다.

자유는 국가나 공동체에 따라 그 의미가 조금씩 다르며, 선한 이유로 혹은 악한 이유로 법의 제한을 받기도 한다. 우리가 서구사회에서 당연하게 누리는 자유이자 우리가 소중히 여겨야 할 자유를 다음과 같이 소개하고자 한다.

혹시 이 목록이 진부하다고 생각된다면, 이러한 자유가 여전히 금지되고 있거나 혹은 과거에 금지되었던 나라를 찾아보기 위해 멀리까지 갈 필요가 없다. 세상에 존재하는 자유의 양이 증가하고 있는 것은 분명하다. 자유를 위해 죽음까지도 불사하는 사회운동가들이나 보도기자들 덕분이기도 하다. 만일 우리에게 단 하나의 대의만 추구하라고 한다면 그것은 바로 자유이어야 한다.

서구사회가 누리고 있는 자유는 다음과 같다.

- 성생활을 누리며 살 자유
- 이성 혹은 동성배우자와 결혼할 혹은 결혼하지 않을 자유
- 하고 싶은 대로 말하며 글로 쓸 자유
- 믿고 싶은 신을 믿을 자유

- 다른 사람들과 똑같지 않을 자유

- 나이든 사람들이나 선배들, 종교나 정치 지도자들을 비판할 자유

- 하고 싶은 일을 하며 돈을 벌 자유

- 가고 싶은 곳을 언제든지 갈 자유

- 자녀를 낳을 자유, 혹은 낳지 않을 자유 (특히 여성의 경우)

- 원하는 곳에 살 자유

- 어느 누구와 어떤 이유로든 연합할 자유

- 사고 싶은 것을 살 자유

- 입고 싶은 대로 입을 자유

- 먹고 싶은 대로 먹을 자유

→ 참고 : 《How to be Free 자유를 즐기는 법》, 톰 호지킨슨(Tom Hodgkinson)

　　(2006)

미래학 futurology

"이 글을 읽는 독자들이 속한 인류는 그 시작부터 아이들의 놀이를 해왔다… 그 중에서도 인류가 가장 즐겨 했던 게임은 '내일을 숨겨라' 게임인데 이는 '예언자를 속여라' 게임이라고 불리기도 한다. 게임 참가자들은 다음 세대에 어떤 일이 벌어질지에 대해 들려주는 현자들의 이야기를 대단히 집중하며 경청해야 한다. 그리고

는 그 현자들이 모두 죽을 때까지 기다렸다가 땅에 묻는다. 그 다음
에는 각자 알아서 할 일을 하면 된다. 그런데도 단순한 입맛을 가진
이 종種은 이러한 놀이를 상당히 재미있어 한다."

GK 체스터튼(GK Chesterton)

《노팅힐의 나폴레옹 The Napoleon of Notting Hill》 중에서

우리는 누구나 미래에 일어날 일에 대해 궁금해 한다. 그럴 수만
있다면 오늘날 낙관주의자의 말이 옳은지, 비관주의자의 말이 옳은
지도 확인이 가능할 텐데 말이다. 막대한 자원이 정치와 과학계 그
리고 기업으로부터 흘러나와 미래를 분석적으로 연구하는 학문(혹은
미래학, 천문학과 혼동하지 말아야겠다)에 쏟아지고 있다. 그런데 이 미래
학이라는 것이 존재한다면 그야말로 모순덩어리일 수밖에 없다. 아
직 존재하지도 않는 것을 어떻게 연구한단 말인가?

미래학자들이 연구에 쓸 수 있는 자료라고는 현재와 과거뿐이다.
그들이 하는 일은 현재와 과거를 샅샅이 살펴본 후 '3P 1W'로 나누
어 예측하는 것이 전부다. 3P란 앞으로 일어날 수도 있는(possible) 시
나리오, 분명히 일어날 것 같은(probable) 시나리오, 일어나기를 희망
하는(preferable) 시나리오며, 1W는 예측불가의 와일드카드(wildcard)
를 말한다.

역사가 도널드 사순(Donald Sassoon)은 이러한 도전을 다음과 같이
묘사했다.

"미래를 추측하는 것은 전혀 해롭지 않은 게임이다. 이 게임을 제

대로 즐기려면 어떤 일이 일어나고 있는지를 알 필요가 있다. 그러려면(이 부분이 함정이 될 수 있다) 질문을 제대로 해야 한다."

대부분의 미래학자들이 좀처럼 던지지 않는 질문 중 하나가 '과거에 미래학자들은 당시에 바라본 미래에 대해 뭐라고 예측했는가?' 이다. 그러니 잠시 멈추고 '미래의 역사'를 한번 되돌아보자.

미래학자들의 '미래'는 유럽과 미국에 번영과 안정이 찾아왔던 1950년대와 1960년대에 시작되었다. 먹고 살만해지자 사람들은 '놀라운 신세계(a brave new world, 셰익스피어의 작품 《템페스트》에서 인용한 표현)'에 관심을 갖기 시작했다. 도덕적 딜레마에 빠지는 일 없이 만인의 존경을 받았던 당시의 과학자들은 21세기가 되면 사람들이 바다 속과 우주에서도 살 수 있게 되리라고 말했었다. 그리고 우리는 그러한 꿈만 같은 미래에 걸맞은 비전을 품었다. 거리마다 거대한 유리 돔으로 뒤덮일 것이며 자동차만 하늘을 날아다니는 것이 아니라 사람들도 1인용 제트팩을 타고 날아다니며 알약 하나로 식사를 대신할 수 있게 되는 세상을 꿈꿨다. 농업혁명이 일어나 아무도 굶는 사람 없이 누구나 배불리 먹게 되며 국가라는 불편한 기구가 사라지고 세계정부가 출현하게 될 줄 알았다. 전쟁의 변화에 대해서도 예측했다. 전통적인 전투는 사라지고 최신식 전쟁억제만 존재하게 될 것이라면서 스테인리스 스틸에 매끈한 외모를 가진 공중발사전략미사일(ASBM, air-to-surface ballistic missile)로 이판사판으로 끝장이 날 수 있다고도 했다.

우리는 기술적 희망으로 가득한 길을 떠났지만 도중에 길을 잃고 말았다. 달 착륙에 성공했던 1969년에는 이 최초의 우주산업으로 인한 부산물이 들러붙지 않는 프라이팬, 위성TV, 막히는 도로 구간을 알려주는 GPS시스템이 되리라고 아무도 상상하지 못했다. 우리가 볼록한 흑백 TV 앞에 모여 앉아 최초의 달 착륙을 구경하던 당시의 컴퓨터는 디스크가 돌아가는 거대한 물체였다. 당시 나사(NASA)가 만든 거대한 아폴로의 대형컴퓨터가 조그마한 PC로 줄어들어 오늘날 모든 책상 위에 올라앉게 되리라고 누가 상상이나 했겠는가?

1943년, IBM의 회장인 토머스 J. 왓슨(Thomas J. Watson)이 다음과 같이 말했다고 한다. (증거는 없지만 말이다) "세계 컴퓨터 시장이 필요로 하는 컴퓨터의 수는 5대 정도다." 인터넷에 떠도는 전설에 의하면 빌 게이츠는 소

"인생의 그 어떤 것도 당신이 그것에 대해 생각하는 동안에는 당신이 생각하는 것만큼 중요하지 않다."

위 '폐인' 들이 자기 방에 갇혀서 인터넷에 몰두하기 시작하자 더 이상 인터넷의 미래는 없다고 여겼다는 말도 있다.

즉, 꽤 괜찮은 미래가 우리를 기다리고 있었지만 그 미래는 소위 전문가들이 예측하는 미래와는 달랐다. 그때가 된 다음에 틀린 예언자들을 비난하고 소름 끼칠 정도로 정확히 맞춘 예언자들을 칭송하기란 쉬운 일이다. 실제로 그 때가 닥치기 전까지는 어느 것이 옳은지 알 방법이 없다. 그렇지 않았다면 누구나 절대 실패하지 않는 투자자가 되었을 일이다.

하지만 진보가 어떻게 생겨나는 지에 대해서는 잠시 생각해볼 필

요가 있다. 누구나 더 나은 삶을 가져다 줄 발명이나 인류의 발전에 대한 꿈을 꾸지만 실제로 그런 일이 일어나도록 지배하는 힘은 무엇인가? 이에 대한 꽤 확실한 대답과 덜 확실한 대답이 있다. 누군가 수익성의 냄새를 맡게 되면 발명품은 시장으로 진출하게 되고 자본이 투입되면 연구는 성과를 낸다. 투자수익률로 보자면 암이나 알츠하이머 같은 질병치료 연구보다 성형수술에 투자하는 편이 훨씬 낫다.

가끔은 누군가 자기 필요에 의해 아무런 보수도 바라지 않고 했던 일들이 기술발전을 가져오기도 한다. 지금은 마우스 조작만으로 여름휴가 가서 찍은 사진의 레드아이(red eyes) 현상을 손쉽게 없앨 수 있게 되었지만 알고 보면 이 기술도 대부분의 사람들이 컴퓨터의 중요성을 모르던 1970년대에 여드름투성이 십대들이 방에 틀어 박혀 몇 시간 동안 컴퓨터 프로그래밍에 열중했던 덕택이다.

또 가끔은 신기술이 기존의 기술만 못하여 진보에 방해가 되기도 한다. 다양한 종류의 '전자책(ebook)'을 사용해본 후 앤드류 마 (Andrew Marr)는 〈가디언〉에서 이렇게 말했다.

"단순하지만 유용한 기술은 유행을 타지 않는다. 사람들이 은색 우주복을 입고 다니며 알약으로 끼니를 해결하리라고 예언했던 1960년대의 미래학자들은 양말이나 단추, 냄비 등은 단순하지만 유용한 기술이라는 점을 잊고 있었다. 책도 이와 같다."

미래로 향하는 길은 여러 갈래로 나뉘어 있으며 그 중에서 우리가 어느 길을 선택할 지는 영역에 따라 다르다. 우리가 선택한 오늘이라는 '미래'는 쾌락에 대한 우리의 탐욕스러운 욕구를 반영하는 것이라고 할 수도 있다. 닌텐도(Nintendo)만 봐도 그렇다. 이 게임기는 가히 문명의 정점이라고 할 만하다. 어쩌면 현실적이며 비기술적인 문제들은 너무 부담스러웠기에 세상을 배부르게 할 기술보다는 이동통신 쪽으로 시간과 에너지를 투자하는 편이 낫다고 여겼을 수도 있다.

"오늘날 우리는 모두 기술적 결정론자가 되었다. 우리에게는 선택권이 없다. 이루어질 만한 것이라면, 인간의 허영심을 더욱 부채질하는 것이라면, 돈을 벌어주는 것이라면, 그 일은 반드시 이루어지게 되어있다."

브라이언 애플야드(Bryan Appleyard)가 〈선데이타임즈 (The Sunday Times)〉에서 한 말이다.

우리는 진보를 좀더 하찮고 좀더 야망 없는 것이 되도록 방치했다. 우리가 가졌던 목적마저 잃은 것 같다. 1960년대에는 우리를 더욱 행복하게 만들어줄 미래가 우리의 목적이었다. 미래가 안전하고 확실하게 우리를 구원하여 모든 문제를 해결해 줄 것이라고 믿었다. 그렇기에 누구나 빨리 미래가 도래하기를 바랬으며 미래는 우리가 꿈꾸는 종착역이었다. 그 미래가 과정, 즉 '정지' 버튼을 찾을 수 없는, 끝도 없이 이어지는 컨베이어벨트일 것이라고는 그 누구도 생각하지 못했다.

하지만 일단 고삐가 풀리면, 미래에는 속도가 붙어 우리는 끊임없는 변화에 밀려나가게 될 수밖에 없다. 여러 가지 면에서 우리는 앨빈 토플러(Alvin Toffler)가 말한 '미래 충격(future shock)'의 영구적 상태 속에서 살아가고 있다. 《느림의 지혜(The Clock of the Long Now)》의 저자인 스튜어트 브랜드(Steward Brand)는 이렇게 말했다.

"진보의 속도가 빨라져 1년 단위로 진보를 관찰할 수 있게 되자 사람들은 더 이상 이를 진보라고 부르지 않게 되었다. 사람들은 이를 변화라고 부르며 변화를 갈망하기보다는 오히려 변화의 힘에 끌려가지 않으려고 안간힘을 쓴다."

미래 예측의 역사로부터 배울 점은 상식의 선을 벗어나지 말자는 것이다. 또 앞으로도 눈부신 변화가 있겠지만 그렇다고 미래가 우리의 고통을 앗아가는 것은 아니다. 기술은 단지 도움을 줄 뿐 해결책이 아니기 때문이다. 인터넷은 우리에게 엄청난 자유를 주었지만 그 자유를 어떻게 사용하느냐는 우리에게 달렸다. 장기적으로 보았을 때 기발한 기기들보다 훨씬 더 중요한 것은 아이디어다. 그 미래가 여태까지 이룬 것이 있다면, 우리가 컴퓨터 화면을 바라보며 채팅으로 대화를 할 수 있게 된 것이 아닌, 1950년대에는 상상도 할 수 없었던 생각, 즉 모든 사람들이 자신이 원하는 대로 인권, 평화, 번영, 민주주의, 선택의 자유, 행복추구의 권리를 누릴 수 있어야 한다는 생각을 공유할 수 있게 되었다는 점에 있다.

→ 참고 : 《블랙 스완 The Black Swan : The Impact of the Highly Improbable》, 나심 니콜라스 탈레브(Nassim Nicholas Taleb) (2007)

디지털 기기 gradgets

대부분의 기기들은 쓸모 있다기보다는 성가신 경우가 더 많다. 정작 필요할 때가 되면 그 망할 물건을 찾아 헤매야 한다. (그리고 언제나 석 달, 혹은 삼 년쯤 지난 뒤 서랍 밑바닥에서 뒤늦게 발견되곤 한다.) 용케 찾는다고 하더라도 제대로 작동하는지, 사용법을 여전히 기억하고 있는지의 문제가 남는다. (분명히 사용설명서를 어디에다 잘 둔다고 뒀는데, 그게 어디더라?) 정교한 장치일수록 기능은 더욱 복잡하며, 창백한 LED화면에 버튼과 메뉴들이 많이 나타날수록 아주 간단한 조작조차도 어렵게 되어 버린다. (메뉴 화면이라도 제대로 띄우려면 배터리 교체가 우선임은 물론이다. 지난 번에 마지막으로 사용한 후 그대로 방치해 둔 덕에 방전이 되어버렸다.) 이 기나긴 준비과정 속에서 모든 노동에 보상 가치가 있으며, 그래도 이러한 기기를 사용하는 편이 시간과 노력을 줄일 수 있으리라는 확신을 가져야만 한다. 하지만 '보풀제거기' 로 스웨터의 보풀을 성공적으로 제거한 사람이 있던가?

그래서 수많은 가정용구들, 특히 슬로우쿠커(slow cooker)나 전동고기칼 따위가 이미 오래 전에 우리의 기억 속에서 잊혀진 채 박스 속에, 혹은 찬장 선반에 얌전히 앉아 있는 것이다.

　누구나 처음에는 그 기능에 매료되어 구입하지만 한번도 사용하는 일이 없는 기기들이 있다. 가끔은 제품을 써보지도 않은 채 기발한 기능에 경탄하고 발명가의 독창성을 치하하며, 이로 인한 노동절감의 가능성을 머릿속으로 그려보는 것만으로도 만족스러워 하기도 한다. 어쩌면 다음과 같은 기기의 불문율 때문일 수도 있다.

"성능이 기대에 부응하는 일은 결코 없다."

　내가 만일 무인도에 가서 살아야 한다면, 내가 누리고 싶은 유일한 호사는 각종 첨단 기기들로 선반을 가득 채우는 것이다. 이왕이면 태양에너지나 코코넛밀크 에너지를 쓸 수 있다면 좋겠지만, 안 된다면 평생 동안 쓸 배터리도 있어야 할 것이다. 무한정으로 생긴 내 여가시간에는 각종 분쇄기로 내 개인정보를 온통 찢어버리면서 시간을 보내게 될 것이며, 흰 와이셔츠에 토마토 소스가 튀지 않도록 자동으로 스파게티 국수를 돌돌 말아주는 회전 포크(AA배터리 2개가 필요하다)도 실컷 사용할 수 있게 되리라.

　하지만 세상에는 비난의 대상이 될 기기들보다도 오래도록 신뢰할 필수 기기들이 존재하며 지금도 날마다 새로운 기기들이 시장에 쏟아져 나온다. 겉만 번지르르한 것이 전부가 아니라는 것을 터득한다면, 유용할 뿐 아니라 동시에 우리를 즐겁게 해주는 작고 놀라운 기계들로 우리의 가정과 삶을 채울 수도 있다. '없어서는 안될' 기기들이란 개인에 따라 다르겠지만 요즘 내가 가장 좋아하는 기기들은 다음과 같다.

1. 빵 만드는 기계 (복잡하고 성가신 3단계 과정을 알아서 해주는 기특한 로봇이다)

2. 전동칫솔 (치아건강을 유지하면서 동시에 이메일 확인, 음악 다운로드, 책 집필을 가능하게 해준다)

3. 재생 가능한 에너지로 움직이는 것이라면 뭐든지 (미래의 성장분야가 될 것이다)

행복 happiness

행복은 지극히 개인적인 것으로 늦은 밤 스스로에게 자문하거나, 한 손에는 시집을 들고 눈썹을 잔뜩 찌푸린 채 친구들과 벌이는 토론의 주제가 되기도 한다. "나는 과연 행복한가? 그럼 너는 행복하니?"

행복이 학문의 한 분야는 아니지만 사회에서는 강박관념이며 경제에서는 논쟁의 수제(자본주의가 과연 인간의 고통을 증기시키는가, 아니면 감소시키는가?)며 적지 않은 정책 결정의 목표가 되기도 한다. 유모처럼 일일이 간섭하려 드는 복지국가의 마지막 개척 분야가 바로 '관료주의를 통한 행복의 완성' 이다.

다른 사람의 행복에 대해서 이러쿵저러쿵하면 안 된다는 문제는 별도로 하고, 그 동안 행복에 대해 많이 논의되지 않았던 이유가 있다. 우선 행복이라는 말부터가 애매모호하다. 대체 뭘 얘기하자는 것인가? 행복하다는 추상적인 개념은 어떤 말로도 정확히 정의 내리기 어렵다.

게다가 행복은 일종의 사치품 취급을 받기도 한다. 자급자족으로 생계를 꾸려나가는 농민에게 내년도 행복을 위해서 어떤 계획을 세우고 있는지 물어보라. 그에게 행복은 그저 잘 살면 따라오는 것 정도로, 대단히 중요하게 여기지 않고 있다는 것을 알게 될 것이다.

당신이 돈을 충분히 벌게 되었으며 곰곰이 생각에 잠길 정도로 시간이 많아졌다고 가정하고 다음의 자가진단테스트를 해보자.

당신이 생각하는 행복이란 무엇인가?

★ 오랫동안 건강하게 장수하면서 누리는 즐거운 나날의 연속

★ 가진 것들을 최대한으로 활용하며 거저 얻은 것들을 감사하는 것

★ 누군가를 사랑하거나 또는 사랑 받는 것

★ 지금 이 순간을 즐기는 것, 그리고 행운을 감사하며 그 행운을 잘 사용하고 즐기되 '그랬으면 좋았을 걸' 혹은 '그렇기만 했다면' 따위의 후회를 하지 않는 것

★ 당신의 한계, 그리고 당신이 만나게 되는 모든 이들의 한계를 받아들이는 것. 질투심과 시기심, 후회 등으로부터 자유로워지는 것

★ 세상 속에서, 공동체 안에서, 친구들 사이에서 없어서는 안 될 존재라

Positive

고 느끼는 것

★ 도취감, 기쁨, 환희를 만끽하는 순간

★ 잘 사는 것, 흡족함, 만족

★ 영적 혹은 다른 것으로 인해 느끼는 충만감

★ 살고 싶은 곳에서 살고, 하고 싶은 것을 하는 자유

★ 동화와 같은 행복한 결말

★ 하고 싶은 대로 하는 물질적 행복 : 신용카드를 들고 백화점에 가서
  원하는 대로 실컷 쇼핑하는 것, (혼자 혹은 누군가와 함께) 스파에서
  보내는 휴식, 음식점에서 주문한 음식을 집에 가져와 먹으며 DVD로
  영화를 보는 것 등

  …아니면 위의 항목 중 몇 가지를 조합한 것
  …아니면 위의 항목을 몽땅 합친 것

물론 정답은 없다. 하지만 행복을 추구하기로 결심했다면 당신이
원하는 행복이 어떤 모습인지는 알아두자.

돈이 행복을 가져다준다고, 아니면 적어도 그 돈을 지혜롭게 쓰는
법만 안다면 돈으로 행복을 살 수도 있다는 것이 일반적인 생각이
다. 만일 당신이 찢어지게 가난하다면 현금과 행복 사이의 상관관계
는 더욱 강력하다. 하지만 2006년 프린스턴대학교에서 진행한 연구
에 따르면 부자가 될수록 더욱 행복해진다는 비례식은 성립하지 않
는다. "소득의 증가는 개인의 행복에 일시적인 효과만을 가져다 줄

뿐"이라고 그 보고서는 결론지었다.

보고서에서 저자는 돈의 중요성을 아는 것은 대단히 어려운 일이지만, "사람들은 하나의 요인(소득만을 말하는 것이 아니다)이 자신의 행복에 영향을 미친다고 생각할 때 그것의 중요성을 극대화하는 경향을 보인다. 우리는 이러한 경향을 초점 착각(focusing illusion)이라고 부른다. 인생의 그 어떤 것도 당신이 그것에 대해 생각하는 동안에는 당신이 생각하는 것만큼 중요하지 않다. 이 연구를 통해 얻은 결론 중 하나는 사람들이 자신의 행복에 대해서는 자신의 키나 전화번호를 알고 있는 것만큼도 모른다는 점이다."

행복이 희미한 개념이 되어버렸다는 것으로도 최대다수의 최대행복을 가져다주는 것이 무엇이며, 무엇이 이를 방해하는 지에 대한 논쟁을 잠재우지 못했다.

심리학자인 올리버 제임스(Oliver James)는 번영과 소비가 우리를 불행하게 만들 것이며 우리 마음의 균형을 깨뜨릴 것이라고 확신한다. 그의 책 《어플루엔자 Affluenza(풍요하다는 뜻을 가진 'affluent'와 인플루엔자(influenza)를 조합한 조어, '풍요 인플루엔자'라는 뜻)》(2007)에서 우리가 살고 있는 선진국에 대해 이렇게 비난했다.

"돈, 소유, 외모, 사회적 지위, 명예, 이런 것들에 지나치게 높은 가치를 두고 있는 사람들이 있다. 각종 정신 질환에 노출된 이들이다… 만일 당신이 그 중 하나라면 친밀감과 관계성이라는 기본적인 심리적 필요를 충족시키지 못했기 때문이다. 대신에 당신은 사탕발림의 욕구들을 끊임없이 채우고 있다. 광고회사와 기업들이 소비자에게 심기를 원하는 바로 그 욕구들이다. 당신은 스스로를 상품 취급하며 다른 이들 또한 상품으로써 바라보고 있다. 그리고 당신은 스스로의 가치를 높이기 위해 그들을 이용하려고 한다. 바로 그 점이 당신의 친밀한 관계성을 방해하는 요소다… 당신은 보상과 상급의 노예가 되었다. 에리히 프롬의 말처럼 당신은 결국 존재가 아닌 소유가 되고 말 것이다."

자본주의라는 거미줄에 걸렸는데 빠져 나오려고 몸부림을 치고 있다면 사태만 악화될 뿐이다.

"우리가 더 근심하고 절망할수록 우리는 더 많이 소비하고 있으며 더 많이 소비할수록 불안감만 커질 뿐이다. 소비는 우리 마음속에 외적 수단을 통해 내적 결핍을 해결할 수 있다는 거짓 기대심리를 강요한다. 우리는 소비를 통해 우리의 불행을 묵상한다…"

제임스의 책은 자유시장경제 옹호자들로부터 많은 비난을 받았다. 사람들에게 자유와 번영을 허락하면 그들은 스스로 행복해질 수 있다고 주장하는 새로운 앵글로색슨식 경제적 자유주의를 위협하는 것처럼 들렸기 때문이다. 이는 또한 국민들의 안녕을 위해 사회와 국가가 어디까지 제공해야 하는 지에 대한 우익, 좌익 간의 논쟁을 또다시 불러일으켰다.

2007년 캠브리지대학교의 학자들이 유럽 15개국(2004년 당시 유럽연합 회원국) 사람들의 행복에 대해 5년에 걸쳐 조사한 연구논문을 발표했는데, 그 결과에 의하면 덴마크 국민들이 가장 만족도가 높으며 이탈리아 국민들이 가장 낮다고 밝혀졌다. 이 보고서는 이렇게 말하고 있다.

"행복지수가 가장 높은 사람들은 자신의 주변 사람들은 물론 정부, 경찰, 사법제도에 대해서도 가장 높은 신뢰도를 보였다."

그에 대한 신뢰도가 낮은 국가에서는 부유한 사람들조차 행복감을 느끼지 못했다.

모든 관심이 만족감에 쏠린 덕분에, 전 세계의 모든 국가들을 국민총행복(Gross National Happiness)을 기준으로 순위를 매길 수 있게 되었다. 국민총행복이라는 말은 부탄의 국왕 왕추크(Jigme Singye Wangchuck)가 최초로 사용한 용어다.

"인생의 궁극적 목적은 내적 행복이라는 불교적 관념을 따라… 부탄의 왕은 국민총생산(GNP)과 같은 추상적인 경제측정도구가 아닌 국민의 행복 정도에 따라 발전이 어떤 의미를 갖는지를 규정할 책임감을 느꼈다."

행복에 대해서 더 알아보고 싶다면 당신의 머릿속이 아닌 로테르담에 위치한 에라스무스대학교의 루트 벤호벤(Ruut Veenhoven) 교수가 운영하는 세계행복데이터베이스(World Database of Happiness)로 가라. 그의 웹사이트에는 삶에 대한 주관적 기쁨에 대한 과학적 연구가 끊임없이 올라오고 있다. 여기에는 '행복연구자 디렉토리(Directory of Happiness Investigators)', '행복 참고목록(Happiness Bibliography)' 뿐 아니라 소비수준, 문화적 기후(포용력 등), 범죄율(및 법과 질서), 교육, 자유, 건강, 부와 불균등, 생활양식, 사회제도(정치 등)의 수준, 가치 등으로 행복을 판단할 수 있는 기준들이 제시되어 있다.

행복의 판매가 차세대 소비에 붐을 일으킬 것이다. 돈만 있다면 당신은 후손들을 위해 지위와 맞춤 교육을 살 수 있으며 당신이 원하는 병원에 가서 꿈에 그리던 모습으로 성형수술을 받을 수도 있다. 그런 후에는 GNH(국민총행복)의 상위권에 오른 나라들 중 어디에서 살 것인지를 선택하는 일만 남는다. 그 나라 언어쯤 모른다고 걱정할 것 없다. 행복을 보장받았는데 언어쯤이 대수인가?

➜ 참고 : 세 계 행 복 데 이 터 베 이 스 (World Database of Happiness) : worlddatabaseofhappiness.eur.nl / 국제총행복(Gross International Happiness) : www.grossinternationalhappiness.org/gnh.html

헬렌 켈러 Helen Keller

헬렌 켈러(1880~1968)는 태어날 때부터 귀머거리에 장님이었지만 그녀는 자신의 장애에도 불구하고 사회적, 정치적 대의를 이루기 위한 성공적인 작가이자 사회운동가로 살았다. 다음은 1903년 그녀가 자신의 삶의 태도를 정리하여 엮은 〈낙관주의 Optimism〉라는 수필에서 빌췌한 글이다.

우리가 환경을 선택할 수 있거나 인간이 떠안고 있는 욕망이 재능과 비슷하다면 누구나 낙관주의자가 되었으리라고 생각된다.

우리 대부분은 이승에서의 삶을 잘 마무리하는 것이 행복이라고 여긴다. 행복하고자 하는 의지는 철학자나 왕자나 굴뚝청소부를 가리지 않고 똑같이 활력을 불어 넣는다. 사람이 얼마나 어리석은지, 교활한지, 현명한지와 관계없이 누구나 행복은 자신의 권리라고 느낀다…

대부분의 사람들은 육체적 기쁨과 물질적 소유로 행복을 측정한다… 만일 행복이 그런 식으로 매겨지는 것이라면 듣지도 보지도 못하는 나 같은 사람은 구석에 쪼그리고 앉아 훌쩍이고 있어야 옳다. 이러한 부족함에도 불구하고 내가 행복하다면, 행복이 너무 깊어 믿음이 되고 사상이 풍부하여 인생철학이 되었다면, 즉 내가 낙관주의자라면 낙관주의에 대한 내 신앙고백은 들어줄 만한 것이다. 죄인들이 회당(synagogue)에서 일어나 하나님의 선하심을 간증함과 같이 고통 받는 자라고 불리는 나는 기쁨의 확신으로 일어나 인생의 선함을 증거로 내세울 수 있다.

한때 나는 아무런 소망도 없는 깊은 절망을 경험한 적이 있었다. 그때 사랑이 내게 찾아와 내 영혼을 해방시켰다. 한때 나는 암흑과 고요 외에는 아무것도 몰랐던 사람이다. 하지만 지금 내가 아는 것은 소망과 기쁨이다. 한때 나는 불평으로 가득하여 스스로를 벽으로 밀쳐 세상으로부터 꽁꽁 가두던 적이 있었다… 하지만 다른 쪽의 손가락이 보낸 말이 허공을 움켜쥔 내 손으로 들어왔고 내 마음은 삶의 기쁨으로 가득하게 되었다. 밤은 물러가고 낮이 왔으며 사랑과 기쁨, 희망이 지식 탐구라는 열정을 품고 다가왔다.

그러한 포로생활에서 도망쳐 자유가 제공하는 짜릿한 스릴과 영광을 만끽해 본 사람이 비관주의자가 될 수 있을까?… 다시는 암흑이 나를 가두지 못하리라. 희미하게나마 육지의 해안선을 보았기에 육지에 도달하리라는 희망으로 살아갈 수 있게 되었다.

그러므로 나의 낙관주의는 아무런 근거 없는 밋밋한 만족이 아니다. 어느 시인이 언젠가 내게 이렇게 말했다. 나는 벌거벗고 차가운 현재를 보지 못하고 아름다운 꿈 속에 살고 있기에 행복해야 마땅하다고 말이다. 그렇다, 나는 아름다움 꿈 속에서 살고 있다. 하지만 그 꿈은 실제적이며 현재적이다. 차가움 대신 따뜻하며, 벌거벗음 대신 수천 개의 축복을 입고 있다. 그 시인이 말하려던 악은 기쁨을 완전히 이해하기 위해 필요한 잔인한 환멸감이었으리라. 악을 접함으로써 진실과 사랑과 선의 아름다움을 느끼는 법을 배울 수 있었다.

좋은 것만 생각하고 나쁜 것은 무시하려는 것은 어리석다. 악은 사람들이 무시하려고 할수록 더 큰 재앙을 불러일으키기 때문이다. 무지와 무관심의 낙관주의는 위험하다. 20세기가 인류 역사상 최고의 시기라고 말하며 세상의 악으로부터 도망쳐 높디 높은 꿈 속에 몸을 숨기는 것은 옳지 않다… 희생하지 않으려는 낙관주의는 모래 위에 지은 집과 같다. 스스로를 낙관주의자라고 부르며 다른 이들에게도 이 점을 강요하기에 앞서 악을 이해하고 슬픔을 경험해보아야 한다.

나는 악이 무엇인지를 안다. 한두 번쯤 그 악과 씨름을 했으며 한

동안 나의 삶은 그 얼음장 같이 차가운 손 안에 갇혀 있었다. 그렇기에 악이 정신적 단련의 역할 외에는 아무런 쓸모가 없다는 내 말은 경험에서 나온 것이다… 나의 낙관주의는 악의 부재가 아닌 선이 우세함에 대한 믿음과 그 선을 위한 자발적인 노력에 있다. 나는 하나님이 내게 주신 능력, 즉 모든 사물과 모든 이들에게서 최선의 것을 보고 그 최선이 나의 삶이 되도록 만드는 능력을 더욱 키우기 위해 노력한다. 세상에는 선한 씨앗이 뿌려졌다. 나의 이런 기쁜 생각을 실용적인 삶으로 바꾸어 내 밭을 일구지 않는 한 나는 선의 알곡을 거둬들일 수 없다.

그러므로 나의 낙관주의는 두 세계에 기초한다. 하나는 내 자신이며 다른 하나는 나를 둘러싼 세계다. 나는 세상을 좋은 곳으로 여긴다. 보라, 그러면 세상이 이를 따르는 법이다. 세상이 선한 곳이라고 내 입으로 말하는 순간 내 말의 절대성을 증명하기 위해 온갖 사실들이 줄지어 선다. 나는 선한 것을 향해서는 내 존재의 문을 열고 악한 것을 향해서는 질투에 차서 문을 닫는다. 이것이 나의 아름답고 자발적인 신념이 갖는 힘으로 모든 반대세력에 스스로 맞선다. 선의 부재에도 나는 결코 낙심하지 않는다. 절망에도 설득 당하지 않는다. 의심과 불신은 소심한 상상이 만들어낸 공포에 불과하며 확신에 찬 마음은 이러한 공포를 이겨낼 수 있으며 넓은 마음이라면 뛰어넘을 수 있다…

나는 머리와 손으로 일하는 것을 좋아하기 때문에 그 모든 것에도 불구하고 낙관주의자가 되었다. 나는 내가 쓸모 있는 무언가를 하고자 하는 내 욕망을 꺾어야 한다고 생각하곤 했다. 하지만 스스로를 쓸모 있는 사람으로 만드는 방법을 통해 이룬 것은 거의 없기에 내가 할 수 있는 일은 무궁무진하다는 것을 알게 되었다.

모든 신념은 그 신념이 삶에서 어떻게 실질적인 효과를 나타내느냐로 시험해 볼 수 있다. 실제로 낙관주의가 세상을 전진하게 만들고 비관주의가 세상을 후퇴하게 만든다면 비관주의 철학이 더 퍼져나가도록 내버려 두는 것은 위험한 일이다. 세상에 기쁨보다 고통이 더 많다고 믿으며 그러한 불행의 신념을 표현하는 사람은 스스로 고통을 더하고 있을 뿐이다… 낙관주의자가 하는 일을 잘 보라. 그는 어려운 법마저 바꾸어버린다. 둔하고 무감각한 진흙 뒤에 꽁꽁 묶인 채 숨겨진 인간의 영혼을 발견하고는 조용히, 그리고 단호하게 이를 구원하는 작업을 시작한다. 그의 노력은 승리한다. 어리석음 속에서 지혜를 만들어내며 귀머거리에 장님인 사람도 책임을 다할 수 있는 존재라는 것을 법에 증명해 보인다… 어느 비관주의자도 행성의 비밀을 밝혀낸 적이 없으며 신대륙의 항로를 개척한 적도 없고 인간의 영혼에 새로운 세상을 보여준 적도 없다…

비관주의자가 세상을 꼼짝 못하게 붙들고 있는 사이 낙관주의자는 진보의 흐름과 함께 움직이며 이를 재촉한다. 한 국가에 담긴 비관주의로 인한 결론은 한 사람의 인생에 담긴 비관주의로 인한 결론과 동일하다. 비관주의는 가난, 무지, 범죄와 맞서 싸우려는 인간의 본능을 죽이며 세상 속의 기쁨의 원천을 말려버린다.

군중심리 herd mentality

여럿이 모이면 폭동을 일으킬 뿐이며 같은 시간에 한 사람(혹은 많아야 두 사람)은 비행기를 띄운다는 논리다. 실제로 5천명의 신참 비행기조종사들을 747기 조종실에 모은 후 이륙과 착륙을 위해 어느 레버를 당길지를 결정하라고 할 수는 없는 노릇이다.

하지만 하늘의 새가 서로 충돌하는 일 없이 큰 무리를 지어 이동하고 바닷속의 물고기들이 누군가의 조종이라도 받듯이 엄청난 속도로 떼 지어 다니는 것처럼 인간에게도 똑같은 초자연적인 감각이 있다는 놀라운 사실이 실험을 통해 밝혀졌다. 사람들에게 비디오게임이나 모의비행 프로그램 등을 동시에 보게 하면 마치 미리 짜기라도 한 듯이 동일한 결론을 내리며 '집단지성', '기호적 지성', '군집 심리', 또는 '군중심리'라는 것이 실제로 존재함을 확실하게 증명해 보인다.

케빈 켈리(Kevin Kelly)는 그의 저서 《통제불능 Out of Control》에서 세계적인 애니메이션 스튜디오 픽사(Pixar)에서 일하는 그래픽디자인의 귀재 로렌 카펜터(Loren Carpenter)가 만들어낸 협동 비행의 실연을 묘사한다. 그는 관객들에게 각각 빨간색 혹은 초록색의 막대를 나누어주고 그 안에서 찬반을 결정하여 비행기의 모의 조절장치의 움직임을 결정하도록 했다.

"탑승자들에게 집단 비행을 시키겠다는 개념은 재미있을 뿐 아니라 우스꽝스럽기까지 하다. 여기에는 맹목적인 민주주의적 감각이

Positive

크게 작용한다. 탑승자인 당신은 모든 것을 투표로 결정한다. 무리가 어느 방향으로 움직일지 뿐 아니라 언제 보조날개를 펼 것인지 등… 어느 누구도 왼쪽으로 틀지, 오른쪽으로 틀지, 혹은 완전히 방향을 바꿀지에 대해 결정하지 않았다. 아무도 책임을 맡지 않았다… 군중들은 새처럼 떼지어 움직였다. 자의식이 있었다는 것만이 차이점이었다. 그들은 스스로에 대한 관찰에 반응을 보였다.”

이 실험으로 알 수 있는 것은 한 나라를 운영하기에는 민주주의가 꽤 괜찮은 방법이라는 것과 인류 스스로 장기적인 최상의 이익을 위해 결정을 내린다는 사실을 믿을 수 있다는 사실이다. 우리 인간은 분리와 파괴에 열중한 것처럼 보이기도 하지만 우리가 원하기만 한다면 텔레파시적 의지를 가지고 행동할 수 있다.

➜ 참고 : 《통제불능 Out of Control》, 케빈 켈리(Kevin Kelly) (1994)

희망 hope

희망과 낙관주의는 함께 가는 개념이지만 같은 것은 아니다. 체코의 전 대통령인 바츨라프 하벨(Va' clav Havel)은 그의 책 《평화의 교란 Disturbing the Peace》(1990)에서 그 둘 사이의 차이를 탐구했다. 그는 희망에 대해 이렇게 말했다.

“세상의 상황이 아닌 마음의 상태다. 우리는 마음속에 평화를 간

직할 수도 있고 그렇지 않을 수도 있다. 이는 영혼의 면적에 달린 것이지, 반드시 세상에 대한 관찰이나 상황의 평가를 의미하는 것이 아니다. 희망은 예상과 다르다. 이는 영적 태도이자 마음의 태도다. 희망은 즉각적으로 경험할 수 있는 세계를 뛰어넘으며 세계가 보여주는 지평 너머 어딘가에 닻을 내린다.

깊고 강력한 의미로의 희망은 모든 일이 잘 된다는 기쁨이나 초기의 성공이 명백한 기업에 투자하려는 의향과는 다른 것이다. 오히려, 그 일이 성공할 것처럼 보이기 때문이 아닌, 그 일이 좋은 일이기 때문에 그것을 위해 일할 수 있는 능력을 말한다. 우리가 희망을 건 상황이 불길해 보일수록 희망은 더욱 깊어진다. 희망은 분명 낙관주의와는 다른 것이다. 어떤 일이 잘 되리라는 확신이 아닌, 어떤 결과가 나오든지 이치에 맞게 이루어지리라는 확신이 희망이다. 다시 말해, 가장 깊이 있고 중요한 형태의 희망, 즉 우리를 곤란에서 끄집어 내어 선한 일을 하도록 이끄는 유일한 한 가지이자 인간의 영혼과 그 영혼의 노력이 갖는 놀랄만한 규모의 진정한 원천은 우리가 '다른 곳'으로부터 얻는 것이며, 이 희망은 또한 그 무엇보다도 바로 지금, 절망적으로 보이는 상황 속에서도 우리에게 살아갈 힘과 계속해서 새로운 일을 시도할 힘을 주는 희망이다."

기독교 신학에서의 희망은 덕이며 하나님의 은혜로 받게 된 선물이다. 이 말이 기독교적으로는 좀처럼 쓰이지 않지만 이 말은 낙관주의보다는 훨씬 오래된 말로 더욱 근본적인 힘을 가지고 있다.

하벨의 말처럼 우리의 일부이기도 한 희망은 분리될 수 없기에 영구적이다. 아무도 당신에게서 희망을 강제로 빼앗을 수 없으며 워털루에서 10월 11일에 있었던 일을 우연으로 치부할 수 없다.

> "어떤 일이 잘 되리라는 확신이 아닌, 어떤 결과가 나오든지 이치에 맞게 이루어지리라는 확신이 희망이다."

희망은 본질적으로 이유 있는 감정이 아닌 좀더 깊은 의미의 정서로써 억지로 가동시키거나 혹은 재가동시킬 수 있는 것이 아니다. 희망은 지혜, 현실주의, 통계수치나 논증과도 무관하다. 용기와 어리석음이 어우러진 희망은 어떤 제약이나 모순에도 굽히는 법이 없다. 희망은 역경에도 굽히지 않고 승산 없어 보이는 싸움을 하려는 시도를 위한 자극제 역할을 하며, 어떤 장애물이 나타나든지 가던 방향으로 계속 가겠다는 내적 확신이기도 하다. 언젠가는 세상도 희망이라는 선물을 알아보는 날이 올 것이라고 믿기에, 세상이 아무리 퇴짜를 놓더라도 계속해서 원고를 보내는 작가의 추진력이기도 하다.

희망은 인간의 본성과 인간의 영혼을 신뢰하며, 종종 인자한 신까지는 아닐지라도 최소한 우주로 향한 목적과 전진이 있다는 것을 믿기도 한다. "우리는 희망이 기질이 아니라 덕이라는 사실을 자꾸만 되새겨, 희망이 느껴지지 않는 상황 속에서도 희망을 가져야 한다." 2007년 필립 풀먼(Philip Pulman)이 〈프로스펙트 Prospect〉라는 잡지에서 한 말이다.

낙관주의는 덕도 감정도 아닌 암산으로, 마음 속으로 내리는 결단이자 증거와 경험을 통해 철저히 검증하고 논리를 적용하여 도달한 결론이다. 희망은 타당성이 증명되지 않은 개인적인 신념으로 취급받을 수 있는 반면, 낙관주의는 소통 가능한 논리로써 공격과 논쟁의 대상이 된다.

낙관주의는 자신감 혹은 기대감과 희망 사이의 감정의 연속선상에 위치한다고 할 수 있다. 낙관주의도 희망처럼 인간의 본성을 믿지만, 단 인간의 행위를 관찰했을 때만이다.

희망은 불분명하고 애매하며 결과를 운명에 맡기는 경향이 있는 반면, 이에 비해 낙관주의는 좀더 실용적이라고 할 수 있다. "얼른 나으시길 바랍니다."라는 말과 "곧 나아지실 겁니다."라는 말, 그리고 "이미 나으시는 중입니다."라는 말을 비교해보라. 낙관주의는 중심과 균형이 잡혔으며 안정적인 반면에 희망은 절박한 애원 같이 느껴진다. 일상 속에서 이 두 단어는 마치 서로 호환이 가능하기라도 한 것처럼 함께 사용되지만 이 둘을 잘 구분할 수 있다면 더욱 풍부하게 언어를 구사할 수 있게 될 것이다.

인간성 human nature

낙관주의는 부분적으로 인간의 본성에 호의적으로 내린 평가에 기초한다고 할 수 있다. 그렇다고 해서 인간의 선을 맹신하며 악의와 악행의 능력에 눈감아주는 것은 아니다. 오히려 인간이 행사할 수 있는 능력은 다양하며 '악'하고 파괴적인 방법보다는 '선'하고 건설적인 쪽을 선택하고 또 실제로 그렇게 행하고 있음에 대한 확신이라고 할 수 있다.

하지만 이는 보편적으로 수용되고 있는 개념은 아니다. 인간성의 본질에 대한 논쟁은 인간의 사고가 시작된 이래로 계속되고 있다. 최근에는 우리 또한 근본적으로 동물이며 DNA 코드북(code book)이 만들어낸 산물로써 환경이 유전자를 결정한다는 사상이 가장 인기다. 이런 의미에서 인간에게는 자유로운 선택권이 없으며 언제나 설명이 가능한 범위 내에서 정해진 방법에 따라 행할 수 있을 뿐으로, 이러한 결정론적 관점은 인간을 야만인으로 취급하여 억제하는 편이 유익하다고 간주했던 고대의 철학적 전통과 일맥상통한다.

이에 대한 여러 이견이 있겠지만 그 중에서도 흥미로운 것은 노벨상 수상자인 경제학자, 게리 베커(Gary Becker)의 이론이다.

"일하거나, 놀거나, 데이트를 하거나, 짝을 찾는 등, 인간의 모든 행동에는 경제적 계기와 결과가 있으며 경제적 분석이 가능하다."

이것은 결국 이런 의미가 된다.

"인간의 행위를 경제적으로 바라보는 것은 생각을 독창적이라기보다는 더 광범위하게 사용하는 것으로 사람들은 범죄, 결혼, 부모가 되는 것, 교육은 물론 심지어 약물 중독에 대해서도 이성적으로 선택을 내린다."

이는 당황스러우면서도 수긍이 가는 얘기지만, 단일 요인적 관점의 위험성이 있다. 하나의 원인으로 서로 다른 여러 현상을 설명할 수 있다는 착각을 할 수 있기 때문이다. 인간의 본성과 행위를 설명하고자 하는 이론들에서 흔히 볼 수 있는 위험성이다.

우리는 동물이지만 단순한 동물에 그치지 않는다. 그나마 우리와 가장 가까운 친족관계에 있다는 유인원과도 다르다는 것을 여러 가지로 증명할 수 있는데, 그 중에서도 스스로의 본성에 대해 언어를 사용하여 질문을 던질 수 있는 능력에서 그 차이가 있다. 물론 인간에게만 그런 능력이 있다는 것은 어디까지나 우리의 생각이며 동물들 또한 과학으로 설명되지 않는 방식으로 행동하기도 한다.

그렇다면 인간은 스스로도 놀랄만한 의외의 행동을 하며 관찰자들의 뒤통수를 치는 동물이라고 하는 편이 최선이리라. 스스로의 행동에 온갖 고상한 변명을 갖다 붙이기 좋아하는 우리 인간은 종종 경제적 이익에 눈이 멀어 장부 정리에 열을 올리기도 한다. 때로는 기계적이고 생물학적인 방식으로 행동하여 동물 용어를 사용해야만 설명이 가능한 경우도 있다. 또 가끔은 우리에게 아무런 잘못도 저지르지 않은 사람들에게 냉혈동물과 같은 잔인성으로 교묘한 관료주의적 행동을 하고 있는 우리 자신에게 깜짝 놀라기도 한다. 하지만 그러면서도 아무런 보상과 인정도 받지 못할 작은 친절을 날마다 베풀며 살아가기도 하는데, 이 또한 설명이 불가능하다.

인간이 더 편하게 살기 위해 혹은 스스로 악의 수렁으로 걸어 들어가기 위해 누군가의 명령을 따르기도 한다는 것이 과학적으로 밝혀지기도 했지만 그 반대의 상황에 처한다고 해서 누구나 성인군자와 같은 덕을 베풀만한 소양을 갖추었다고 할 수는 없을 것이다. 그래도 우리 중에서 이타주의, 박애주의, 자비, 용서, 혹은 평화주의를 행사할 수 있는 사람이 존재한다는 사실로 볼 때 누구에게나 그런 능력이 숨겨져 있거나 아니면 적어도 마음 속으로는 활발히 움직이고 있다는 것을 알 수 있다.

인간의 본성은 과소평가 될만한 것이 아니다. 오히려 거의 무한대로 확장이 가능한 것이다. 인간을 다른 동물과 구분하는 것이 생각하는 능력이나 논리성, 그리고 개인이나 종족의 이익이 아닌, 단지 옳은 일이라고 느껴졌기에 옳은 일을 행할 수 있는 능력이라고 논증할 수 있겠다. 그러한 행위의 과정은 실제로 그렇듯이 우리가 얼마나 더 많이, 혹은 덜 자각하고 있을 때에야 가능한 것으로, 이 의식이 우리를 동물과 구별하는 표시다.

"만일 사물을 실제보다 더 좋게 묘사한다면 당신은 낭만주의자라는 평을 들을 것이며, 실제보다 못하게 묘사할 경우에는 현실주의자로 불릴 것이다. 하지만 있는 그대로 설명하면 빈정거리기 좋아하는 사람 취급을 받게 될 것이다."

쿠엔틴 크리스프(Quentin Crisp)

《벌거벗은 공무원 The Naked Civil Servant》중에서

또 다른 사람들 the rest of humanity

지금 이 책을 읽고 있고 있다는 이유만으로도 당신은 행운아다. 세상에는 가만히 앉아 책을 읽을 만한 여유도 없는 사람들이 아주 많이 있다. 당신과 내가 가진 의식은 물론 우리와 같은 눈을 가졌음에도 불구하고 말이다. 우선 책을 살 돈은커녕 빌릴 방법도 없을 뿐더러 책장에 새까맣게 펼쳐진 기호들을 해독하는 방법조차 배우지 못했기 때문이다. 그들은 다음 끼니를 해결할 방법을 찾느라 다른 일을 생각할 여력도 없거니와 굶주림의 고통으로부터 잠시 쉴 틈도 없다.

이들은 주변에서 쉽게 만날 수 있는 사람들이 아니다. 이들은 우리가 가보지도 못했고 갈 일도 없는 나라에 살고 있으며, 우리는 그저 신문이나 TV를 통해서 그들의 소식을 희미하게나마 들을 뿐이다. 우리는 그런 국가들을 '제3세계'나 '미개발국' 혹은 '개발도상국'이라는 이름으로 분류했다. 우리가 속한 사회만큼 물질적으로 풍요롭지 못한 인간사회를 의미한다.

그 이름이 뭐건 간에 이러한 '다른' 세계에 대해서 떠올리게 되는 것은 쉽지 않다. 우선 너무 비현실적으로 느껴지기 때문이다. 동네 슈퍼마켓만 가도 사프란 향이 나는 파스타 국수를 즉석에서 신선하게 뽑아 판매하고 있는 마당에 굶어 죽는 사람이 있다니? 밥 겔도프(Bob Geldof)의 말처럼 "모든 것이 남아도는 세상에서 더 갖고 싶어 괴로워한다는 것은 지적으로도 부조리할 뿐 아니라 도덕적으로도 혐오스러운 일이다."

사실 이것은 실로 어마어마한 문제다. 1백 개도 넘는 국가에 사는 수십억 인구를 무슨 수로 떠올리겠는가? 이 얼굴도 모르는 사람들로 구성된 집단을 대변하여 뉴스 통신원들이 우리에게 그들의 소식을 알리려 애쓰고 있지만, 그런다고 우리가 그 문제를 더 잘 이해하고 실질적인 해결책을 줄 수 있게 될까?

그저 살짝 미안한 마음이 들고 우리가 살아가고 있는 방식에 대해 약간 죄책감이 들기도 하며 그러한 문제를 일으켰거나 혹은 악화시킨다고 여겨지는 이들—부패한 엘리트집단, 억압적인 제도, 탐욕스러운 다국적기업 등—을 향해 그들을 대신해서 분개해 주는 정도에서 그친다.

돕고 싶은 마음만 있다면 당신도 힘이 될 수 있다. 당신의 시간과 돈을 조금만 손해보고 소비습관을 바꾸어 불법이 아닌 상품이나 제품을 구입한다면, 당신 삶에 별나른 타격을 입지 않으면서도 지구상 어딘가에서 살아가는 이들의 생활양식을, 오십보백보라고 하더라도 약간이나마 개선할 수 있다. 하지만 세계적인 빈곤의 문제에 막대한 영향을 미치기 위해서는 개개인의 자발적인 노력 이상의 것이 필요하다.

그러므로 낙관주의자는 여기서 질문을 던져야 한다. 우리는 인간으로서의 도리를 충분히 하고 있는가? 상황이 나아지는 중인가? 미개발국가들이 개발 중에 있는가? 그리고 무엇보다도 그들의 삶이 개선되고 있는가?

이 질문들에 답을 하기 위해서는 이 문제를 바라보는 우리의 생각이 심리적 적응 과정을 거쳐야 한다.

심리적 적응 과정 및 단계

1. 국제적 통계수치를 가지고 이러쿵저러쿵 하는 대신, 그 수치를 통해 국가별, 지역별, 개인별로 나타나는 양상을 읽을 줄 알아야 한다. 또한 언제나 변화율은 고려해야 한다.

2. '개발도상세계' 라고 뭉뚱그려 이야기하는 것은 의미가 없다. 그들은 하나의 집단이 아닌, 각각 다른 속도로 개발되고 있는 서로 다른 나라들이다. 더욱이 이는 국가를 넘어 전통과 변화의 균형을 맞춰야 할 지역으로, 공동체로, 가정으로, 개인으로 세분화하여 생각해야 한다. 개발도상국가들을 이음새 없는 커다란 담요로 덮어버리면 그 안에 살고 있는 이들에게 몹쓸 짓을 하는 결과만 낳을 뿐이다.

3. '개발도상' 이라는 말은 좋은 의도로 만들어졌겠지만, 그 말 속에는 세계의 모든 국가들이 모두 같은 방향으로 진보해야만 한다는 강요가 담겨 있다.

4. 전쟁이나 기아처럼 고립적이지만 너무나도 흔하게 일어나고 있는 사건들로 개발도상국가들을 바라보는 우리의 눈이 가려지기 쉽다. TV 보도는 장기적 상황을 반영하지 않는 경우가 많다.

5. 우리와 '그들' 은 연결되어 있다. 우리가 같은 세상을 공유하며 살고 있다는 말은 인터넷의 발전으로 더 이상 진부한 표현이 아닌

사실이 되었다. 궁극적으로 우리의 안녕은 그들의 안녕과 밀접하게 연관성을 갖는다. 경제학자 제프리 삭스는 오직 우리의 이기적인 욕심만을 위한 것이라면 '가장 약한 고리'에 주목할 필요가 있다고 말한다.

"상호 연결된 세상 속에서 각각의 부분은 세상의 나머지 부분에서 일어나고 있는 사건들로부터 영향을 받는데 가끔은 그 정도가 놀랄 정도로 지대하다. 우리는 그들에게 은혜를 베푸는 중이 아니라, 존중하는 법을 배우는 중이다."

이러한 상호 연결성은 경제이민으로 가장 잘 표현된다. 우리가 누려야 할 의료보험과 복지와 교육제도가 이민자들 때문에 지나친 부담을 받고 있다고 느껴진다면, 이에 대한 최선의 해결책은 그들의 본국에 일자리를 창출하는 것이다. 이에 대해 제프리 삭스는 다음과 같이 말한다.

"문제를 해결하기 위해서는 근본적인 변화, 그것도 커다란 변화가 있어야 한다. 우리 세대가 직면한 과제는 '우리' 대 '그들'의 구도가 아니라는 점을 배우는 것이다… 우리는 혼란의 시대를 살아가고 있다. 세상은 우리에게 '우리 대 그들'이 가장 큰 문제라고 말하고 있는데, 이는 부족주의로 후퇴하는 것으로써 우리는 여기서 벗어나야 한다."

6. 자선은 가정에서부터 시작한다. 모든 사회문제는 나와 상관없는 먼 일이라고 생각하는 것과 우리 주변의 가난하고 혜택 받지 못한

사람들은 내버려둔 채 타국의 불쌍한 사람들을 돕겠다는 것은 착각이다. 제프리 삭스는 지적한다.

> "북유럽의 5개국은 이미 오래 전부터 국민총생산(GNP)의 0.7퍼센트를 환원하여 개발도상국을 돕겠다는 약속을 지켜오고 있다. 그들은 각각 덴마크, 룩셈부르크, 네덜란드, 노르웨이, 스웨덴이다. 놀라운 점은 한 나라의 국제원조와 자국민의 빈곤층을 돕는 것 사이에는 강력한 상관관계가 있다는 점이다. 자국의 빈민을 돌보는 국가일수록 세계의 빈민도 잘 돕는 경향을 보인다. 자국의 빈민을 돕는 일에 게을리하는 국가일수록 국제적인 책임 또한 등한시하는 경향이 있다. 한마디로, 북유럽의 사회복지모델은 자국과 타국, 양쪽 모두의 빈곤층을 돕는 모델이다."

7. 우리 생각에 그들의 필요로 여겨지는 것을 나누어주는 것이 자선의 목적이 되어서는 안 된다. 대신 그들에게 권한을 부여하라. "우리는 직접적으로 인간을 개발시킬 수는 없다." 탄자니아의 초대 대통령인 줄리어스 니에레레(Julius Nyerere)의 말이다. "사람들이 스스로를 개발할 수 있도록 해주어야 한다."

여기에는 혁명의 가능성이 존재한다. 우리가 준 권한을 우리가 원하는 방식으로 사용하지 않을 수도 있기 때문이다. 예를 들어, 자유시장정책과 민주주의를 거부하고 우리 눈에 억압적으로 보여지는 종교에 그 권한을 실을 수도 있다. 하지만 우리 역시 중부 아프

리카의 어떤 국가가 나타나 우리의 정책에 이러쿵저러쿵하는 것
은 싫지 않은가? 이에 대해 밥 겔도프는 다음과 같이 말한다.

"성공한 국가들 중에는 감탄사가 흘러나올 정도로 '전문
가'들의 의견을 완전히 무시하고 자기들만의 고유한 문
화적 특색을 살린 모델을 밀어부친 경우도 있다."

좋은 의미의 개발은 퇴보라는 악순환 대신 각각의 요소에서 상승
효과를 이끌어내는 선순환을 가져온다. 수명이 길어지고 건강한
사람들이 많아진다는 것은 경제를 살릴 일꾼이 많아졌음을 의미
한다.

8. 돈은 중요한 수단이지만 돈이 전부는 아니다. 가끔은 상상력도 필
요하다. 제프리 삭스는 이렇게 말한다.

"25년간 경제개발 분야에 몸 담으면서 깨닫게 된 기이한
점은 소위 전쟁과 평화 공동체와 개발 공동체 사이에 아
무런 대화가 없다는 사실이다. 둘 사이에 아무런 연결고
리도 존재하지 않는다. 분쟁이라도 생기면 대중에게 도움
을 청하되, 절대로 수리학 전문가를 불러서는 안 된다."

이 모든 상황들을 고려하면 나아지고 있는 것 같다. 기후변화에
대한 UN 정부간위원회 사절을 역임했으며 《발전하는 세계 정세
The Improving State of the World》(카토 연구소(Cato Institute), 2007)의 저자이
자 미국의 경제학자인 인두르 고클라니(Indur Goklany)의 말에 따르면
세계 인구가 증가하고 있음에도 불구하고 인류가 처한 상황이 객관
적으로 볼 때 나아지는 중이라고 한다. 국가가 부유해질수록 나라는

더욱 깨끗하고 건강해지며 환경에도 더욱 책임감을 갖게 된다고 고클라니는 주장한다.

선진 세계는 개발도상세계를 위해 더 많은 것을 해야 하며 이는 어려운 일이 아니다. 스스로에게 더 많이 요구하되 우리가 하고 있는 일과 이미 이루어진 일을 받아들이는 '불안정한 평정 상태'를 유지해야 한다. 개발도상국가들의 미래는 우리의 바람처럼 이상적일 수는 없겠지만 적어도 예전보다는 나아지는 중이다.

➔ 참고 : 《더 나은 세상을 위한 안내서 The Rough Guide to a Better World》, 마틴 로우(Martin Wroe), 말콤 도니(Malcolm Doney), www.dfid.gov.uk

유머감각 a sense of humour

우리가 이 세상 속에서 정신 똑바로 차리고 어둠의 세력에 겁먹지 않을 수 있는 통로이자, 근원은 유머감각임은 굳이 말할 필요도 없다. 유머는 풍자나 만화라는 형태를 통해 권력을 깎아 내리고 잔뜩 거품이 들어간 사상과 제도의 신성함에 이의를 제기함으로써 우리의 소중한 자유를 대변하고 있기에 결코 과소평가될 수 없는 힘을 갖는다. 유머는 억압의 체제 속에 살아가고 있는 사람들마저도 웃게 한다. 우리가 유머의 권리를 잃는다면 모든 것을 잃는 것이다.

누군가 유머는 건강과 삶의 기둥이라 하지 않았던가!

이민 immigration

서유럽의 이민노동자들, 그 중에서도 서유럽 사
회의 가장 밑바닥을 깔고 있는 불법입국자들에
대해 우리는 기껏해야 무관심, 심하면 적대감과
멸시를 드러낸다. 하지만 우리는 도리어 그들에
게 고마워해야 하며, 그들에게 모욕을 주기 보다는 존경해야 할 일
이다. 물론 그들 중 일부는 범죄의 유혹에 넘어가거나 광적인 신앙
심으로 테러에 가담하기도 하지만 대다수의 이민자들은 성실하고
희생적이며 분별력을 가지고 평화롭게 사는 쪽을 택한다.

일반적으로 이민자들은 그 나라 국민들이 기피하는 반사회적이고
저임금의 일들을 한다. 대부분 더 잘살기를 희망하며 건너왔지만 결
코 쉬운 일이 아니다. 가족들과 오랫동안 몇 년씩 떨어져 지내느라
자녀들이 자라는 모습을 보지 못하는 경우도 있다. 그들은 쉽게 착
취의 대상이 되며 우리에게는 너무도 당연한 건강이나 안전, 고용안
정 등의 보호를 제대로 받지 못하는 일도 비일비재하다.

만일 그들이 '우리의 일자리를 빼앗지' 않았다면, 다른 방법으로
세상을 더 나은 곳으로 만들기 위해서라는 등의 이유로 우리의 돈을

빼앗아 갔을 것이다. 부유한 국가로 이주한 노동자들의 첫 번째 목적은 돈을 벌어 고향으로 보내는 것이다. "가족을 부양하는 것은 나의 사회적, 도덕적, 문화적 의무다." 런던에 살면서 기업가들을 돕는 사업체를 운영하고 있는 나이지리아인 서니 람베(Sunny Lambe)의 말이다. 그는 이러한 돈을 '개발의 경로' 라고 부르는데, 세계은행(World Bank)에서 발표한 자료를 보면 이주노동자들이 고향으로 보내는 돈이 개발도상국가로 흘러 들어가는 공식적 원조금액 수준의 두 배에 해당한다는 사실을 확인할 수 있다. 예를 들어 영국의 국내총생산(GDP)의 0.24퍼센트가 영국 땅을 떠나고 있는데, 증권거래로 자본이 움직여서가 아니라 현금이 눈에 띄지 않게 개발도상국으로 유입되고 있기 때문이다.

불완전한 세계자유시장 속에서 노동력의 불규칙적이고 자유로운 움직임이 어느 정도는 자유롭고 형식에 얽매이지 않은 자본의 재분배를 주도하고 있다고 할 수 있다. 표면에 나서지 않는 비숙련 이주노동자들에게 기사 작위라도 줘야 할지도 모르겠다.

→ 참고 : 《국제발전을 이끈 숨겨진 영웅들 The Hidden Heroes of International Development》, 해리엇 하만(Harriet Harman) (2007), www.dfid.gov.uk / 《이민자들 Immigrants; Your Country Needs Them》, 필립 르그레인 (Philippe Legrain) (2007)

불멸 immortality

"베이비붐 세대들은 마음속으로는 언제나 죽음 이란 선택 가능한 것으로 여겨왔다."

《영원히 살거나 혹은 그렇게 노력하다 죽는 법 How to Live Forever or Die Trying》의 저자인 브라 이언 애플야드(Brian Appleyard)가 2007년 1월 라디오방송 '라디오 4(Radio 4)' 의 〈스타트 더 위크 Start the Week〉에 출연하여 한 말이다. 그의 책은 '생명연장운동' 을 다루고 있다. 스스로 인간의 노화를 늦 추고 있다거나 혹은 아예 멈춤으로써 죽음을 막았다고 굳게 믿고 있 는 과학자들을 한데 모아 엮은 책이다. 1천 년을 살 수 있게 된 아이 들이 이미 태어났다고 주장하는 과학자들도 있다.

하지만 당신이라면 몇 세기에 걸쳐 혹은 영원히 살겠는가? 서둘러 대답할 필요는 없다. 이 문제에는 생각하면 생각할수록 흥미로운 부 문이 많기 때문이나.

어떤 과학자들은 인간에게는 자연이 정한 최고 수명이 존재하며 그 기간은 115세에서 120세 사이라고 믿는다. 하지만 죽음이란 자연 스럽거나 필연적인 사건이 아니라고 주장하는 과학자들도 있다. 진 화는 우리가 늙고 죽는 것과는 무관하다. 사실 진화는 번식의 과정 을 마친 사람에게는 아무런 관심을 갖지 않기 때문이다. 우리 인간 들을 포함한 동물들은 외부 혹은 내부적 작용이 원인이 되어 죽음을 맞는다. 당신이 자동차나 범죄자 혹은 야생동물의 공격을 막아낼 수 있으며 자연재해로 인한 죽음을 피해갈 수 있다고 가정한다면, 이는 우리의 몸이 죽음에 대한 직접적 결정권을 갖는다는 의미가 된다. 그렇다면 우리 몸 속의 장기와 세포에 일어나는 숙명적 과정이 우리를 죽음으로 몰아가기 전에 미리 검사를 받도록 하거나 혹은 방향을 틀 것이다.

사람들에게 영원한 생명의 묘약이 있는데 먹겠냐고 물으면, 대부분의 사람들은 젊고 싱싱한 육체를 가지고 평생을 보낼 수 있다면 먹겠노라고 대답한다. 그러려면 과학자들이 우리의 몸을 29세의 나이로 되돌리는 방법부터 연구해야 할 일이지만, 그것은 죽음을 이기는 것과 비교하자면 선택 수술에 지나지 않는다. 하지만 당신이 그 알약을 복용하기로 했다면, 당신은 남편이나 아내나 어머니나 장모나 시어머니도 당신처럼 그 약을 먹기를 바라는가, 아니면 그들에게 그 약에 대해서 알려주는 것을 '깜빡' 하고는 끝도 없는 잔소리에서 영원히 벗어나겠는가?

여기에는 몇 가지 함정이 더 있다. 마침내 그 알약을 목구멍으로 넘겨 더 이상 돌이킬 수 없게 된 후에야 일어날 일들이다.

● 지겨움(무엇보다도 당신 자신에 대한 지겨움)과 동기부여가 문제될 수도 있다. 할 일이 있다고 하더라도 앞으로 할 시간이 무궁무진한데 굳이 서둘러 할 이유가 무엇이겠는가? 우선 앞으로 2백 년간 침대에 누워 부족한 잠부터 보충하자. 하지만 그런 다음에는 뭘 하면 좋을까?

Positive

● 익숙하지 않은 것들에 대해 전부 기억하기가 어렵다. 뇌세포가 계속해서 재생된다고 하더라도 500년 전의 당신이 어떤 모습이었는지 여전히 기억할 수 있겠는가? 당신이 500세가 될 때쯤이면 일가친척들의 사진을 (육안으로 찾을 수 있을 만큼 크지 않아 집어 드는 것부터가 문제가 될) 나노디스크 하나에 담을 수 있게 될 것이다.

● 물론 자녀를 낳겠다는 꿈은 버려야 한다. 모두가 영원히 살게 되었는데 자녀까지 낳게 된다면 인구폭발이 일어날지도 모를 일이다.

● 장수치료 비용을 대려면 은퇴시기를 지나서도 계속 일해야 할 것이다. 아니면 부자들만이 살아남게 될 수도 있다. 과거에는 돈으로도 불가능했던 것이 마침내 돈으로 살 수 있게 되었으니까 말이다.

● 그래도 관심이 있다면 계약서에 서명하기 전에 깨알 같은 글씨로 쓰인 약관을 읽어보라. 과학자들이 인간을 무한대로 살게 해주겠다고 말할 때는 우리가 움직이는 부분과 하루살이 생물구성체의 수를 줄이기 위해 기계와 합쳐지는 것도 감수하리라고 가정했을 때다.

그건 그렇고 영원히 살기로 결심하기에 앞서, 우주가 앞으로 어떻게 변할 지부터 알고 싶다면 어쩌면 몇 백 년을 더 기다려야 할지도 모른다.

유통기한 이후까지 살겠다는 생각에는 좀 더 심각한 문제가 있다.

인간이 된다는 것은 곧 죽음 또한 받아들인다는 것을 의미한다고 할 수 있다. 우리는 시간과 전진, 퇴보를 기초로 세상을 인식한다. 대부분의 예술은 인생의 덧없음과 연약함에 의지하고 있다. 꽃이 아름다운 이유는 내일이 되면 지금과는 다른 모습이 되리라는 것을 알기 때문이다. 영원을 확신한다면 다른 사람과 감히 사랑에 빠질 수 있을까?

대신 우리는 전통적이면서 훨씬 저렴한 불멸의 방법을 선택할 수도 있다. 유성생식이 그것이다. 선택된 당신의 세포가 ('최고' 의 세포라면 더더욱 좋다) 사랑하는 사람의 세포와 어우러져 '당신' 의 물리적 일부를 미래에 전하는 더없이 즐거운 과정이다.

→ 참고 : 《영원히 살거나 혹은 그렇게 노력하다 죽는 법 How to Live Forever or Die Trying》, 브라이언 애플야드(Bryan Appleyard) (2007)

인도 India

어쩌면 당신은 잘 살게 되면 안 될 나라들이 있다고 생각할지도 모른다. 인도는 세계에서 7번째로 땅덩어리가 넓은 나라이며 동시에 인구수로는 세계 2번째(10억 2천 8백만 명이 살고 있는데 그 중 남자의 수가 여자보다 3천만 명이나 많다)고 사용되는 공식 언어는 22개(그리고 방언은 844개)에 달하며 세계에서 2번째로 큰 인력시장이기도 하다. 농업생산으로 자급자족이 가능하면서도 세계에서 2번째로 큰 도로

교통망과 4번째로 큰 철도망을 가진 세계 10위의 산업국가로써, 가장 빠르게 성장 중인 6개국 중 하나에 속한다. 또한 세계 절대 빈곤율을 크게 높이는 나라기도 하며, 핵보유국인 동시에 우주를 다녀온 6번째 나라이기도 하다. 인도는 내부적으로 여러 사회적, 종교적 분파로 나뉘어 있으면서도 세계에서 가장 큰 민주국가의 형태를 유지하고 있다. 그런 국가가 실제로 존재하며 제 기능을 발휘한다는 것만으로 우리는 희망을 가져야 한다.

→ 참고 : 인도 국가공식 홈페이지(National Portal of India) : www.india.gov.in

지능 intelligence

TV를 많이 보고 있다면 이 말을 믿기 어려울 지도 모르겠지만, 정말로 세상은 점점 멍청해지는 것이 아니라 영리해지고 있다. 더 많은 교육을 받고 똑똑한 여성일수록 커리어를 추구하느라 아이를 적게 낳아 멍청한 사람들이 자녀를 더 많이 낳게 되었다는 과학적 주장이 있어왔다. 그러므로 진화는 멍청한 사람들을 통해 진행되고 있다는 말이다. 하지만 도덕철학자인 제임스 플린(James Flynn)은 선진세계에서의 아이큐(IQ)의 수준이 높아지고 있다는 점을 들어 이 주장이 틀렸음을 증명했다. 그러나 그는 조금 더 유연하게, 덜 정신적인 관점으로 지능을 바라볼 필요가 있다고 조언한다.

"사회의 가치가 인정되는 지역에서의 삶은 한층 나아졌다. 지난

100년 동안 우리는 과학을 숭배하게 되었고 세상은 조종의 대상이 아닌 등급별 분류의 대상이 되었다. 예를 들어 당신이 19세기 후반의 사람에게 개와 토끼 사이의 연결고리에 대해 묻는다면 그는 아마도 개가 토끼를 잡는 관계라고 대답했을 것이다. 오늘날 아이큐 검사에서 원하는 정답과는 거리가 먼 대답이다. 아이큐 검사에서는 둘 다 포유류라고 대답해야 맞기 때문이다. 우리의 선조들이 그러한 사실을 몰랐던 것이 아니다. 둘 사이의 유사성이 너무나 사소하여 굳이 언급할 필요를 느끼지 못했을 뿐이다… 오늘날 우리에게는 더욱 추상적으로 생각하는 습관이 생겼다. 오늘날 사람들이 더욱 자유롭게 도덕적 논쟁을 하는 이유는 우리 사회가 그것에 대해 진지하게 생각하기 때문이다."

다행히도 우리는 지능을 좀더 완성된 개념으로 만드는 중으로 여기에는 몇 가지 중요한 특징이 있다. 하워드 가드너(Howard Gardner)는 지능이란 단일한 것이 아닌 다중적인 것이라고 주장하며 서로 밀접한 관련이 있는 기본적 형태의 지능 목록을 만들었다.

1. 논리·수학적 지능 — 우리가 전통적으로 지능으로 간주하는 것이며 바로 다음 항목과 더불어 학교 교육의 기초를 이룬 지능
2. 언어적 지능 — 이해와 소통의 지능
3. 시공간적 지능 — 건축가나 예술가들이 보여주는 종류의 지능
4. 음악적 지능 — 정서적이며 감각적 지능
5. 대인관계 지능 — 다른 이들과 관계를 맺는 능력
6. 자기이해 지능 — 이를테면 자기 자신과 사귀는 능력

7. 신체·운동학적 지능 — 운동선수들에게 탁월한 지능

8. 자연탐구 지능 — 자연의 세계를 읽어낼 줄 아는 능력

9. 실존적 지능 — 생명의 본질에 대한 커다란 문제를 던질 수 있는 능력

　심리학자 다니엘 골먼(Daniel Goleman)은 우리가 '감성지능'(가드너의 '대인관계' 및 '자기이해' 지능과 비슷함)의 개념을 특히 중요하게 여기는데 그는 이를 "적당한 기간 동안 적절한 이유로 적적한 시기에 적절한 정도의 감정을 갖는 능력"으로 정의 내린다. 많은 이성적인 사람들이 감정에 대해 논하는 것을 어렵게 생각하는데 그 이유는 감정이란 과학에 입각한 경험적이며 검증 및 반복이 가능하고 논증할 수 있는 감각을 통해 인지하는 것과는 정반대의 개념이기 때문이다. 하지만 세상에서 폭력과 분쟁을 줄이고 싶다면 우리는 감정, 그 중에서도 화를 다스리는 법에 각별히 신경 써야 할 것이다.

　이 모든 것이 현실을 기계적 연결 요소로 분해하는, 정신적이며 좌뇌적인 능력을 통해 우리를 계몽주의적 지능의 융합물로부터 끄집어낸다. 이는 단호하게 과학자와 비과학자로 나눈다. 많은 과학자들이 자신들의 세계관과 일치하지 않는 이들을 미신적이며 무지하디머 공개적으로 비웃는다. 그 대가로 많은 사람들이 고집스럽고 독단적인 과학을 믿지 않으려는 경향이 널리 퍼지게 되었다. 그리하여 스노우(C. P. Snow)가 말한 '제3의 문화', 즉 과학, 사회과학, 그리고 '예술'을 동등하게 결합시키는 문화적 결합이 전에 없이 꼭 필요하

게 되었다.

우리는 전문가의 의견에 이의를 제기하는 법을 배우는 중이다. 1969년, 데이비드 버틀러(David Butler) 박사는 이를 다음과 같이 요약했다. "전문가의 기능은 다른 사람들보다 더 옳은 답을 내는 것이 아니라 더 철학적인 이유로 틀리는 것이다." 그리고 전체론적이며 통합적인 수준의 정신과 존재로써의 진정한 지능을 증명해 보이는 이의 말을 경청하되 현명한 회의주의를 가지고 듣기 위함이다.

부분적으로는 인터넷, 또 TV의 덕분으로 한때 자취를 감추었던 박식가 혹은 '대중적 지성인'이 다시 나타나게 되었다. 복잡한 것을 쉬운 말로 풀어 설명해줄 수 있는 폭넓은 사람이며 전체적인 연결고리를 알아볼 줄 알고 추상적 개념을 일상적인 것으로 전환시킬 수 있는 재능을 가진 사람을 말한다. 이들은 범주를 무시하고 기초적이다 못해 어리석어 보이기까지 하는 질문을 던지고 판에 박히지 않거나 대중적이지 않은 답변을 하기 위해서 정통 교리에 도전하며 기괴함에 대한 조롱과 비난도 감수한다. 그들의 동기부여 요소는 성공이나 존경, 아첨, 혹은 노벨상 등이 아닌 인간의 지식 증진 가능성이다. 그들은 답을 모른다거나 혹은 절대 알 수 없을 일에 대해 두려워하지 않는다. 또한 시리얼 상자 뒷면이나 〈네이처 Nature〉지에 실린 통계표에서 답을 찾는다고 해도 개의치 않는다.

우리는 모두 지성을 덕으로 여기고 개방적이고 탐구적인 정신을 갖도록 노력해야 하며 실제로도 가능한 일이다. 즉, 다른 이들의 이야기에 관심을 가지고 듣는 마음이며, 그들의 생각이 전통, 곧 과학,

사회정책, 시, 종교 등을 벗어난다는 이유만으로 배척하지 않고 듣는 마음이다. 우리는 성급히 결론을 내릴 필요가 없으며 언제나 우리의 판단을 재고할 필요가 있다. 아인슈타인은 이러한 마음의 자세를 논증을 통해 펼쳤지만 이 기술은 아무런 편견 없이 뜬금없는 질문을 던지는 어린 아이에게서도 배울 수 있는 기술이다.

> 참고 : 《마음의 틀 Frame of Mind : The Theory of Multiple Intelligence》, 하워드 가드너(Howard Gardner) (1983) / 《감성지능 Emotional Intelligence》, 다니엘 골먼(Daniel Goleman)

인터넷 internet

사방에서 진을 치고 있는 인터넷을 참고하지 않고는 글 쓰는 것이 불가능한 시대가 되었으며, 어디를 가든 낙관주의나 미래에 대한 책을 찾을 수 있음과 동시에 어디에서도 찾을 수 없는, 이 교활한 다중 세계를 인정하지 않고는 글을 완성할 수가 없게 되었다.

개인적으로 나는 다양성이 뛰어난 인터넷을 찬양해야 한다고 생각하며 정부나 기업이 인터넷을 통제하는 일이 일어나지 않도록 기도하는 사람이다. 그럼에도 불구하고 인터넷에 대해 회의가 들 때가 있는데, 그 이유는 다음과 같다.

● 인터넷은 사람들을 하나로 모으는 힘뿐만 아니라 나누는 힘을 가지고

있다. 메시지를 전달하기에는 이만한 수단이 없지만, 실제로는 소수의 의견에 불과함에도 불구하고 마치 국제적 논쟁이라도 일어나는 듯한 느낌을 받게 되는 일도 생긴다. 인터넷은 지구촌 광고판의 역할을 하는 동시에 괴팍스럽고 변태적인 집단이 마음껏 본부를 세우는 우범지역이 되기도 한다.

- 인터넷이 창의성을 꾀하기도 하지만 난잡한 2류의 범람을 조장하기도 한다.

- 인터넷은 종종 세계를 대변하는 것이 아닌, 스스로를 별도의 세계로 여기기도 한다. 그렇기에 우리는 종종 커튼을 열고 진짜 세상을 내다봐야 한다. 실제로 언론이 이러한 위험에 처해 있다. 직접 발로 뛰어 기사거리를 구하는 대신 책상에 앉아 인터넷의 바다 속에서 뉴스를 낚을 생각만 하고 있다.

- 인터넷은 잘라내어 오려 붙이기만 하면 되는 스크랩 문화를 키운다. 아무나 인터넷 속에 담긴 거대한 분량의 지식을 끄집어내어 제대로 이해도 하지 못한 상황에서 새로 짜맞출 수 있게 되었다. 고유의 생각을 대신할 수 있는 것은 아무것도 없다.

하지만 전반적으로 볼 때, 한 가지 확실한 것은 우리에게는 언제든지 원하는 대로 사용할 수 있으며 지금 이 순간에도 계속 발전하고 있는 놀라운 도구가 있다는 사실이다. 더욱이 고무적인 것은 한때 닷컴으로 쌓은 부처럼 쉽게 시들어버릴 뻔했던 '오픈소스' 철학이 다시 고개를 들고 있다는 점이다.

Positive

발명 invention

지금도 우리의 상상을 초월하는 기이한 발명품들이 우리를 기다리고 있지만 그것들도 시간이 지나고 나면 마치 아주 오래 전부터 있어왔던 것 같은 취급을 받게 될 것이다. 하지만 그렇게 많지는 않을 것이다. 인간에게는 발명의 재주가 있지만 점점 더 대단한 것이 등장할수록 새로운 발명품이 생겨날 가능성이 줄어들기 때문이다. 우리가 생각해낼 수 있는 자동차나 수레의 수는 한정되어 있다. 이제부터는 개선과 개량의 문제다.

역사가 데이비드 에드거턴(David Edgerton)은 그의 책《옛 것의 충격; 1900년 이후 세계 역사 속의 테크놀로지 The Shock of the Old; Technology in Global History Since 1900》에서 지난 20년간 대단한 발명품이 하나도 없었으며 있다면 GPS시스템 정도라고 주장한다. BBC의 라디오 4 〈투데이 Today〉에 출연한 그는 자신이 나무로 만든 스튜디오 책상 앞에 놓인 의자에 앉아 라디오 방송 중인데 뉴스리더 (newsreader)에 철도사업 투자와 핵무기의 위협에 대한 뉴스가 올라왔다는 점을 지적하며 이 모든 것들이 옛 테크놀로지가 갖는 연속적 관련성이라고 말했다.

1999년 〈이코노미스트 the Economist〉는 지난 1천년 동안 가장 큰 영향을 미쳤던 10가지 발명품을 선정하여 발표했다. 거기에는 프랜시스 베이컨(Francis Bacon)이 꼽은 세 가지 발명품이 모두 포함되었다.

- 화약
- 나침반
- 인쇄술

나머지 일곱은 다음과 같다.

- 미적분
- 증기엔진
- 비행술
- 사진술
- 전기
- 컴퓨터
- 경구용 피임약 (1960년대 이후 가장 위대한 발명품이다)

에드거튼은 앞으로는 나노기술과 생명공학 분야에서의 발전을 기대해 볼만하다고 말했다.

Positive

과학자들은 일반적으로 인공지능이 또 다른 가능성 있는 창의적 분야를 제공하리라고 믿는다. 약 50년 후 당신이 자동차를 구입할 때는 수수료를 떼 갈 필요가 없는 가상의 영업사원이 당신의 구매를 돕는 날이 올 지도 모른다.

직업 jobs

극히 예외적인 경우만 제외하고는 요즘 사무실에서 일어나는 일들의 75퍼센트에서 95퍼센트가 건강한 비즈니스와 원활한 행정과는 무관하며, 단지 우리의 손과 마음을 바삐 움직이게 만들고 매일 어디론가 출근할 곳을 만들어 주는 기능을 할 뿐이라고 나는 확신한다. 만일 당신이 클립보드를 들고 상사의 두피에 전극을 연결한 채 하루 종일 그를 따라다닌다면, 그가 하루 종일 원자재를 수급하고 영업실적을 올리는 것이 아닌 다음 번 이사회에서 무시당하는 일이 없도록 신경 쓰거나 다음 번 휴가지를 찾는 데에 대부분의 시간을 보낸다는 것을 알게 될 것이다. 당신 또한 바로 그 자리로 올라가기 위하여 아무도 읽지도 않을 보고서를 마구잡이로 만들어내고 있으며 '당신의 핵심 기술을 확립하고 당신을 더욱 능률적인 구성원'으로 만들어주기 위한 세미나에 참석하고 있는 것이다.

이런 삶이 지긋지긋하게 싫겠지만 이는 당신의 지루한 낮 시간을 보내기 위해 당신이 내린 특별한 선택이다. 바로 이것이 직업을 갖는 것의 핵심이다.

하지만 전에는 이렇지 않았다. 몇 세기 전만해도 우리에게는 선택권이 없었다. 당신의 직업은 부모의 재산과 사회계급으로 결정되었다. 당신이 상류층에서 태어났다면 당신의 형 또는 오빠가 버킹엄셔의 절반을 물려받는 사이 (후에 장난삼아 가지고 놀 두세 개의 상원의원석도 더불어 물려받게 된다.) 당신은 웨일즈의 조그마한 땅덩이에 만족해야 한다. 남동생의 꿈은 배우였지만 그저 아버지가 군대에 자리 하나 마련해주기만을 기대할 뿐이며, 남아공에서 밀 농사를 시작하거나 혹은 다이아몬드를 캐러 떠난 막내 동생은 아예 감감무소식이다.

만일 당신이 중간계급의 가정에서 자랐다면 당신이 선택할 수 있는 꽤 번지르르한 직업이 세 가지 있다. 변호사, 의사, 교사가 그것으로 상류계급의 사람들은 우습게 생각하는 직업들이다. 혹은 당신은 가족이 경영하는 회사에서 일할 수도 있다. 스타킹 파는 일이 아무리 싫다해도 그것이 평생의 직업이 되는 것이다.

그러면서 당신은 가슴을 쓸어내린다. 돈도 거의 벌지 못하면서 최악의 조건 하에서 말도 못하게 힘든 일에 평생 매달리며 자손들을 일찍부터 노예나 다름없는 상황으로 내몰 수밖에 없는 저 수많은 이들에 속하지 않는다는 사실로 말이다.

그러던 어느 날 갑자기 하고 싶은 것을 하면서 그에 대한 마땅한 보상을 받아야겠다는 기괴한 생각이 들었다. 1970년대와 1980년대의 영국에서는 일도 하지 않으면서 돈을 받을 권리가 있다고 주장하는 사람들까지 생겨났다. 오늘날 선택할 수 있는 직업의 범위는 당황스러울 정도로 광범위하다. 1930년대로 돌아가 콜센터 직원과 저가 항공기의 승무원 중에서 고르라고 한다면 어느 쪽을 선택할까?

사람들은 원하는 대로 직업과 경력을 지배하고 싶어한다. 현재의 직장이 마음에 들지 않거나 맡은 일이 탐탁지 않다면 우리는 기꺼이 새로운 회사로 옮기거나 직종을 바꾼다. 어떻게 하든 짧게 일하고 오랜 휴가를 받고 싶어하며 일찍 은퇴하여 썩 괜찮은 연금을 받으며 살고 싶어한다. 또한 우리는 해외 주재원으로 나가거나 재택근무를 희망하기도 한다. 일이 우리에게 맞춰주길 바라며 그 반대의 상황은 원치 않는다. 당연한 것이기에 아무도 여기에 대해서는 의문을 품지 않는다.

그리고 나면 곧 논리의 다음 단계에 들어선다. 그렇다면 왜 굳이 일을 하는가? 집을 팔고 싼 데로 이사 가서 평생 타로카드로 점이나 치면서 살거나 염소우유로 요구르트를 만드는 등 하고 싶은 것을 하면서 살아라. 오로지 당신만을 위한 완전한 라이프스타일을 창출해낼 수도 있다. 하지만 여기에는 한 가지 장애물이 있다. 소설가 조프 다이어(Geoff Dyer)의 말처럼, "평생 휴무가 갖는 문제가 이것이다. 당신은 결코 이틀 휴무조차도 내지 못하기 때문이다."

→ 참고 : 《내 인생, 어떻게 살 것인가? What Should I Do With My Life?》, 포 브론슨(Po Bronson) (2003) / 《불량직업 잔혹사 The Worst Jobs in History》, 토니 로빈슨(Tony Robinson) (2004)

케네디의 평화 연설 Kennedy's peace speech

쿠바의 미사일위기사태가 종식된 지 1년 후인 1963년 6월 10일, 존 F. 케네디 대통령은 아메리칸 대학교에서 연설을 했다. 이 연설로 그의 맞수였던 소련의 흐루시초프(Khrushchev)가 대단히 고마워하며 케네디를 존경하게 되었다고 한다. 넓게는 냉전시대의 긴장을 (일시적이나마) 제거하고 두 세계 간의 대화를 가능하게 한 직접적인 요인이 되기도 한 이 연설은 핵실험금지조약 체결이라는 쾌거도 이루었다.

연설 중 많은 부분(어조와 연설 속에 흐르는 정서를 포함하여)은, 특히 최고의 권력을 쥔 지도자의 입에서 나왔기 때문에 더더욱 오늘날에도 많은 사람들에게 용기를 주고 있다. 여기서 가장 중요한 것은 케네디가 그의 적수를 칭찬했다는 점과 (그가 2차 대전 중 보여준 노력에 대해서였다) 자국민들이 저 바다건너 적국을 손가락질하며 욕하는 것이 아니라 스스로의 양심을 돌아볼 수 있도록 이끌었다는 점이다. 제프리 삭스는 2007년도 리스 강연에서 이 연설에 대해 다음과 같이 언급했다.

"그의 연설은 평화에 대한 눈부신 묘사이자 자신이 속한 세대에게 화해를 요청한 도전일 뿐 아니라, 그러한 과정의 일부며 문제의 해결책이었다. 케네디는 말 그대로 연설을 통해 화해를 도출했다. 케네디가 택한 방법은 현명했다. 그의 연설은 처음부터 끝까지 그의 동지, 미국인들을 향한 것이었으며 결코 소련을 향하지 않았다. 그는 소련을 향해, 다른 편이라거나 적이라고 말하지 않았다. 그는 협상을 위한 전제조건을 달지도 않았다. 소련에게 이렇게 해라, 저렇게 바꿔라 하며 주문을 하지도 않았다. 제재를 가하겠다고 위협하지도 않았다. 오히려 그 정반대였다. 연설은 처음부터 끝까지 미국의 행위와 태도에 대한 내용이었다."

케네디의 연설 내용을 정리해 보았다.

"지구상에 대학만큼 아름다운 것은 찾기 힘들다."라고 존 맨스필드(John Mansfield)는 영국의 대학교들을 찬미했습니다… 그는 대학이 "무지를 미워하는 자들이 지식을 탐구하고 진리를 인지하는 자들이 다른 이들을 보도록 만드는 곳" 이기에 대학이 가진 눈부신 아름다움에 탄복한다고 말했습니다.
그러므로 나는 무지로 가득하지만 진리는 찾기 힘든 이 문제를 논하기 위해 이 시간과 장소를 택했습니다. 동시에 지구상에서 가장 중요한 문제이기도 한 이것은 바로 세계평화입니다.
내가 말하려는 평화란 어떤 평화일까요? 우리가 추구하는 평화는 어떤 평화입니까? 그 평화는 전쟁과 무력으로 강요한 팍스 아메리카나(Pax Americana), 미국의 지배에 의해 세계의 평화질서가 유지되는 상황을 함축적으로 표현하는 용어가 아닙니다. 죽음으로 인한 평화도, 굴복시켜 얻어낸 안전도 아닙니다. 내가 말하는 평화는 이 땅에서의 삶을 가치 있는 삶으로 만들어주며 국민들과 국가가 성장하고 희망을 품으며 우리의 아이들에게 더 나은 삶을 만들어주는 진정한 평화입니다. 미국인만을 위한 평화가 아닌 전 세계의 모든 사람들을 위한 평화며, 우리 시대에서 끝나는 평화가 아닌 모든 시대를 위한 평화입니다.

내가 평화에 대해 언급하는 이유는 전쟁이 새로운 국면을 맞이했기 때문입니다. 강대국들이 크고 강력한 핵무기를 보유하고는 그 힘을 쓰지도 않고 항복하기를 거부하는 시대에서 전면전이란 아무런 의미가 없습니다. 핵무기 하나가 세계2차대전 당시 연합군의 공군에서 사용된 무기를 모두 합한 것보다 10배나 더 되는 폭발력을 가진 시대에는 무의미합니다. 핵무기의 사용으로 발생되는 치명적 독성이 바람, 물, 흙, 씨앗을 타고 지구 반대편까지 흘러가며 아직 태어나지도 않은 세대에게까지 영향을 미치는 시대에는 무의미합니다.

오늘날, 매년 무기를 결코 사용할 일이 없음을 확실하게 보장할 목적으로 무기를 구입하는 데에 수십억 달러씩 사용되는 일이 평화 유지를 위한 필수요소가 되었습니다. 하지만 사용하지도 않을 무기를 사재기하는 것만이 평화를 보장하는 수단이 될 수 없으며 또한 가장 효율적인 수단일 수도 없습니다. 무기들은 파괴만 할 뿐, 결코 창조하지는 않습니다.

그러므로 내가 말하고자 하는 평화는 합리적 사람에게 필요하고 역시 합리적인 목적으로써의 평화입니다. 평화를 추구하는 것은 전쟁을 추구하는 것만큼 극적이지 않으며 이를 추구하는 사람들의 이야기를 종종 아무도 듣지 않는다는 사실을 알고 있습니다. 하지만 우리에게는 이보다 더 시급한 문제가 없습니다.

소련의 지도자들이 좀더 계몽된 태도를 갖기 전까지는 세계평화나 국제법, 군축에 대해 논하는 것은 소용없는 일이라고 말하는 사람들도 있습니다. 나는 소련이 그러기를 바랍니다. 그리고 그렇게 되도록 우리가 그들을 도울 수 있다고 생각합니다. 하지만 개인으로서, 그리고 국가로서, 우리 자신의 태도부터 되돌아봐야 한다고도 생각합니다. 그들의 태도만큼이나 우리의 태도도 중요하기 때문입니다. 그리고… 전쟁을 절망적인 것으로 보고 평화가 도래하기를 바라는 지각 있는 시민이라면 우리의 내부를 돌아보는 것에서 시작해야 합니다. 평화의 가능성과 소련, 냉전의 진행, 그리고 국내의 자유와 평화를 향한 우리의 태도를 검토하는 것이 우선되어야 합니다.

첫째, 평화를 향한 우리의 태도를 검토해봅시다. 우리 대부분은 평화를 비현실적인 것으로 여기고 있습니다. 하지만 이는 위험하며 패배주의적 생각입니다. 그렇게 생각한다는 것은 곧 전쟁을 불가피한 것으로 여긴다는 것을 의미합니다. 결국 인류는 멸망하게 될 것이며 우리가 더 이상 통제할 수 없는 힘에 의해 휘둘리게 될 것이라고 결론 내리는 것과 같습니다.

그런 견해를 받아들일 필요는 없습니다. 우리의 문제는 우리가 만들어낸 것입니다. 그러므로 인간인 우리가 직접 해결할 수 있는 문제들입니다. 그리고 인간은 원하는 만큼 커질 수 있습니다.

인간 운명의 어떤 문제도 인간의 능력을 넘어설 수 없습니다. 인간은 그 동안 이성과 감성을 가지고 불가능해 보이는 문제들도 해결해왔고 앞으로도 그렇게 되리라고 믿습니다.

몽상가나 광신도들이 꿈꾸는 전인류적인 평화와 선의의 절대적이며 무한한 개념을 이야기하는 것이 아닙니다. 희망과 꿈이 가진 가치를 부인하는 것은 아니지만 그것들을 우리의 유일하며 즉각적인 목표로 삼아 절망과 불신을 굳이 초래할 필요는 없다고 생각합니다.

대신 인간 본성의 갑작스러운 혁명이 아닌 인간 제도의 점진적 진화를 바탕으로 하는 좀더 실용적이며 좀더 실현 가능한 평화에, 그리고 이를 위한 구체적인 행동방안을 효율적으로 합의하는 데에 초점을 맞추어봅시다. 이 평화는 간단한 방법 하나만으로 이룩되는 것이 아니며 몇몇 강대국에서나 채택할 수 있을 거창한, 혹은 마법 같은 비책이 있는 것도 아닙니다. 진정한 평화는 여러 나라가 힘을 합쳐 만들어내는 산물이며 여러 행동이 어우러졌을 때 이루어지는 것입니다. 평화는 정적인 것이 아니라 동적인 것으로, 각 세대가 직면한 도전에 맞설 수 있도록 변화하기도 합니다. 평화란 과정, 즉 문제를 해결하기 위한 방법이기 때문입니다.

그러한 평화가 있다고 해도 세계에는 가정이나 국가 내에서 그러하듯이 싸움이 계속 될 것이며 서로의 이해가 충돌하는 일이 있을 것입니다. 세계평화란 공동체의 평화와 마찬가지로 각 개인에게 이웃을 사랑하라고 강요하지 않습니다. 단지 분쟁을 그치고 정의롭고 평화로운 해결책을 찾아 상호 포용 속에서 함께 살아갈 것을 촉구할 뿐입니다. 우리는 역사를 통해 국가간 적개심이 개인간의 원한과 마찬가지로 영원하지 않다는 것을 배웁니다. 우리의 좋고 싫음은 시간에 따라 바뀔 수 있으며 사건을 통해 국가와 이웃간의 관계에 생각지도 못한 변화가 생길 수도 있습니다.

그러므로 인내를 가집시다. 평화는 실행 불가능한 것이 아니며 전쟁은 필연적인 것이 아닙니다. 우리의 목표를 더욱 확실히 함으로써, 즉 더욱 다루기 쉽고 현실적인 것으로 만듦으로써, 우리는 모두가 이러한 목표를 바라보고 거기서 희망을 발견하며 저항할 수 없는 힘에 이끌려 그 목표를 향해 전진하도록 도울 수 있습니다.

둘째, 소련에 대한 우리의 태도를 재점검합시다. 어떤 정부나 사회제도도 그 나라 국민마저 부녁한 사람들로 취급할 만큼 악하지는 않습니다. 미국인인 우리들은 공산주의를 개인의 자유와 존엄성을 해치는 제도로 여기며 이에 대한 뿌리 깊은 증오를 가지고 있습니다. 하지만 러시아 민족이 이룩해 낸 위대한 일들은 높이 사야 합니다. 과학과 우주, 경제와 산업 성장, 문화, 그리고 그들이 보여준 용기에서 그렇습니다.

이 두 나라 국민들 사이에는 서로 비슷한 점이 많이 있지만 그 중에서도 가장 큰 공통점은 전쟁을 싫어한다는 점입니다. 세계 주요 강대국들 중, 우리 두 나라가 서로 전쟁을 한 적이 없다는 사실은 매우 놀라운 사실입니다. 세계 2차 대전으로 소련이 겪은 고통은 전쟁 역사상 가장 큰 고통이었습니다. 최소 2천만 명의 국민들이 목숨을 잃었으며 셀 수 없을 정도로 많은 가정집들과 농장들이 불에 타거나 약탈당했습니다. 국토의 3분의 1이 황무지가 되었으며 그 중에서도 산업 기반의 3분의 2가 폐허가 되었습니다…

그러므로 서로 다른 점을 바라보되 두 나라 간의 공통된 관심사와 그러한 차이점들을 하나로 융화시킬 수 있는 해결책에도 직접적인 주의를 기울입시다. 지금 우리의 차이점을 종식시킬 수 없다면 적어도 다양성이 아무런 문제없이 받아들여지는 세상이 되도록 만들어야 합니다. 결국 우리 모두는 근본적으로 지구라는 행성에 살아가고 있다는 공통된 연결고리를 가지고 있습니다. 우리는 같은 공기를 마시고 있으며 우리는 모두 자녀의 미래를 소중히 여깁니다. 그리고 우리는 언젠가 모두 죽게 될 것입니다…

결론적으로, 평화란 파괴의 두려움 없이 삶을 이어나갈 권리이자 다음 세대가 건강하게 존재할 권리와 같은 기본적인 인간의 권리지 않겠습니까?

2007년 리스 강연에서 제프리 삭스는 케네디의 연설에 대해 다음과 같이 덧붙였다.

  "역사는 결과를 기록한다. 케네디의 연설을 들은 직후 흐루시초프는 당시 미국 대사였던 애버럴 해리먼(W. Averell Harriman)에게 케네디의 연설이 '루즈벨트 이후 최고의 대통령 연설'이라며 조약 협상에 응할 의향이 있다는 뜻을 비쳤다. 케네디와 테드 소렌슨(Ted Sorenson, 연설문 작성자)의 성공으로 단 6주 만인 1963년 7월 25일, 소련과의 부분적 핵실험금지 조약을 체결하게 되었다. 역사를 통해 알수 있듯이 그 핵실험금지조약으로 냉전시대는 전환점을 맞이하게되었으며 이는 쿠바미사일 위기 당시 시작된 일촉즉발의 전쟁의 위협으로부터 물러나는 첫 발이자 세상을 군비 제한의 길로 이끌어 국제관계의 긴장을 완화하고, 페레스트로이카(Perestroika, 구소련 당시 고르바초프의 개혁정책)는 물론 결국은 냉전의 종말을 가져왔다. 쿠바에 드리워진 아마겟돈의 그림자 속에서 협력이 협력을 낳게 된 것이다."

  테드 소렌슨은 청중 사이에 앉아 삭스의 강연을 듣고 있었다. 케네디의 영광의 순간에도 자기 자신을 낮추었던 겸손한 성품의 그는 케네디 연설 속에 담긴 정서는 아직까지 살아서 이어지고 있지만 정작 가장 중요한 마지막 단락은 무시되고 있다는 점을 지적했다. 그 마지막 단락은 다음과 같다.

  "미국은 결코 전쟁을 일으키지 않으리라는 것을 세계가 알고 있습니다. 우리는 전쟁을 원하지 않으며 기대하지도 않습니다. 현 세대는 이미 충분히, 아니 지겹도록 전쟁과 증오와 억압을 경험했습니다. 만일 다른 나라가 전쟁을 원한다면 우리는 그에 대응할 준비를 할 것이며 경계를 소홀히 하지 않을 것입니다. 하지만 우리는 또한 약자가 안전하게 보호되며 강자는 정의로운 평화적 세계를 건설하기 위해 우리의 맡은 바 역할을 충실히 할 것입니다."

지식 knowledge

인간 역사상 지금 우리가 살아가는 이 시대만큼 정보가 넘쳐났던 적이 없다. 하지만 정보를 반드시 지식이라고 할 수는 없으며 이 두 가지는 분명히 구별해야 한다. 정확성을 검증한 후 우리의 뇌에 저장시킨 정보만이 지식이 된다. 지식에는 다음과 같은 두 가지 중요한 측면이 있다.

1. 지식 자체의 사실

2. 지식의 접근성

분명, 두 번째 측면 없이는 첫 번째도 무용지물이 되며, 우리 세대가 다른 과거의 세대와 다른 점은 우리의 인생 경험이나 능력과 상관없이 누구나 지식을 조합하여 전문가가 될 수 있다는 데에 있다. 인터넷으로 지식을 다루고 전달하는 방법이 변화되었다. 우리가 접하는 정보의 양은 너무도 많아 온갖 시끄러운 잡음 사이에서 지식을 추출해내기가 쉽지 않다.

특히 가히 혁명적이라고 할 수 있는 오픈소스 철학이 민주적 참여와 공동 지성을 위해 지식에 대한 저작권과 소유권으로 발산되는 음울한 기운을 쫓아버리고 있다. 르네상스 시대의 고전학자들, 계몽주의 시대의 위대한 백과사전 편찬자들, 빅토리아 시대의 대학교수들이라면 오늘날 우리가 이렇게 거만한 태도로 지식을 다루는 모습을 보고 모두 큰 충격을 받았으리라. 하지만 (우리를 포함한) 무지한 민중은 지식을 감당하지 못하리라는 잘못된 신념 때문에 지식이 감시당하던 시대로 돌아가고 싶어할 사람이 있을까?

지식은 그 자체로도 가치가 있지만, 그 안에 담긴 사실들을 해석하여 무엇을 할지를 결정할 수 있는 능력이 있는 한 지식은 누구에게나 쓸모 있다. 우리가 글을 읽을 줄 알고 또 서로 다른 언어 사용 영역, 예를 들면 모호성, 과시, 학자연, 허풍 등을 해독해 낼 수만 있다면 말이다.

하지만 우리가 정보와 지식의 바다에 빠져 허우적서리는 사이 몇 가지 함정을 주의해야 한다.

1. 우리가 모른다는 사실, 앞으로도 영원히 모를 수 있다는 사실을 인정해야 한다. 무지는 부끄러운 것이 아니다.

2. 우리의 필독 도서 목록까지 지배하려 하는 세력에게 지나치게 압도당해서는 안 된다. 현재로서는 과학이 그렇다. 이에 대해 작가인 마크 버논(Mark Vernon)은 다음과 같이 경고한다.

"우리는 경험적 연구로 허가 받기만 하면 지식으로 인정받는 시대를 살아가고 있다. 오늘날 과학은 아직 진리로 입증되지도 않은 정보를 전달하면서 중세 교회와 별반 다르지 않은 권력을 행사하고 있다."

3. 계몽주의의 지배적이고 강제적인 윤리에 맞서, 우리는 지식이 언제나 외부에서만 얻어지는 것이 아니라는 사실을 잊어서는 안 된다. 지식이란 언제나 '입증 가능' 하며 합리적인 것이 아니다. 예를 들어 우리는 독단적인 나만의 지식을 갖게 될 수도 있다. 우리는 검증할 수 없는 지식을 가지고 동료들을 설득하려고 하면 안되며 정치, 법, 도덕, 감정 등과 같이 과학적인 방법으로 증명이 불가능한 영역에서 충돌이 일어날 경우에는 이를 조심스럽게 검토해보아야 한다.

4. 지식에도 유행이 있다. 그것이 무엇인지를 알되 거기에 휘둘리지는 말아야 한다. 이에 대한 흥미로운 예는 〈디 엣지 The Edge〉에서 과학적 낙관주의의 이유를 찾기 위해 실시한 조사에 응하여 조너선 하이트(Jonathan Haidt)가 했던 대답에서 찾을 수 있다.
"베이비붐 세대가 여성해방운동, 베트남전쟁에 대항하여 싸우던 1960년대와 1970년대에 형성된 선입견(강박관념)이 사회과학을 지배하고 있다. (권위, 존경, 명령, 충성, 순결, 신성에 대한) 보수적 사상이 도덕심리학의 많은 부분을 비추고 있다는 사실을 알게 되었다. 도덕이 단순히 해악, 권리, 정의의 문제라고 여기는 심리학자들은 좀처럼 알아채지 못하는 영역이다."

5. 고고학자 혹은 전체주의 독재자라면 동의할 터, 지식은 얻는 것이며 동시에 잃는 것일 수도 있다. 다음 세대 혹은 다음 문명으로 넘어가면서 그 가치가 잊혀질 수도 있다. 오늘날 우리가 고딕 양식의 성당을 다시 건축할 수 있겠는가? 또한 지식은 감춰져 다른 이들과 공유되지 않을 수도 있다. 도서관이 폐쇄되거나 책들이 불에 탈 경우가 그렇다. 또한 허위정보로 지식의 본질이 흐려질 수도 있다. 선전이 바로 이런 점을 이용하는 것이다. 지식의 진위 여부를 결정할 만한 존경 받는 기관이라고 하더라도 기관의 이익에 도움이 되지 않는 지식이라면 억압할 수도 있다.

6. 더욱 걱정스러운 것은 지식이 알면서도 무시될 수 있다는 점이다. 한 예로, 의사인 아툴 가완디는 동료 의사들이 손을 깨끗이 씻지 않는다며 비난했다. 의사들은 전염의 위험성을 잘 알고 있으면서도 너무 바쁜 나머지 청결이 현대의학에서 나타나는 기적 중하나이며 청결하지 못할 경우 엄청난 속도로 박테리아가 병원 곳곳으로 퍼져나간다는 지식을 실생활에 적용하는 것을 깜빡 잊기도 한다.

우리가 이 모든 함정을 무사히 피해 갈 수 있다면 우리는 마침내 모든 인류가 누릴 지식이 성장하고 증가하는 것을 보게 될 것이다. 다니엘 에버렛(Daniel Everett)이 '원시적인' 사람들을 연구한 끝에 내린 결론처럼, "집단 지식에는 자유와 안정이 존재"한다. 지식을 실전에서 어떻게 적용해야 할지를 정리하여 들고 다닐 수 있다면 편리할 것 같다. 예를 들어 사형제도가 여전히 문명국가에서 실시되고 있는 이유는 마땅히 더 많이 알아야 할 사람들의 무지 때문이다.

인터넷이 보편화된 지식의 시대로 우리를 안내하고 있기를 기대하자. 알아야 할 모든 것이 온라인상에서 무상으로 습득할 수 있게 되며 교육이 기계적인 사실의 습득이 아닌 지성, 분별, 절충, 그리고 무엇보다도 부분이 모여 전체를 이룬다는 이해의 도구로써의 역할에 더욱 관심을 갖게 되는 시대로 말이다.

수명 life expectancy

중세시대에 대부분의 영국인들은 30세 이상을 넘기지 못했지만 오늘날 영국인은 평균 78세까지 살 수 있게 되었다. 1900년의 세계 평균 수명은 겨우 31세였지만 오늘날 여성의 평균수명은 69.1세, 남성의 평균수명은 64.9세로 이는 매년 증가하고 있다. 극적인 변화가 일어난 국가들도 있다. 중국의 경우, 1950년대의 평균 수명은 41세에 그쳤지만 지금은 71세로 올라갔다. 비슷한 시기, 인도는 39세에서 63세가 되었다. 평균수명이 늘어나기는커녕 심지어 줄어든 국가들도 있지만 전반적인 추세는 양호한 편이다. 경제학자 제프리 삭스의 말을 들어보자.

"출생 시 정해지는 기대수명은 단순한 통계수치 이상이다. 그 아기가 속한 국가가 식량과 건강보험(특히, 아동사망률), 사회적, 정치적 안정 및 평화(폭력이나 전쟁이 없는 상태) 문제를 얼마나 잘 처리하고 있는지를 보여주는 것이다. 1960년대에는 평균수명이 60세에도 못 미치는 국가들이 100개도 넘었지만 지금은 47개국뿐이며 그 수는 계속 줄어들고 있다."

부디, 만수무강하시길!

소박한 기쁨 little free things in life

소소한 일상에서 마주하는 것들의 총체적인 요인들을 포괄하는 삶의 기쁨을 의미한다. 새로움이나 잠재적으로 기대되는 것들에 대한 심리적 충만감을 나타내는 것들을 살펴보자.

- 새 차, 새 페인트, 새 것
- 반바지와 티셔츠만 입고 보내도 되는 2주간의 휴가
- 라이브음악(언제나 그렇지만 공짜일 때는 더욱 그렇다)
- 낮 시간이 길어졌다는 것을 알게 된 첫 아침 혹은 저녁
- 정말 맛있는 과일 한 쪽
- 내가 사는 집
- 누군가 나를 위해 요리하는 냄새
- 잘 차려진 식탁에 앉게 되는 것
- 기차역 혹은 공항의 게이트에 도착하자마자 기차 혹은 비행기에 곧장 올라타게 되는 것
- 한 시간 내 섹스를 하게 될 확률이 75퍼센트 이상이거나 계속 증가할 때
- 내가 아무런 양육의 책임을 지지 않아도 될 아기 동물들
- 여름옷을 입은 젊은이들
- 우연히 TV를 틀었는데 정말 괜찮은 프로그램을 보게 되었을 때
- 없어서는 안 되며 절대로 망가지지 않는 튼튼한 기기

Positive

- 동시성을 확인하는 순간
- 책을 펴는 순간 끝까지 읽기 전까지는 잠이 들 수 없으리라는 확신
  이 올 때

보다 긴 지금 long now

당신에게는 앞으로 수천 년 혹은 '보다 긴 지금'
이 있는데 왜 당신의 낙관주의를 가까운 장래로
만 제한하는가? 이 말은 브라이언 에노(Brian Eno)
가 뉴욕으로 이사했을 때 뉴욕에서의 '지금 곧
(here and now)' 이라는 표현은 그의 고향 영국에서와는 사뭇 다르다
는 것을 깨닫고는 만들어낸 말이다. 뉴욕에서의 '지금 곧' 이란 '바
로 이 자리에서 5분 이내에 당장' 이라는 뜻이었다.

스튜어트 브랜드(Steward Brand)가 만든 단체의 이름은 이러한 일시
적인 문화충격 덕분에 생겨났다. 스튜어트 브랜드는 앞으로 1만년
후의 미래를 내다본다. 롱나우재단(Long Now Foundation)은 '더 느리
게, 더 좋게' 대신 '더 빨리, 더 싸게' 를 중시하며 "기술의 가속화와
시장중심의 경제에 대한 짧은 범위의 관점, 차기선거만을 바라보는
민주주의" 그리고 "개인의 멀티테스킹(multi-tasking, 다중작업)으로 인
한 주의산만" 때문에 "보다 짧은 주의지속 시간을 갖도록 스스로를
거의 병적으로 몰아가고 있는" 문명에 대항하여 01996년(롱나우에서
는 약 8천년 후에 나타날 데카밀레니엄(deca-millennium, 1만년을 뜻함) 버그를

퇴치하기 위해서 연도를 다섯 자리로 표현)에 설립되었다.

물론 그러한 미래는 신화다. 이 재단은 이러한 미래를 구체적인 방법으로 예측하기 위해 컴퓨터과학자인 다니엘 힐리스(Daniel Hillis)의 아이디어에 따라 영구적인 메커니즘을 개발하는 중이다.

"내가 어렸을 때 사람들은 2000년이 되면 일어날 일에 대해 논쟁을 하곤 했다. 그리고 이후 30년 내내 사람들은 2000년에 일어날 일에 대해 계속해서 이야기를 했지만, 막상 2000년이 지난 지금, 이제는 미래의 연도를 정해놓고 이야기하는 사람이 아무도 없다. 지금까지 나의 미래는 매년 1년씩 줄어들었다. 이제는 계속 줄어드는 미래에 대한 정신적 장벽을 제거할 수 있도록 만들 장기적 프로젝트를 시작해야 할 때다. 나는 계절의 온도변화를 동력으로 하는 거대한(스톤헨지만한 크기다) 기계식 시계를 구상 중이다. 시계바늘은 1년에 한 번씩 움직이며 100년에 한 번씩 괘종을 치고 뻐꾸기는 천 년이 지나야 한 번 나오는 시계다."

힐리스가 맨 처음 내놓은 시계의 원형은 런던의 과학박물관(Science Museum)에 전시되어 있으며 현재는 두 번째 시계를 작업 중에 있다. 이 두 번째 시계는 2진 디지털 기계 시스템으로 작동되며 2만년 동안 정확하게 움직이도록 만들어졌지만 만에 하나 그렇지 못할 경우를 대비해 정오마다 태양을 향해 주기를 걸어 잠금으로써 스스로 보정하는 기능도 가지고 있다. 그는 그곳을 찾는 방문객들이 우주에서 찍은 사진으로 지구와 지구의 환경을 바라보는 것과 동일한 관점으로 시간에 대하여 생각하기를 바라는 마음에, 1만년 동안 움직일 이 시계를 네바다 주 동부에 위치한 산중턱의 석회암 절벽에 설치할 계획을 세웠다. 롱나우는 또한 지금 존재하는 모든 도서관이 하나로 모여 완성될 1만년 도서관의 건립도 계획 중이다.

롱나우재단의 미래 철학을 다음과 같이 정리할 수 있겠다.

● 장기적 관점 및 그러한 관점을 소유한 사람들을 창출한다.

● 책임감을 배양한다.

● 인내를 보상한다.

● 신화적 깊이에 유의한다.

● 경쟁자와 동맹한다.

● 어느 쪽으로도 치우치지 않는다.

● 수명을 연장한다.

➜ 참고 : 롱나우-재단(Long Now Foundation) : www.longnow.org

삶의 의미 meaning of life

엄격한 신다윈주의자들 입장에서 볼 때 우리는 여기에 있기 때문에 이곳에 존재하는 것이다. 요즘 배울 만큼 배운 사람들 중에 신다윈주의자가 아닌 사람이 있을까? 지구상에 존재하는 생명체는 우연으로 생겨났으며 현대 인류는 환경에 부딪혀 살아남은 유전자의 끈기 덕택에 생명력 강한 분비물의 소립자로부터 진화한 것이다. 우리는 생각할 수도 있으며 우리가 무엇을 하고 있는지도 물을 수 있다. 하지만 여전히 우리는 두 가지 지령만 수행 가능한 동물이다. 살아남아 최선의 상대와 교미하는 것이다. 열렬히 유전자 코드를 복사해 내는 것 이상의 삶의 목적을 갖는 것은 어리석은 행동이다.

이와는 반대로 종교는 우리의 육체에 비생물적 의미를 불어 넣는다. 우리가 존재하는 것은 누군가 우리에게 대단히 중요한 목적을 부여했기 때문으로 우리는 그를 기쁘게 하고 선한 삶을 살도록 고안된 존재다. 잘만 하면 영생을 얻거나, 또는 다시 태어나게 되면 더 나은 운명을 갖게 될 수도 있다.

이제는 매주 일요일 참석하던 예배 대신 소비주의가 자리 잡았다. 대부분의 사람들이 신다윈주의적 해석에 편승하려고 하거나, 혹은 결국은 미적지근하고 이도 저도 아닌 논리를 편다.

그래서 우리는 포스트모더니즘을 받아들였다. 단 하나뿐인 인생을 위해 뭐든 하고 싶은 것을 해도 된단다. 혹은 그렇게 강요한다. 다른 이들에게 피해를 주지 않으면서 나만의 행복을 추구하고, 내가 원하는 라이프스타일을 방해 받지 않으면서도 할 수 있는 일을 직업으로 삼으며, 원한다면 아이는 한둘쯤 낳으면 되고, 반드시 모두가 좋아할 사람이 될 필요는 없지만 괜찮은 사람이 되도록 노력하며 사는 것이 그것이다. 테리 이글턴(Terry Eagleton) 교수가 그의 저서 《삶의 의미 The Meaning of Life》에서 밝힌 결론과 같다.

동일한 논리를 적용하자면, 일이 생각만큼 잘 풀리지 않으면 삶을 끝내버릴 수도 있는 것이다. 어차피 그 삶은 당신 삶이니까. 만일 괴로움을 무마시킬만한 즐거움이 없다면 굳이 다음 날 아침에 눈을 뜰 이유가 없다.

내 눈에는 이 포스트모더니즘이 위대한 인생을 향한 절름발이와 같은 지적 접근이자 기회의 낭비로만 보일 뿐이다. 소중한 생일 선물을 받아 놓고도 쓰는 방법을 몰라 헤매는 것과 같다. 이런 식의 삶의 의미와 개인적이고 사적이며 상대적인 도덕성으로는 나를 만족시키지 못한다. 아이들에게 이런 식의 삶의 목적을 심어주고는 어떻게 인생의 역경에 맞서 싸우라고 하려는지 모르겠다.

게다가 나는 쾌락주의만으로도 충분하다고 여기는 사람을 본 적이 없다. 젊음을 이용하여 쾌락의 길로 들어설 수 있다. 술, 담배가 위안이 된다는 이유로 술과 담배에 빠져 삶을 일찍 마감할 수도 있다. 하지만 그러한 행동은 덜 용감한 철학적 선택이며 삶의 무게로부터는 더욱 도망치는 행위가 아닌가? "난 우리가 왜 존재하는지는 모른다. 하지만 한 가지 확실한 것은 즐기기 위해서는 아니다." 루드비히 비트겐슈타인(Ludwig Wittgenstein)의 말이다.

신다윈주의자들과 다른 무신론자들조차 그들 나름대로의 살아갈 이유가 있어 보인다. 어떤 이들은 쾌락주의적이거나 진화적인 이득도 없는 일에 몇 십 년 동안 에너지만 낭비하기도 한다. 비상업적 목적으로 책을 쓰는 경우가 여기에 해당한다. 단순히 스스로의 호기심을 충족시키기 위해서, 혹은 존재의 이유, 혹은 인간의 지식에 기여를 하겠다는 이유로 그러한 행동을 합리화할 수도 있다. 하지만 삶에 아무런 의미가 없다고 여기는 사람, 즉 인생을 진화의 어리석은 게임으로 보는 사람이라면 이렇게 치열하고 정신 나간 세상으로 자녀를 데려오지 않을 것이다. 그저 필립 라르킨

> "열렬히 유전자 코드를 복사해 내는 것 이상의 삶의 목적을 갖는 것은 어리석은 행동이다."

(Philip Larkin)의 극단적 냉소주의를 따를 뿐이다. "최대한 빨리 이 세상을 떠나되 자녀를 갖지 말라."

우리는 누구나 속으로는 똑같은 생각을 하고 있지 않을까? 새벽 3시에 불현듯 잠에서 깨어 한 번밖에 없는 인생을 허비하고 있다는 생각이 들 때를 제외하고 말이다. 지금 여기서 살아 움직이고 있는 이 몸뚱이는 단순한 과학적 용도 이상의 무엇인가를 가지고 있음에 틀림없다. 생각은 누가 주관하는 것이며 그는 어디서부터 왔는가? 당황스러운 사실이지만 가장 지적이며 경험이 풍부한 과학자들조차 의식과 정신을 이해하지 못하고 있다. 우리는 눈동자로 보이는 것 외에는 보지 못한다. 안 그런가? 언젠가 누가 인간이란 우주복 속에 갇힌 빛으로 이루어진 점들이라고 묘사했는데, 공감이 간다. 당신 생각은 어떠한가?

만약에, 아주 만약에, 그 이유는 기억이 나지 않지만 어떤 놀이를 위해 우리를 지구로 쏘아 보낸 것이라면? 논리를 거꾸로 적용해서 이 문제를 살펴보자. 우리의 삶이 이렇게 정해진 것이라면 이를 통해 우리에게 말하고자 하는 것은 무엇일까?

삶은 직선적이다. 알에서부터 시작하여 소멸에까지 이르는 여정

이다. 소멸 이후에 일어날 일에 대해서는 아무도 모른다. 가끔 천국에 대한 이야기를 듣기도 하지만 사람이 꾸며냈거나 덧칠이 된 이야기다. 그러므로 생각컨데, 우리는 우선 맡겨진 일에 전념하되 사후 세계 준비에 시간을 낭비해서는 안 될 것이다. 과정 자체가 중요한 여정이기 때문이다. 그 과정 속에서 수십 억 가지의 형태들과 환경, 자유의지의 사용방법 등이 당신의 유전자에 따라 결정된다. 하지만 당신이 누구건, 어디서 어떻게 살건 간에 공통적으로 들어가는 요소가 있다.

삶은 고통과 즐거움의 연속이라고 묘사될 수도 있는데 그 중 전부가 우리의 몸을 살아있게 만들고 짝을 찾아 가정을 이루는 것과 관련이 있는 것은 아니다. 당신만의 길을 찾는 시간과 공간의 과정 속에서 당신은 이를 장애물로 볼 수도 있다. 최대한 장애물과 덫을 뛰어넘으려고 노력하겠지만 전부 피하기란 불가능하다. 그리고 자신의 문제는 언제나 스스로 해결해야 하는 법이다.

정신과 의사인 스콧 펙(M. Scott Peck)은 삶이 힘들다고 느껴질 때는 힘든 과정이 필요하기 때문이라고 말한다. 그 목적은 우리를 영적으로 성장시키기 위함이며 선과 악을 구별할 수 있도록 돕고 더 높은 수준의 관심을 추구하게 하기 위함이다. 즉, 시련의 과정은 영혼을 위한 학교인 것이다. 그리스인 조르바(Zorba)는 다음과 같이 말했다. "인생은 골치 아픈 것으로, 오직 죽음만이 그렇지 않다. 살아 있다는 것은 벨트를 풀러 괜한 골칫거리를 자청하는 것이다."

윌리엄 제임스의 말에 따르면 '내적' 이상(당신에게 의미를 심어주고 당신이 행하도록 만드는 무언가)과 이상을 깨닫도록 만들어주는 용기와 같은 '외적' 강점이라는 두 가지가 마술처럼 결합함으로써 인생에 의미를 부여하는 것이다.

만일 우리가 육체를 입었다면 이는 행동하고 생각하기 위함이다. 우리가 이 세상에 존재하는 이유에 대한 위대한 질문을 던진다면 답을 구하는 데에 평생이 걸린다고 하더라도 조바심을 내서는 안 된다. 초인적 우주는 이름에서도 알 수 있듯이 우리의 생각으로 설명할 수 있는 것이 아니며, 아무리 과학적이거나 종교적이라고 하더라도 불완전하고 독단적인 설명에 순응해서는 안 될 것이다.

→ 참고 : 《삶의 의미 The Meaning of Life》, 테리 이글턴(Terry Eagleton) (2007) / 《삶을 의미 있게 만드는 것 What Makes a Life Significant》(1900), 윌리엄 제임스(William James) (1900) / 《과학, 종교 그리고 삶의 의미 Science, Religion and the Meaning of Life》, 마크 버논(Mark Vernon) (2006) / 《게으른 사람을 위한 계몽 가이드 The Lazy Man's Guide to Enlightenment》, 새디어스 골라스(Thaddeus Golas) (1972) / 《책; 네 자신을 아는 것에 대한 금기에 대하여 The Book; On the Taboo Against Knowing Who You Are》, 앨런 와츠(Alan Watts) (1966) / 《천국; 미지의 나라를 위한 여행 가이드 Heaven; A Traveller's Guide to the Undiscovered Country》, 피터 스탠포드(Peter Stanford) (2002)

의학 medicine

최근 의학이 많은 발전을 이루었으며 이 발전의 속도가 가까운 미래와 중장기 미래로도 계속되리라고 예상되기에 의학에 대해서는 낙관적이지 않을 수가 없다. 의학자들 전부가 그렇다고 할 수는 없지만, 대부분의 의학자들은 인류가 언젠가는 모든 병을 고칠 수 있게 되는 날이 오리라고 예측하고 있으며 암이나 치매를 위한 예방주사나 치료제 따위를 발견하는 것도 시간문제라고 생각한다. 심지어 노화나 죽음도 인간의 두뇌나 레이저 혹은 간단한 외과 수술만으로 지배하게 되는 날이 온다고 말하기도 한다.

그 동안 의학이 일궈낸 업적에 대해서는 논쟁의 여지가 없지만 몇 가지 짚고 넘어가야 할 부분이 있다.

1. 엄청난 규모의 연구비를 쏟고 있음에도 불구하고 여전히 잘 파악되지 못한 질병이 있다.

2. 점점 더 많은 사람들이 기존의 치료법에 만족하지 못하여 '대체의학'을 찾고 있다. 또한 그들 중 일부는 그러한 대체의학에 현혹되고 있다. 많은 사람들이 기존 의학으로 채우지 못하는 것을 대체의학이 채워준다고 생각하는 것 같다.

미래에는 전통의학과 대체의학 사이의 교집합 부분을 찾아내어 우리의 육체를 더욱 전체적으로 이해할 수 있게 되며 정신과 육체 사이의 연결고리를 확실하게 설명할 수 있게 될 것이다.

→ 참고 : 《교외의 샤먼; 의학의 최전방 이야기 Suburban Shaman; Tales from Medicine' s Frontline》, 세실 헬만(Cecil Helman) (2006)

기억 memory

선사시대 사람들은 동굴에 벽화의 형태로 남긴 해석하기 어려운 그림들 외에는 그들의 존재에 대한 아무런 기록도 남기지 못했다. 안타깝게도 그 그림들로는 그들의 일상이나 희망, 두려움을 알 수 없다. 심지어 1백 년 전만 해도 기록을 남기는 것이 쉽지 않았다. 오징어 먹물로 그린 정적인 그림들, 깃펜으로 쓴 일기, 민속박물관의 유리장 속에서 서서히 부식되고 있는 물건들만이 우리가 에드워드 시대를 기억할 수 있는 전부다. 1970년대까지만 해도 불안정한 영화필름이나 오픈릴식(reel-to-reel) 테이프, 잉크가 줄줄 새는 만년필과 일기만이 지나간 날들을 기록할 수 있는 유일한 수단이었다.

하지만 오늘날 우리의 삶은 원하기만 한다면 초단위로 기록할 수 있다. 실제로 캘리포니아에 사는 한 남자가 그 작업을 하고 있다. 배터리를 충전할 수 있는 전기만 계속 공급된다면 당신의 일분일초를 디지털 자료로 남길 수 있다. 또한 자녀의 일거수일투족을 기록으로 담아 둘 수도 있다. 이렇게 하는 편이 당신의 머릿속에 저장하는 것보다 훨씬 효율적이다. 이런 식으로 우리의 기억을 저장하는 법은 점점 더 쉬워질 것이다. 기억을 담아두는 장치의 크기는 점점 더 작아지고 휴대가 더 간편해지다 못해 언젠가는 우리의 눈을 보완하는 의미에서 이마에 웹캠을 심게 되며 또 여름캠프를 가는 자녀들에게는 공기보다도 가볍고 가격도 저렴한 마이크를 달아 주어 나중에 집에 돌아와서 그들이 무엇을 먹고 무엇을 먹지 않았는지를 일일이 알릴 필요가 없게 되는 날이 올지도 모른다.

문제가 한 가지 있다면, 아이들의 삶을 일분일초도 빠뜨리지 않고 몽땅 실시간 기록으로 남기게 될 경우, 그렇게 저장한 기록을 하나하나 보며 즐거워하려면 또 다른 인생이 필요하다는 점이다.

남자 men

인공수정으로 아이를 낳을 수 있는 세상이 되었으니, 여자들 마음속에는 남자들을 전부 걷어 차버리고 유치한 경쟁심보다 협동심이 훨씬 더 높이 평가를 받는 삶을 선택하고 싶은 강한 유혹이 있을 것이다. 그럼에도 불구하고 여자들이 우리를 선택하는 것은 우리 안에 뭔가가 있기 때문이라고 나는 확신한다. 그리고 우리 남자들은 우리가 구제불능의 존재가 아니라는 것을 증명하기 위해 오늘도 최선을 다하고 있다. 우리는 여자들이 등 뒤에서 성차별적 발언을 하지는 않으려고 노력하는 동시에 여자 상사들을 위해 열심히 일하고 있으며, 아내가 아이를 낳는 동안 근처 술집에서 맥주 마시는 편을 더 좋아함에도 불구하고 분만실을 지키며, 이따금씩 여자들이 우리의 감정에 대해 이러쿵저러쿵 하는 것도 묵묵히 들어줄 수 있다. 말다툼이 전쟁과 평화의 문제로까지 번지게 되면 얼른 방을 나가는 편이 더 도움이 된다는 것도 알고 있다.

혹시나 우리가 우리의 잘못을 인지하지 못하고 있다면, 이는 단지 우리가 하는 일에 대한 사회적, 도덕적 의미를 돌아보느라 하던 일을 도중에 멈추어 버린 사냥꾼이나 전사들의 진화가 유리하게 진행되지 못했기 때문이다. 하지만 아무리 합리화를 하고 정당성을 찾으려 해도 폭력과 파괴가 사내다움의 상징에서 범죄 행위로 전락해버린 현대사회에서 어딘지 길을 잃은 듯한 느낌을 지울 수가 없다는 사실을 인정하기 시작했다. (물론 우리끼리만 인정할 뿐 여자들 앞에서는 절대 아니다.) 우리도 정답게 서로를 치켜세워주는 여자들의 방식으로 대화하는 것을 좋아한다. 하지만, 제발 징징거리지는 말자.

우리는 좋은 남자가 될 것이다. 하지만 우리 남자들이 이 세상에서 여자들을 위한 길을 닦느라 정신분열에 가까운 증세를 보이고 있다는 사실을 여자들이 조금만 이해해준다면 우리

> "여자들 마음속에는 남자들을 전부 걷어 차버리고 싶은 강한 유혹이 있을 것이다."

는 더 빨리 그렇게 될 것이다. 요즘의 남자들은 사내다우면서, 강인하고, 단호하며, 영향력을 갖고, 거칠고, 야수적인 동시에 외모를 잘 가꾸고 부드러운 표정과 이해한다는 표정도 지을 줄 알아야 한다. 그러니 학교에서 남자아이들이 스스로를 기쁘게 하면서 다른 사람들까지(그들이 살아가면서 만나게 될 모든 여자들) 동시에 기쁘게 하는 법

을 몰라 쩔쩔 매는 것은 지극히 당연한 일이다.

여자들은 여성화 되어가고 있는 세상 속에서 남자들이 자신감을 회복하도록 도와주어야 한다는 사실을 서서히 알아가는 중이다. 하지만 남자들이 원하는 것은 여자들이 생각하는 방식의 도움이 아니며 남자들이 도움 받는 중이라는 것을 눈치채지 않도록 조심해야 한다. 특히 가정에는 반드시 아버지가 필요하며 주변에서 남성의 역할 모델을 많이 보고 자랐을수록 청소년 범죄를 저지를 확률이 적다는 것은 분명한 사실이다.

지난 30년간 여자들은 여성의 권리를 주장해왔다. 이제는 여리고 민감한 남자들이 성과 관련된 정치의 희생양이 되어왔다는 사실을 여자들이 깨달을 차례다. 법 또한 긍정적인 방향으로 차별할 수 있어야 한다.

윌킨스 미코버 Wilkins Micawber

찰스 디킨스의 《데이비드 카퍼필드 David Copperfield》(1849~50)의 주인공, 데이비드는 상냥하지만 변덕스러운 미코버씨와 친구가 된다. 미코버는 잔뜩 빚을 지고 있으면서도 '어떻게든 되겠지' 라며 태평했던 찰스 디킨스의 아버지를 모델 삼아 그린 인물이다. 마침내 그는 빚을 모두 탕감하고 호주에 가서 판사가 된다. 다음은 유명한 미코버의 법칙이다.

밀레니엄개발목표 millennium development goals

2000년 9월, 189개 국가의 지도자들이 UN 밀레니엄 회담에 참석하여 빈곤, 기아, 질병, 문맹, 환경 파괴, 여성차별 타파를 위한 목표를 설정했다. 그리고 총 여덟 가지의 밀레니엄 개발목표를 달성하기 위해 측정 가능한 목표점과 15년이라는 기한을 정했다. 모든 참가국들은 다음과 같은 여덟 가지 목표를 달성하기 위해 힘을 합쳐 노력하기로 했다.

1. 하루에 1달러도 안 되는 생활비로 연명하고 있는 사람들과 기아로 허덕이는 사람들의 수를 반으로 줄인다. 극빈 인구를 완전히 뿌리 뽑는 것을 장기적 목적으로 삼는다.

2. 모든 남자와 여자 아이들에게 초등교육을 무상으로 제공한다.

3. 남녀평등을 촉진하고 여성의 권한을 확대한다. 교육에서의 성별 간 차이를 제거하는 것에서부터 시작한다.

4. 5세 이하의 유아사망률의 3분의 2를 감소시킨다.

5. 산모사망률의 4분의 3을 감소한다.

6. 에이즈의 확산이나 말라리아를 비롯한 다른 전염병의 발병을 막

는다.

7. 각 나라의 개발정책에 지속 가능한 개발원칙을 적용하여 환경을 보호할 구체적 행동을 실시한다. 환경 자원의 손실을 방지한다. 지속 가능한 수준으로 안전한 식수를 공급받지 못하는 인구의 수를 반으로 줄인다. 2020년까지 최소 1억 명의 빈민가 거주자들의 생활을 현저하게 개선시킨다.

8. 국가 간 개발을 위한 글로벌 파트너십을 발전시킨다. 예를 들면 다음과 같다.

● 원칙에 의해 운영되며 예측가능하고 배타적이지 않고 개방적이고 공정한 무역과 금융제도를 구축하되 가장 낙후된 국가의 필요에 특별한 주의를 기울인다.

● 부채를 감소시키거나 탕감한다.

● 원조를 늘린다.

● 청년들을 위한 직업을 창출한다.

● 제약회사의 협조를 받아 극빈자들이 필수 약품을 구입할 수 있도록 조치한다.

● 개발도상국에서 새 기술(특히 IT나 통신기술)의 혜택을 받을 수 있도록 만든다. (민간부문과의 협력을 통해)

목표만 세운다고 목표에 도달하게 되는 것은 아니며 UN은 예로부터 야심 찬 계획을 세우고 정해진 기한 내에 이루지 못하는 것으로 잘 알려져 있다. 하지만 많은 발전을 보여주고 있다. 천연두 근절은 약속했던 10년보다는 1년이 더 걸린 11년이 걸려 달성되었지만 그래도 성공은 성공이다. 세상에서 고통 받는 사람들의 수를 줄이는 것은 그 속도가 어떻든 간에 박수를 받을 일이기 때문이며, 국제적 정치 공동체가 한 목소리를 내어 공동의 목표를 설정한 것을 달성했기에 의미가 있다.

세계 지도자들은 이를 실행 가능한 목표라고 생각하지 않았다면 목표 설정에 동의하지 않았을 것이다. 그 목표들을 이루는 데 드는 비용이 세계 수입의 0.3%를 차지한다. 특히 빈곤을 줄이겠다는 목표는 달성할 수 있을 것으로 보인다. 사하라 사막 이남의 아프리카 지역이 세계 다른 지역보다는 조금 뒤처지긴 하겠지만 말이다. 지금까지 세계 인구 60퍼센트 이상을 차지하는 43개국이 이미 2015년까지 빈곤율을 절반으로 줄이겠다는 목표에 도달했거나 혹은 목표 달성을 향해 전진 중이다. 이러한 통계를 보면 자랑할 만한 성과도 있지만 우리를 부끄럽게 만드는 부분도 있다. 후자를 모른 척해서는 안 될 일이지만 그렇다고 수치심 속에 빠져 허우적거리다가는 결코 가난한 사람들을 도울 수 없다. 세계 빈곤을 나타내는 통계수치가 비록 느린 속도로 아주 조금씩 낮아지고 있지만, 실제로 빈곤을 겪고 있는 개개인은 과감한 변화와 지속적인 향상, 그리고 기회를 경험하는 것이다.

→ 참고 : UN밀레니엄개발목표(UN Millenium Development Goals) :
   www.un.org/millenniumgoals

자연 nature

우리가 지구에게 저지른 일들을 생각하며 애도하는 사이에도 강인한 생명력을 가진 자연은 다시 소생하기도 한다. 가뭄이 계속 되는 동안 내 정원의 잡초는 내가 각별하게 골라 심은 어떤 식물보다 끈질기게 버텨 살아남았다. 정원에 오솔길을 만들어보라. 당신의 예상보다 훨씬 빨리 모습을 감출 것이다. 막을 수 없는 흙의 생명력 때문이다. 탄광이나 공장을 쓰지 않고 내버려두면 곧 나무들로 뒤덮이고 만다. 나는 요크셔의 어느 도심에서 아스팔트를 뚫고 올라온 난초를 본 적이 있다.

그렇다고 생물계를 방어하는 일을 포기하자는 것이 아니다. 오히려 여기서 우리는 두 가지 교훈을 얻을 수 있다.

1. 자연을 거스르지 않고 자연의 흐름을 탄다면 우리가 하는 일은 더욱 성공적일 것이다. 기르기 가장 쉬운 식물은 아무데서나 잘 자라는 식물이다.

2. 자연은 언제나 우리 주변에 있다. 야생화나 황무지를 자세히 관찰하는 것만으로도 이국적 정원을 방문한 것 못지않은 즐거움과 지식을 얻을 수 있다.

자연은 우리가 존재하기 한참 전부터 있어왔으며 우리가 무슨 짓을 하던지 자연은 살아남으리라는 사실만으로도 안심이 된다. 케빈 켈리가 말했듯이 "생명의 본질은 모든 빠져나갈 구멍을 즐기는 데 있다. 이는 만나게 되는 모든 규칙을 깰 것이다… 자연의 기이함을 모두 모아 목록으로 엮어보면 창조물을 전부 합한 것만큼이나 길다. 어떤 면에서 창조물은 규칙을 재해석함으로써 생존을 방해한다고 할 수 있다." 우리 스스로 기회를 날려버리고 나면 이후의 문명은 진화된 사상균이나 바퀴벌레가 주도하게 될 것이다.

넬슨 만델라 Nelson Mandela

정치적 신념 때문에 감옥에 갇혀 긴 시간을 보내는 사람이라면 낙관주의자가 되어야 한다. 1995년, 넬슨 만델라는 그의 자서전에서 다음과 같이 말했다.

"어떤 사람이건 기관이건 내게서 존엄성을 빼앗아 갈 생각이라면 실패하고 말 것이다. 내게 얼마를 준다 해도, 또는 힘으로 강요를 한다고 해도 나는 결코 존엄성을 버리지 않을 것이기 때문이다… 나는 근본적으로 낙관주의자다… 낙관주의자가 된다는 것은 태양을 향해 머리를 드는 것이며 앞을 향해 발걸음을 내딛는 것이다. 인류를 향한 내 믿음이 시련을 당하던 어두움의 순간도 많았지만 그렇다고 해서 좌절하거나 절망에 빠질 수는 없었다. 절망에는 패배와 죽음만 있을 뿐이다."

Positive

네트워킹(인맥관리) networking

어떤 이들은 '네트워킹'이라는 말만 들어도 뒷걸음질을 친다. 언젠가는 사업상 도움을 받을 수 있게 되리라는 막연한 희망을 품은 채 나보다 더 성공한 이들과 친분을 쌓기 위한 목적으로 지루한 파티들을 끊임없이 따라다니는 것을 네트워킹이라고 생각하기 때문이다. 인맥을 쌓는다는 것은 상호 이익을 위한 것이라고 생각하면 그 의미가 조금 순화될 수도 있겠지만, 결국은 사람이 누군가에게 다가갈 때는 뭔가 바라는 게 있기 때문이라는 의미가 되고 만다. 누군가와 대화를 하고 있지만 관심은 상대방이 아니다. 상대방으로부터 얻어낼 수 있는 이익에만 관심이 있다.

하지만 나는 그렇게 생각하지 않는다. 인맥을 만든다는 것은 '대화를 나누고 일자리를 구하기 위한 것뿐 아니라 세상과 사상, 정보에 대한 생각을 나누기 위한 사교활동'이라고 간단히 정의 내릴 수도 있다. 사람을 사귀면서 동시에 명함을 교환할 뿐이다. 동종업계나 같은 고향 사람들뿐이 아닌 여러 다른 업종과 다른 지역의 사람들과도 인맥을 쌓을 수 있다는 점은 현대사회에서 얻을 수 있는 장점 중 하니다. 지역을 가장 덜 중요한 요인으로 두면서 다발적 연결고리를 만드는 것이 가능해졌다.

> "사람을 사귀면서 동시에 명함을 교환할 뿐이다."

인터넷이 이러한 네트워킹에 크게 기여했음은 물론이다. 수백만 명의 사람들이 제각각으로 환경이 설정된 '웹'을 통해 서로 연락을 취한다. 이는 종교나 정부 따위와 같은 사회적 통제라는 전통적 형태를 무시한다. 인터넷을 통해 세계 방방곡곡의 소식과 사상이 동시 다발적으로 퍼져나가게 되었는데, 대부분은 좋은 일이지만 가끔은 나쁘게 이용되기도 한다. 인맥을 쌓는다는 것도 간단해졌다. 친구 혹은 지인에게 인터넷 링크만 보내면 된다. 30초만 투자해서 세상을 더 좋은 곳으로 만드는 일에 기여를 할 수도 있으며 여론을 만드는 데 일조할 수도 있다.

"세상은 움직이고 있다." 음악가 에노(Eno)의 말이다. "근시안적 정부로부터 권력을 빼앗아 더 막연하고 더욱 세계적으로 교감할 수 있는 집단으로 가져다 줄 수 있는 영향력 있는 지역과 소통하고 연결하며 연합하고 있다. 아마도 진짜 민주주의가(그리고 한동안의 혼란도) 나타나려나 보다."

지금 우리는 출발선에 서있을 뿐이다. 네트워킹의 잠재성이 보이기는 하지만 아직은 실습생 수준이다. 앞으로 우리는 기술을 배우고 훈련을 거쳐 가장 효율적인 방법으로 서로 소통하는 방법을 배우게 될 것이다.

좋은 뉴스 good news

1993년, 앵커맨 마틴 루이스(Martyn Lewis)는 사람들이 날마다 신문과 라디오, TV 등을 통해 접하게 되는 나쁜 뉴스를 듣고 싶어하지 않는다고 말했다가 큰 비난을 샀다. 그를 비판했던 사람들은 어떻게 모든 뉴스가 즐겁고 유쾌할 수 있겠냐고 했지만 후에 그가 말하려던 의도를 잘못 이해했다고 인정했다.

그가 한 말에는 일리가 있었다. 뉴스의 대부분은 나쁜 소식들로 가득하다. 이유는 간단하다. 좋은 소식은 뉴스거리가 되지 않기 때문이다. 어제 모든 비행기가 한 대도 추락하는 일 없이 무사히 착륙했다는 것이 뉴스거리가 되겠는가? 잘 알려지지도 않은 두 개의 집단이 회의를 거쳐 공생하기로 합의한 내용을 시시콜콜 듣고 있노라면 하품만 날 것이다. '이름 모를 낯선 사람이 또 다른 이름 모를 낯선 사람을 위해 베푼 친절'은 무시무시한 기자늘의 눈빛을 번뜩이게 만들 헤드라인이 될 수 없다.

뉴스는 사건사고를 기준으로 세상을 해석한다. 어떤 국가의 분쟁 소식이 들리면 마치 그 나라 전체가 대혼란에 빠진 것 같은 인상을 받게 된다. 실제로는 극히 일부분의 지역에서만 내전이 일어났을 뿐인데도 말이다. 기몸이나 기아, 홍수 등에 대한 뉴스를 접하면 에디오피아 전역, 혹은 동아프리카 전역이라고 막연히 생각할 뿐, 특정 지역으로 국한하여 생각하게 되지 않는다.

2002년에 실시된 한 조사를 보면 영국인의 80퍼센트가 '개발도상국가들' 이 영원히 그러한 낙후된 상태에 머무르리라고 믿고 있다는 것을 알 수 있다. 그러한 인상이 남게 된 것은 1980년대 아프리카의 기아를 좋은 의도로 소개했던 언론 덕분인데 그 당시의 기억이 사람들의 머릿속에 자리잡게 된 것이다. 뭐든 일반화시키기를 좋아하는 우리들은 다양성 혹은 세상 사람들 대부분이 극히 평범한 정상적 생활을 하고 있다는 사실을 받아들이기 어려워한다.

기자나 저널리스트들은 자극적 기사를 쓰고 스캔들을 들추어내어 센세이션을 일으키는 이유가 독자들의 요구에 부응하기 위함이라고 변명하지만, 자극적이지는 않더라도 유쾌한 뉴스를 많이 알리거나 혹은 복합적인 상황 속에 담긴 의미들을 찬찬히 설명하는 데에 많은 시간을 할애한다고 해도 신문은 여전히 잘 팔릴 것이며 TV 시청률도 높일 수 있을 것이다.

아니면, 그렇게 하지 않아도 독자들이나 청취자들, 혹은 시청자들이 그 의미를 잘 이해하고 있을까? "역설적으로 말하자면, 뉴스를 통해 우리가 접하는 시각이 제도적 결함을 갖고 있다는 점에서 우리는 낙관적이 될 수 있다." 테드 회의(TED Conference)의 큐레이터인 크리스 앤더슨(Chris Anderson)의 말이다. "심각한 재해나 테러행위 등과 같은 유형의 뉴스들은 대대적으로 보도되지만, 과학적 진보나 세계 정황을 철저히 조사한 통계자료 등은 잘 보도되지 않는 편이다. 이로 인해 합리적인 공공정책이 왜곡되거나 대참사에 대한 공포가 끊이지 않는 등과 같은 문제가 생기기도 하지만 이것 또한 낙관적이 될 이유가 된다. 실제보다 상황이 더 나쁘다고 세뇌되어 왔다는 것을 깨닫고 조금만 용기를 낸다면… 햇살 속으로 걸어나올 수 있기 때문이다."

하지만 나쁜 뉴스는 말고 좋은 뉴스만 알고 싶다면, 〈포지티브 뉴스 Positive News〉를 보면 된다. 그 외에도 보도의 균형을 바로잡는 다양한 웹사이트들이 당신을 기다리고 있다.

→ 참고 : 테드 컨퍼런스(TED Conference) : Technology, Entertainment, Design의 약자로 1984년부터 매년 캘리포니아에서 열림, "Spreading ideas" 라는 큰 목표를 위해서, 세계적인 Thinker들이 Inspiration을 받기위해 모이는 독특한 잔치 / 포지티브 뉴스(Positive News) : www.positivenews. org.uk. / 그레이트 뉴스 네트워크(Great News Network) : www.great newsnetwork.org

핵무기 nukes

말도 안 되는 논리다. 그들이 먼저 사용하면 우리도 사용하리라는 것을 그들이 알고 있다는 것을 우리가 안다는 것을 그들이 알고 있었다니 말이다. 1950년대와 60년대, 70년대 그리고 80년대를 거치면서도 미국과 소련 사이에 핵전쟁이 일어나지 않았다는 사실은 MAD(Mutual Assured Destruction, 상호확실파괴)가 제 구실을 하고 있다는 증거라고 냉전 전문가들은 말한다. 우리는 이 논리가 언제고 무너져 앞으로 4분 뒤에 우리 생애 최고이자 최후의 불꽃놀이를 보게 될 수도 있다는 다모클레스(Damocles, 절박한 위험을 뜻하는 속담 '다모클레스의 칼'에서. 1961년 열린 UN총회에서 당시 미국 대통령인 케네디가 핵전쟁의 위험성을 경고하기 위해 연설에서 이를 인용한 바 있다)적 걱정을 안고서 살아야 했다.

나는 이런 식의 전쟁억제 논리를 듣고 안심한 적은 없지만 그래도 우선 감사해야 할 것은 그 동안 분노로 인해 사용된 핵폭탄은 단 두 번, 그것도 상대적으로 '작은' 규모였다는 점이다. 쿠바 미사일위기와 1980년대의 위협적인 크루즈 미사일 시대가 그것으로 실로 아찔한 순간들이었다. 하지만 어쨌건 모두 지난 일이고, 이제는 누군가가 레이더망에 잡힌 갈매기 한 마리에 지레 겁을 먹고 3차 대전을 시작할지도 모른다는 생각에 한밤중에 식은땀을 흘리며 잠에서 벌떡 일어나는 사람은 없어졌을 것이다.

이제는 어떻게 될까? 우리는 누구나 세상에 존재하는 핵무기들이 몽땅 분해되어 앞으로는 절대로 다시 조립되는 일이 없으리라는 소식이 들려오기를 간절히 바란다. 핵무기란 단 하나만으로도 어마어마한 위험성을 갖기 때문이다. 하지만 우선은 현실부터 살펴보자. 전 세계 핵보유국들의 현재 상황은 다음과 같다.

● 공식적으로 핵무기를 보유하고 있는 5개국이 핵확산방지조약을 체결했다. 그 다섯 나라는 미국, 러시아, 영국, 프랑스, 중국이다.

● 이스라엘, 인도, 파키스탄은 핵확산방지조약의 범위에 해당하지 않는 고유의 핵무기를 개발했다.

Positive

- 남아프리카는 한동안 핵무기고를 갖고 있었지만 1991년 폐쇄했다고 발표했다.
- 구소련이었던 우크라이나, 벨라루시, 카자흐스탄도 핵무기를 보유하고 있지만 지금은 모두 러시아로 보냈거나 폐기한 상태다.
- 논쟁의 소지가 있는 북한은 핵무기를 보유하고 있다고 주장하고 있으며 이란의 원자력 프로그램은 핵무기 개발을 위장하기 위한 것이라는 의심을 받고 있다. 그 밖에 다른 여러 나라들이 연구를 위해, 혹은 원자력 공급을 위해 핵원자로를 운영하고 있기에 원한다면 언제든 핵전쟁이 가능하지만 그렇게 하지 않는 편을 선택한 상태다.

핵무기는 1945년 당시 예상했던 것보다 훨씬 덜 확산된 상태로 비핵지대를 선언한 지역이 넓어졌다. 동남아시아, 중앙아시아, 남태평양, 라틴아메리카, 아프리카가 여기에 포함된다.

오늘날 핵탄두의 양도 예전에 비해 많이 줄어들었다. 1966년 미국의 비축량은 32,193 탄두에 달했지만 지금은 1만개가 조금 넘는 수준에 그친다. 러시아의 경우는 1986년 40,723 탄두에 달했으나 지금은 8,500개까지 내려갔다. 이 수치에 영향을 미친 요인으로는 기술의 발전(더 나은 유도장치 등)을 들 수 있는데, 보다 적은 수의 무기로 같은 효과를 낼 수 있게 되었기 때문이다. 하지만 기뻐하라. 어전히 우리가 핵전쟁으로 죽게 될 수도 있겠지만 이제는 그 확률이 별로 크지 않으니 말이다.

가상으로 만든 것이지만, 인류가 직접 자초한 파멸의 시간이 얼마나 남았는지를 알려주는(자정이 아마겟돈을 의미한다) 지구종말시계 (Doomsday Clock)는 현재 자정 5분전, 즉 밤 11시 55분을 가리키고 있다. 이 시계는 1947년 비관주의자들이 최초로 만든 이래로, 가장 안전했을 때가 11시 43분을 가리켰던 때로, 당시는 미국과 쇠퇴 중에 있던 소련이 전략무기감축조약을 맺었던 때다. 하지만 양국이 무기실험을 실시하던 1953년, 이 시계는 11시 58분을 가리키기도 했다.

➜ 참고 : 핵군축캠페인(Campaign for Nuclear Disarmament) : www.cnduk.org / 원자과학자회보(The Bulletin of the Atomic Scientist, BAS) - 지구종말시계(The Doomsday Clock) : www.thebulletin.org

> "세상은 더욱 자비로워지고 민주주의라는 종교는 끝없이 증가하고 있다."
>
> 윌리엄 제임스(William James, 1842~1910)
>
> 심리학자이자 철학자

노년 old age

비틀즈가 'When I'm 64(내가 예순네 살이 되어도)' 라는 노래를 부를 당시 만해도, 비틀즈 멤버들이 실제로 64세가 되리라는 것은 상상도 할 수 없는 일이었다. 슬프게도 존 레논은 일찍 세상을 떠났고 조지 해리슨도 64년을 미처 못 채우고 갔다. 하지만 폴 매카트니와 링고 스타는 순탄하게 64세를 넘겼으며, 과거 이들의 팬이었던 동시대 사람들도 그들 역시 이런 날이 오리라고 상상도 못했겠지만 지금은 연금을 받아 생활하고 있다.

다행인 것은 사고방식이 많이 바뀌어 노년기의 연령대가 뒤로 늦춰지고 있다. 믹 재거(Mick Jagger, 록그룹 롤링스톤스의 리더로 1943년생)가 무대 위에서 노래를 부르며 열광적으로 회전을 한다면 우습다고 생각할지언정 커다란 충격을 받을 일은 아니다. 생일카드에 인쇄된 문구처럼 "나이를 먹더라도 늙거나 혹은 어른이 될 필요는 없다."

그것은 그 뒤를 좇고 있는 우리들에게도 대단한 뉴스가 아닐 수 없다. 볼링을 배울 필요도 없고 옥스팜 가게(Oxfam, 영국의 극빈자 구호를 위해 운영되는 중고물품 가게)에서 자원봉사를 할 필요도 없으며 무료해 할 필요도 없다. 원하기만 한다면 새로운 일을 시작할 수도, 새로운 라이프스타일을 따라 볼 수도 있다.

리디싱어의 나이가 90세로 멤버들의 나이를 합산하면 3000년이나 되는 영국밴드 더 짐머스(The Zimmers)는 이를 음악으로 표현했다. 록그룹 더후(The Who)의 원곡을 가져다가 다시 부른 'My Generation(나의 세대'은 2007년 봄, 차트 30위 안에 진입하기도 했다. 노인들로 구성된 록밴드는 더 짐머스가 처음이 아니다. 1982년 매사추세츠 주의 노스햄튼(Northhampton)에서 결성된 영앳하트 코러스(Young At Heart Chorus)도 잦은 멤버교체가 단점이기는 하지만 현재 활동 중인 그룹이다.

물론 나이 든 것보다는 젊은 것이 더 좋겠지만 노인들이 현대 소비사회의 자산이 아닌 짐으로 여기는 사고방식은 바뀌어야 한다. 전통적 사회에서 나이 든 사람들이 공경의 대상이 되는 것처럼, 마지못해서 억지로 존중하는 것이 아니라 그들의 지혜를 진심으로 인정하기에 노인을 존중하게 된다면, 우리 사회는 분명 성숙한 사회가 될 것이다.

하지만 새 것이라면 사족을 못 쓰던 베이비붐 세대들도 나이가 들고 있으니 이제 노인들에 대한 생각도 변화할 때가 된 것 같다. 2007년 여름, 원로 정치인들로 이루어진 새로운 싱크탱크, '엘더스(The Elders)'가 발족되었다. 리처드 브랜슨 경(Sir Richard Branson)과 피터 가브리엘(Peter Gabriel)이 구상한 모임으로 여러 저명한 회원들 중에는 넬슨 만델라도 포함된다. 나이에는 지혜와 비전, 평정심과 초연함이 묻어 나온다는 사실을 다시 한번 상기시키는 계기가 된 사건이었다.

마지막으로, 나이 들어가는 것이 여전히 두렵게 느껴진다면 다음에 나오는 뒤늦게 빛을 발한 유명인들을 보고 힘을 얻기 바란다. (지금도 살아서 활발하게 활동 중인 이들은 제외했다.)

● 화가인 앙리 마티스(Henri Matisse)는 80세가 넘어서까지 계속 작품 활

Positive

동을 했다.

- 스트라디바리우스(Stradivarius, 이탈리아의 명 바이올린 제작자)는 80세
  에 진가를 드러냈다.

- 뉴욕의 구겐하임 미술관이 개관하던 당시 프랭크 로이드 라이트
  (Frank Lloyd Wright, 뉴욕 구겐하임 미술관을 지은 미국의 건축가)의 나이
  는 91세였다. (그리고 그는 같은 해에 세상을 떠났다.)

- 루이 파스퇴르(Louis Pasteur)는 62세에 광견병 백신을 발견했다.

- 바흐(Bach)는 그의 나이 65세에 최고의 전성기를 맞았다.

- 프랜시스 치체스터(Francis Chichester)는 65세에 단독으로 세계일주 항
  해를 했다.

- 클로드 모네(Claude Monet)가 수련을 그린 나이는 76세다.

- 《반지의 제왕(The Lord of the Rings)》이 출간되었을 때 톨키엔(Tolkien)
  의 나이는 62세였다.

- 넬슨 만델라는 72세의 나이에 남아공 인종차별정책을 종식시켰다.

- 윈스턴 처칠(Winston Churchill)은 66세에 전쟁 지휘관이 되었다.

- 조세핀 베이커(Josephine Baker)는 67세에 무대로 복귀했다.

- 히치콕(Hitchcock, 영국 태생의 영화감독)이 영화 《싸이코(Psycho)》를 만
  들었던 나이는 61세다.

- 오귀스트 피카르는 69세에 수심 3,050미터까지 내려갔다.

- 카츠시카 호쿠사이(葛飾北齋, 일본 에도시대의 화가)는 70세가 넘어서
  도 계속 그림을 그렸다.

- 콤파이 세군도(Compay Segundo, 재즈그룹 부에나비스타소셜클럽의 기타

리스트)는 90세가 되어서야 국제적인 명성을 얻었다.

→ 참고 : 엘더스(The Elders) : www.theelders.org / 더 짐머스(The Zimmers) :
www.thezimmersonline.com / 영앳하트 코러스(Young At Heart Chorus)
: www.youngatheartchorus.com / 시《예고(Warning)》, 제니 조셉(Jenny
Joseph) (1961)

낙관적 편향 optimism bias

낙관주의가 언제나 옳고 이롭기만 한 것은 아니
다. 영국정부의 그린북(Green Book, 영국의 정부간행
물을 일컬음)인 《중앙 정부의 사정과 평가 Appraisal
and Evaluation in Central Government》에서도 인정했
듯이 공공건축물 프로젝트 예산을 짤 때 낙관주의가 해가 될 수도
있다. 공식적인 표현을 빌리자면 "낙관적 편향은 프로젝트 사정자
(査定者)로 하여금 주요 요인들을 지나치게 낙관적으로 바라보게 만
드는 제도적 경향이다." 즉, 프로젝트에 큰 기대를 걸고 있는 공무원
이 흥분한 나머지 비용마저 덜 들 것이라는 착각을 한다는 얘기다.
"프로젝트가 독특하거나 특별할수록 낙관적 편향은 더 높아진다."

'낙관적 편향'은 특히 다음과 같은 경우에 나타날 수 있다.

● 자본비용 : 프로젝트의 범위와 목적이 제대로 성립되지 못한 경우
● 작업 기간 : 작업 일정이 제대로 짜여 있지 않고 위험요소를 고려하지

- 않은 경우
- 운영비용
- 이득의 불이행

　낙관적 편향에 쉽게 물드는 프로젝트 사정자들은 이러한 편향적 경험을 증거로 삼아 기꺼이 외부에 검토를 의뢰해야 할 것이다.

➜ 참고 : 그린북(The Green Book) : greenbook.treasury.gov.uk

판도라의 상자 Pandora's puzzling present

인간이 그리스의 신들에게서 불을 훔쳤을 때 제우스는 너무 화가 난 나머지 인간을 응징할 최악의 벌을 생각해냈다. 그것은 역병도 유황불도 핵폭발도 아닌, 최초의 여인인 판도라였다. 판도라는 거짓말을 일삼으면서 동시에 인간들로 하여금 서로가 서로를 속이도록 만들 목적으로 창조된 섹시한 여자였다.

　제우스는 이 팜므파탈을 에피메테우스의 아내로 주면서 혼수함 단지를 들려 보냈다. 제우스가 주는 선물을 절대로 받지 말라는 경고를 들었음에도 불구하고 에피메테우스는 판도라를 아내로 맞이했다. 헤르메스는 판도라에게 절대로 그 혼수함을 열어보면 안 된다고 엄포를 놓았지만 그 따위 금지령을 누가 지키겠는가? 열어보는 것 외에는 뭐든 해도 괜찮다는 말만 믿고 단지를 선반 높이 올려두고 날마다 바라보기만 하면서 여생을 보내느니 한번쯤 열어보는 편이 낫지 않을까?

판도라가 단지를 열어보기 전까지 인간들은 아무 일도 하지 않고 살 수 있었으며 아무도 아픈 적이 없었다고 한다. 인간세계는 완벽한 평화와 조화를 유지하고 있었다. 하지만 판도라가 그 단지의 뚜껑을 여는 순간 모든 것이 변해버렸다. 온갖 종류의 악이 세상 밖으로 나오게 되었기 때문이다. 희한하게도 딱 한 가지만은 단지의 주둥이에 걸려 단지를 빠져 나오지 못했는데 그것이 바로 희망이었다.

이 이야기로부터 얻을 수 있는 교훈은 다음과 같다.

- 모든 악의 근원은 (돈이 아니라) 여자다. (아담과 이브에서 이브 대신 판도라를 넣어보라. 똑같은 이야기가 될 것이다.) 하지만 이 모든 것은 누군가의 계획에 의한 것으로 비난을 받을 사람은 판도라가 아닌 제우스여야 한다는 점을 명심해야 한다.
- 신이 주는 선물은 절대로 받으면 안 된다.
- 단지의 뚜껑을 열지 말라고 할 때는 절대로 열면 안 된다. (당연하지.)
- 만일 뚜껑을 열게 될 경우에는 뚜껑을 다시 닫기 전에 중요한 것이 단지 안에 남아 있지는 않은지 샅샅이 뒤져서 살펴야 한다.

얼핏 판도라의 이야기는 여자를 핑계로 인간의 사악함에 대한 변명을 하는 것처럼 들리지만 이 이야기를 쓴 헤시오도스(Hesiod)가 남자였다는 점을 잊지 말아야 한다. 헤시오도스가 여자를 믿지 못한

데에는 따로 개인적인 이유가 있었다고 한다. 어쨌건 이 이야기는 다양하게 해석될 수 있는데, 그 중 하나가 '피해국한이론(damage limitation theory)'으로 희망이 단지를 빠져나가지 않은 이유는 희망이야말로 우리에게 헛된 기대심을 심어주는, 악 중의 악이기 때문이라는 것이다.

그런데 문제는 희망이 단지 속에 남겨진 것이 아니라 우리에게 있다는 점이다. 이에 대한 여러 가지 해석 중, 판도라가 모든 악을 인간 세계로 보낸 후 인간을 측은히 여긴 신들이 희망도 내보내주었다는 해석이 있다. (판도라의 이야기는 그리스 민속신화이기에 헤시오도스의 이야기를 결정판으로 간주할 수는 없다.) 에덴동산에서 이브가 호기심을 통해 얻게 된 지식과 희망에는 비슷한 구석이 있다. 이브 덕분에 인간이 낙원에 남아 영원한 지루함을 맛보는 대신 정열과 드라마로 가득한 삶을 살도록 선고 받은 것처럼 말이다.

은유적인 해석이 판도라에 대한 조금 더 성숙한 해석이라고 할 수 있겠다. 단지는 인간의 마음을 의미하는 것으로 희망이 못 나오도록 막아주었던 뚜껑은 심술궂은 악당들이 되돌아와서 희망마저 망가뜨리려는 것도 막아주었다. 다시 말해서 판도라는 제우스로부터 받은 최고의 선물을 안전하게 지켜낼 만큼 현명한 여자였던 것이다.

아니면 단지는 모든 인간의 원천이라고 할 수 있는 어머니의 자궁일 수도 있다. 그렇다면 희망은 아직 세상에 태어나지 않은 순결한 아이로서, 어머니의 손에 양육되어야 하는, 아직은 아무것도 모르는 존재지만 곧 세상에서 실현될 가능성일 수도 있지 않을까?

➡ 참고 : 《노동과 나날 Works and Days》, 헤시오도스(Hesiod) (기원전 700년)

> 낙관주의자와 비관주의자의 차이란 우스운 것이다.
> 낙관주의자가 도넛을 볼 때,
> 비관주의자는 도넛에 뚫린 구멍을 본다.
>
> 맥랜드버그 윌슨(McLandburgh Wilson)

패러다임의 변화 paradigm shift

"내가 가장 낙관적으로 여기는 것은 우리가 모든 것을 대단히 오해할 수 있다는 강력한 가능성이다. 전부, 그것도 완전히 말이다. 내가 어린 아이였을 때, 아버지가 운전하는 차를 타고 영국의 꼬불꼬불한 뒷골목을 다닌 적이 있었다. 그 동네는 아버지에게 익숙하지 않은 곳이었기에 아버지를 돕기 위해 지도를 펴 들고는 방향을 찾으려고 애썼다. 처음 30분간은 순조로웠다. 하지만 우리는 교차로를 만나리라고 예상한 지점에서 허허벌판을 마주하고는 망연자실할 수밖에 없었다. 알고 보니 나는 지도책에서 완전히 틀린 페이지를 보며 길을 찾는 중이었고 몇몇 지점이 우연히 들어맞자 우리가 제대로 가고 있다고 착각했을 뿐이었다."

인공생명을 연구하며 아기 오랑우탄 로봇 '루시'를 만들어낸 스티브 그랜드(Steve Grand)의 말이다.

이것이 '패러다임의 변화'다. 우리가 사실이라고 여겼던 모든 것들을 뒤엎어야 할 때 생기는 혼란스러운 느낌을 설명하기 위해서 토머스 쿤(Thomas Kuhn)이 만들어낸 개념이다.

우리는 툭하면 이론을 만들어내지만, 오늘의 진리가 내일의 오류가 된다는 것은 역사를 통해서도 배울 수 있다. 각 시대의 논리에는 항상 설명할 수 없는 부분이 존재한다. 그런 부분은 한동안 무시되다가 결국에는 똑똑한 놈들이 나타나 다른 방법, 그것도 완전히 다른 방법을 시도해야 한다고 주장하기 시작한다.

우리는 초기에는 저항해보기도 하지만 결국은 새로운 패러다임이 이전의 패러다임으로는 설명할 수 없었던 부분을 설명하게 되면서 우리 눈을 가리고 있던 안개도 걷힌다. 그리고 우리는 바로 그 순간부터 언제 그랬냐는 듯이 새로운 패러다임에 익숙해진다.

→ 참고 : 《과학혁명의 구조 The Structure of Scientific Revolutions》, 토머스 쿤 (Thomas Kuhn) (1962)

입자 particularities

"유럽원자핵고등연구소(CERN)의 대형 강입자가
속기(Large Hadron Collider)가 아마도 낙관주의에 대
한 가장 위대한 신앙고백일 것이다." 작가이자
TV 프로듀서인 칼 사바흐(Karl Sabbagh)가 2007년
〈디 엣지 The Edge〉 웹사이트에서 과학적 낙관주의의 논리에 대해 물
은 조사에서 이렇게 답했다.

> "눈에 보이지 않는 입자를 99.999999퍼센트의 광속으로 단축하
> 여 결국은 증거도 찾지 못한 이론상의 입자인 힉스 입자(Higgs
> Boson)를 만들어 내기 위해, 수십 년 전에 착안하고 25억 달러를
> 투자했으며 40여 개국이 힘을 합쳐 공동으로 연구했다. 만일 이
> 것이 사실주의에 대한 낙관주의의 승리가 아니라면 대체 과학적
> 낙관주의는 무엇이란 말인가!"

너무 심술궂게 들릴 수도 있겠지만 2008년 5월, 이 가속기를 가동
시키게 되면 지구 전체가 인간이 만들어낸 블랙홀로 빨려 들어갈 위
험성이 있다. 낙관주의로서는 당황스러운 결말이겠지만 어쨌건 지
구 전체가 블랙홀에 들어가야 한다면 적어도 낑낑거리는 소리가 아
닌 대폭발의 굉음과 함께 사라질 수 있게 되었다.

피스메이커 peacemakers

바보들은 일단 논쟁을 시작하고는 만일 그에게(대부분 여자가 아닌 남자다) 군대가 있다면 간단히 전쟁을 선포해버린다. 반대로 전쟁을 하지 않겠다고 결심하는 것은 정치적으로 아무런 이득도 없을뿐더러 군중을 열광시키지도 못한다. 모든 것이 순조롭게 돌아가며 인종청소라는 말은 청소용역 중 하나로 간주되고 뒷골목에서는 무기가 아닌 구호물자가 보급되는 사회, 즉 '무풍지대' 에는 기자들이 몰려드는 법이 없다.

우리는 누구나 평화를 갈망한다고 말하고 있지만 사실 평화는 지루하다. 언어학적으로 봐도 평화는 수동적이다. 우리는 평화를 '발발' 하거나 평화에 '돌입' 할 수도 없으며, 평화를 '개시' 할 수 없다. 중재자의 역할도 언제나 존중의 대상이 되지는 않는다. 나 역시 남자아이였지만 남자아이들 중 누구도 평화 장난감을 가지고 평화 놀이를 하고 싶어하는 아이는 없었다.

그러니 역사 속에서 평화가 전쟁과 전쟁 사이의 부자연에 가까운 휴면기로 그려지고 있음은 당연한 일이다.

1914년에서 1918년, 그리고 1939년에서 1945년 사이에 일어났던 두 개의 소모전(각각 세계1차대전과 세계2차대전)이 평화란 적극적으로 추구해야 할 대상이라는 점을 확인시켜 주었다고 믿고 싶다. 계속 되풀이되는 전시체제는 애국심, 영웅주의, 용기로 옷 입은 케케묵은 신화가 거짓임을 밝혀주고 있다. 선한 전쟁을 하는 사람들도 있다?

결코 그렇지 않다.

유엔(UN)이나 유럽연합(European Union)과 같은 국제협력기구는 이들보다 앞서 생겼던 국제연맹(League of Nations)보다 더 견고한 구조를 제시한다. 어떤 이들은 대륙간 탄도미사일의 존재가 평화를 가능하게 한다고 말하기도 하지만 나는 과잉살상 논리를 받아들일 수가 없다.

그럴 바에는 차라리 분쟁을 해결하기 위해 전세계를 돌아다니는 교섭자들이 평화에 기여를 한다고 말하겠다. 이들 중 어떤 이들은 잘 알려진 정치인들이며, 또 어떤 이들은 권력을 위해 평화에 관심을 갖는가 하면, 또 어떤 이들은 전쟁을 불필요한 것으로 본다. 어떤 경우든 평화 교섭자가 되려면, 특히 뒤죽박죽이 된 중동지역 상황에서는 장기적인 낙관주의가 될 필요가 있다.

분쟁 해결은 요즘 인기 있는 학문 분야로 엄청난 양의 논문이 쏟아져 나오고 있다. 일촉즉발의 위기가 있을 때마다 예방책에 대한 사례연구가 발표된다. "역사는 결코 일어나지 않으리라고 모두가 생각했던 전쟁으로 점철되어 있다." 에녹 파웰(Enoch Powell)의 말이다. 앞으로 이 의견이 틀렸다고 증명할 유일한 방법은 최악의 상황을 예상하여 가능한 한 빨리 잠재적 원인을 찾아내는 것이다.

번영, 기술의 발전, 세계화, 정치 양극화의 종식, 인터넷 접속용이성 덕분에 전쟁은 덜 매력적인 존재가 되고 있다. 이제 우리는 인간의 심리와 행동을 이전 보다 훨씬 잘 이해하게 되었다. 인간들이 서로에게 발톱을 세우는 것은 막을 수 없지만 긴장을 조절할 수는 있다. 제프리 삭스는 2007년도 리스 강연에서 이 문제에 대한 그의 생각을 다음과 같이 밝혔다.

"인간은 날 때부터 호전적이지는 않으나 (그렇게 이야기하는 것은 지나치게 단순화한 것이다.) 전쟁이

> "역사는 결코 일어나지 않으리라고 모두가 생각했던 전쟁으로 점철되어 있다."
> 에녹 파웰(Enoch Powell), 영국 정치가

문제를 해결하리라는 유혹에는 한없이 약하다… 인간은 협력과 분쟁 사이에서 헤매고 있다. 실제로 우리는 심리적으로 그리고 어쩌면 유전적으로 협력하도록 만들어졌을 수도 있는데 여기에는 조건이 있다. 두려움의 정도가 낮을 때에는 우리는 심지어 낯선 사람들과도 협력하고 공유하려는 경향을 보인다. 상대편도 협력하는 모습을 보이면 우리는 계속 협력하지만 상대편에서 태만하거나 속임수를 쓰려고 할 때는 우리 또한 속이려 든다… 신뢰가 사라지면… 우리는 다시 분쟁의 상태로 되돌아가고 만다. 안 그랬다가는 상대방에게 짓밟히고 말 것이기 때문이다.

이렇게 한번 불신 속으로 깊이 들어가면 헤어나오기가 상당히 어렵다. 게임 이론가들은 이를 '맞받아치기(Tit for Tat)' 전략이라고 부른다. 처음에는 협력하지만 그러한 협력의 체제가 무너지는 순간 앙갚음을 하게 되는 것이다. 그러므로 여기서의 위험성은 협력이 붕괴되는 사고로 분쟁이 자기충족예언(self-fulfilling prophesy)화 되면서 양측이 모두 덫에 걸리게 되는 데에 있다. 이렇게 뻔한 악몽 속에서 우리는 상대방이 싸움을 걸게 될까 두려워서 결국 먼저 싸움을 하고

만다. 이러한 두려움은 두려움 그 자체로 확장되고 그래서 그다지 뿌리 깊은 원인이 없음에도 불구하고 전쟁이 일어나는 것이다."

전쟁은 지금도 일어나고 있으며 앞으로도 끊이지 않을 것이다. 하지만 이전보다는 규모도 작을 것이고 자제하게 될 것이다. 오늘날 많은 군대들이 잠재적으로는 전쟁을 할 수도 있지만 주로 평화를 유지하거나 전쟁을 억제하는 데에 많은 시간을 쏟고 있다는 사실에 기운이 난다.

인류는 아직 무조건적인 무장해제를 감당할 수 없겠지만 그래도 꿈은 가질 수 있다. 물리학자 프레드 호일 경(Sir Fred Hoyle)은 그의 책 《지적 우주 The Intelligent Universe》(1987)에서 사령관의 명령에 따라 다른 젊은 군인들을 죽인 군인들을 위한 방안을 제시한다.

"나의 아버지는 세계1차대전 당시 기관총 사수였다… 그리고 1918년 3월 21일, 루덴도르프 공격에서 살아남은 몇 안 되는 병사 중 하나였다. 그가 있던 기관총좌(座)는 공격을 받아 무너졌는데 적군이 넘어온 거리가 몇 백 야드 정도가 아닌 몇 마일이어서 그는 적진의 한 가운데에 놓인 상황이 되었다. 후에 아버지는 그 일이 전쟁 중 겪은 최악의 순간이었다고 말했는데 그 이유는 아버지가 독일군과 단둘이 마주친다면 말도 통하지 않는 상황이기에 끝장을 볼 때까지 싸워야 했기 때문이었다.

내가 아버지의 문제에 대한 해결책을 발견한 것은 몇 년이 지나서였다. 만일 당신이 완충지대에 홀로 남겨졌는데 지적 대화를 나누는 것이 불가능한 독일인을 마주하게 된다면 그 때 할 수 있는 최선의 일은… 당신의 철모를 벗는 것이다. 만일 그 독일인도 재치가 있을 경우, 다른 모양의 철모 속에 숨겨져 있을 뿐, 알고 보면 둘은 모두 같은 종족이며 서로 닮은꼴이라는 사실을 인지하게 될 것이다.

이를 깨닫게 된 순간부터 나는 전쟁을 자극하는 것이 총이나 폭탄, 혹은 군함이나 전투기가 아닌 군복, 철모라고 믿게 되었다. 전 세계 모든 군인들이 똑같은 군복을 입고 똑같은 철모를 쓴다는 사실에 대해 전 세계가 동의를 하게 되는 날이 온다면 마침내 전쟁은 지구상에서 사라지게 될 것이 분명하다."

프레드 호일 경, 《지적 우주 The Intelligent Universe》 중에서

최소한 이는 앞으로 출현하게 될 세계 정부가 즉시 통과시켜야 할 입법안 중 하나다.

→ 참고 : 《평화의 왕들, 전쟁의 볼모들 Kings of Peace, Pawns of War》, 해리엇 마틴(Harriet Martin) (2006) / 《칼과 보습; 21세기의 평화 Swords and Ploughshares; Bringing Peace to the 21stCentury》, 패디 애쉬다운(Paddy Ashdown) (2007)

《전쟁 방지책; 분쟁을 해결한 사람들에 대한 50가지 이야기 War Prevention Works; 50 Stories of People Resolving Conflict》, 딜런 매튜스 (Dylan Matthews) (2001)

비관주의 pessimism

"낙관주의자는 우리가 모든 가능한 세계 중에서 가장 최선의 세계에 살고 있다고 주장하며, 비관주의자는 정말 그럴까 봐서 두려워한다."

제임스 브랜치 카벨(James Branch Cabell)

대부분의 인간 역사를 살펴보면 (우리가 신들로부터 먹을 것에 대한 공급의 지배권을 가져왔을 때까지) 낙관주의자가 되기보다는 비관주의자가 되는 편이 더욱 이치에 맞는다. 좋은 농작물을 수확하기 위해 날씨에 의지하는 사람은 최악의 상황을 미리 예상하며 만일 풍년이라면 다행으로 여긴다. 그런 경우, 태양이 일부러 앙심을 품고 사라졌으며, 비의 신이 화가 나서 흉작이 들며, 신들 사이에 사소한 말다툼으로 여자가 불임이 되며, 아무런 이유도 모른 채 아이들과 가축들이 죽어가고 역병이 전역을 휩쓸어 당신의 일가친척들의 목숨은 전부 빼앗았지만 당신의 원수들은 살려두었다고 생각하는 것을 반드시 어리석다고 할 수 있을까?

당신은 무당이 시키는 대로 해마다 고역스러운 제사와 각종 의식을 치르지만 그 신들이 정말로 당신 편인지 아니면 어느 편인지 뒤틀린 마음으로 당신을 갖고 노는 중인지를 알 수가 없다. 신들과 인간 중 어느 쪽이 더 변덕스럽고 부패했으며 악의로 가득하고 방종하며 냉혹한지 궁금

"비관주의는 아무것도 이루려고 하지 않고, 아무 계획조차도 세우지 않는다. 단지 타성과 체념으로 이끌 뿐이다."

Positive

하다면 고대 올림푸스 산 위의 신전을 떠올려보라. 적어도 인간은 아니다.

그렇다. 인간이 종교를 신화로 만들기 이전에는 최선을 기대하는 일이 없었다. 기독교의 창시자가 전하는 희망의 메시지에도 불구하고 적어도 계몽주의 시대에 이르기까지 기독교는 비관주의가 지적인 삶의 수단이라고 가르쳤다. 중세의 기독교신자들은 천국을 기대하면서도 지옥을 훨씬 더 생생하고 가깝게 여겼을 것임에 틀림없다. 최후의 심판과 죄인들의 영원한 고통은 팀파눔(tympanum, 그리스 건축물에서 박공으로 둘러싸인 삼각형 혹은 반원형 부분)에 새겨진 조각과 총천연색의 스테인드글라스에 자주 등장하는 주제다. 그런데 중세시대 교회법 제정자들이 모토로 삼은 말은 '인생이란 곧 영생이다' 였다.

미신이 쇠퇴하고 신사고가 활발하게 퍼져나가고 있음에도 불구하고 여전히 비관주의가 활개를 치고 있다는 사실은 정치적 억압과 무작위적이며 계획된 폭력, 일반적인 사회 부패 등을 보면 알 수 있다. 높음이 있으면 낮음이 있는 법이고 심지어는 동행하기도 한다. 벨라스케스(Velazquez)와 세르반테스(Cervantes)를 낳은 스페인의 미술과 문학의 황금기는 미래에 대한 찬란한 비전이 아닌 암울한 절망감에서 시작되었다. 이처럼 역사는 오래된 쌍극성 장애(bi-polar disorder)라고 할 수 있다.

지나칠 정도로 활동적이고 진취적이며 성취욕이 강하고 신앙심이 깊었던 빅토리아 여왕 시대 사람들조차 낙담에 빠졌다. 과학의 발전, 특히 다윈주의는 신이 세계를 창조하고 계획했으며 원시주의를 벗어나는 유일한 방법은 문명뿐이라는 믿음을 붕괴시켰다. 성경은 내용의 진위여부에 의문을 품어서는 안 될 거룩한 책이 아닌, 누구

> "낙관주의는 모든 것이 순조로운 상황에서 유용하고 비관주의는 위기의 상황에서 유용하다."

나 자유롭게 읽고 해석할 수 있는 책이 되었다.

만일 우리가 짐승에 불과하다면 우리에게 과연 도덕성이 있었을까? 아니면 욕망과 죄악으로 득실거리는 유전자의 흔적을 은폐하기 위해 기나긴 이야기를 지어낼 만큼 영리했을까? 심지어 누구 말마따나 우리가 태고의 점액에서부터 진화한 것이 사실이라면 이를 거꾸로 짚어나가면서 얽힌 실타래를 풀 수 있지 않을까? 수백 년 뒤의 일이라고 해도 태양이 언젠가 심지처럼 타버릴 것이라는 지식만 봐도 빅토리아 시대 사람들이 가졌던 깊은 공포심을 읽을 수 있다. 그들은 도덕적이고 영적인 빛이 언젠가는 사라질지도 모른다는 두려움을 가지고 살았다.

아이러니하게도 오늘날 우리가 소위 진보라고 부르는 것이 비관주의의 동기가 되었다. 교육 받지 못한 노동자 집단을 통해 보급된 민주주의는 정치의 힘을 약하게 하고 폭도들의 지배를 받아들이겠다고 위협했다. 철도의 발달과 전기의 보급, 저렴한 식료품의 수입 등으로 서민들의 삶이 크게 개선되었지만, 귀족 및 중산층의 엘리트 작가들과 무차별적인 집단문화가 성장할 것이라고 예견했던 사상가들의 사기는 꺾였다. 그러는 사이 산업화로 대기가 오염되기 시작

하면서 이미 19세기 말부터 기후변화에 대한 우려의 목소리가 일어나기도 했다. 물론 지금과는 비교할 수 없을 정도로 소소한 두려움이었지만 말이다.

19세기를 지나 20세기에 들어서서는 두 차례의 세계대전, 두 차례의 공산주의 혁명, 두 차례의 원자폭탄 투하를 겪었다. 그러는 사이 셀 수도 없는 많은 이들이 목숨을 잃었다. 그러니 정신이 제대로 박힌 사람이라면 낙관주의자가 아닌 비관주의자가 되는 편이 당연하지 않겠는가?

비관주의는 우리가 지금 살고 있는 포스트모던 시대의 '이미 알고 있어' 식의 냉소주의와 보폭을 맞추고 있다. 현대 서양의 지적 삶을 지배하고 있는 물질주의와 반종교주의에 부합하는 안전하고 간편하면서 동시에 근사하기까지 한 입장이다.

그러면서도 우리는 여전히 비관주의를 좋아하지 않는다. 솔직하고 당당한 비관주의자더러 건강하지 못한 태도를 가지고 있으며 쉽게 포기하고 굴복한다며 비난한다. 비관주의는 아무것도 이루려고 하지 않고, 아무 계획조차도 세우지 않는다. 단지 타성과 체념으로 이끌 뿐이다. 어차피 악인들이 이기는 법이니 받아들이란다.

이에 대해 비관주의자들은 낙관주의자들이 광고의 영향을 쉽게 받고 정치가들에게 조종당하며 종교에 쉽게 넘어가 거짓 희망, 즉 거짓말을 퍼뜨린다고 응수할 수도 있다. 경우에 따라 그러한 비관주의적 입장이 옳을 수도 있다. 랜돌프 네시(Randolph M. Nesse)가 말했듯이 "비관주의는 문제가 아닌, 유용한 감정 상태"로 비관주의가 무모한 행동을 사전에 예방할 수도 있다. "낙관주의가 비관주의보다 우월하다는 생각은 뿌리 깊은 망상이다. 낙관주의는 모든 것이 순조로운 상황에서 유용하고 비관주의는 위기의 상황에서 유용하다."

이러한 비관주의 덕분에 《부정적 사고의 긍정적 힘 The Positive Power of Negative Thinking》을 쓴 노렘(Norem) 박사의 표현처럼 '건설적 비관주의 (constructive pessimism)'의 시대가 도래

> "역사는 오래된 쌍극성 장애(bi-polar disorder) 라고 할 수 있다."

했다. "우리에게는 비관주의와 낙관주의가 모두 필요하다. 하나는 우리의 행동을 유발하며 다른 하나는 성공에 대한 믿음을 주기 때문이다." 안토니오 그람시(Antonio Gramsci, 이탈리아 공산당 창설자)의 말이다.

《비관주의; 철학, 윤리, 정신 Pessimism; Philosophy, Ethic, Spirit》의 저자 포아 딘스탁(Foa Dienstag)은 진보란 지속적이며 반드시 옳은 것이라는 현대적 통설에 의문을 품게 만드는 것이 비관주의라는 생각에서 벗어날 수 있다고 믿는다. 우리는 이러한 가설에 도전할 필요가 있다. 정치에서 특히 그렇다.

그러므로 변화하는 정세에 발맞추어 살려면 낙관주의와 비관주의를 적절히 섞는 법을 배워 적당한 낙관주의로 장애물을 극복할 용기를 얻되 적당한 비관주의로는 그러한 장애물을 과소평가하지 않도록 주의해야만 할 것이다.

철학의 위안 philosophical consolations

좋다, 인생이란 언제나 멋지지 않으며 당신에게는 가끔, 자주, 또는 항상 격려가 필요하다. 하지만 한 가지 확실한 것은 인생에 대하여 논한 위대한 인물들도 당신만큼 혹은 당신보다 더 힘든 시련의 시기를 보냈다는 점이다. 알랭 드 보통(Alain de Botton)은 《젊은 베르테르의 기쁨 The Consolation of Philosophy, (우리나라에서는 '젊은 베르테르의 기쁨' 이라는 제목으로 출간되었으나 원제를 직역하면 '철학의 위안' 이라는 뜻)》에서 우리가 가장 일반적으로 고민하는 여섯 가지 불안의 원인에 대한 여섯 명의 철학자들의 진지하지만 재치 넘치는 조언을 소개하고자 한다.

'철학의 위안' 이라는 제목은 오래 전 보이티우스(St. Severinus Boethius, 고대 로마시대 말기의 사상가)가 동고트에서 사형수 감방에 갇혀 있을 때 쓴 동명의 책에서 영감을 받아 붙인 것으로, 행복은 외부가 아닌 우리의 내부에서 찾아야 한다는 것을 골자로 하고 있다.

실제로 철학자들의 말을 자세히 들어보면 그들이 인간에게 닥친 문제를 극복하는 것에 대한 이야기는 별로 하지 않는다는 것을 알 수 있다. 하지만 알랭 드 보통은 각각의 고민에 딱 맞을 여섯 명의 고민상담가들을 추천해주었다. 다음은 이를 표로 정리한 것으로 각각의 철학자들이 남긴 위대한 말을 참고로 달았다.

〈주의〉: 이 철학자들 또한 아무도 완벽한 삶을 영위하지 못했다. 그러니 이들의 말을 맹신하지는 말 것.

당신의 고민	상담가	조언 한 마디
인기가 없다	소크라테스	사람들이 언제나 진실만 듣고 싶어 하는 것은 아니다. 하지만 인기를 얻고자 거짓말을 할 텐가?
돈이 없다	에피쿠로스	돈 때문에 영혼을 파는 일은 집어치워라. 돈을 받고 치료법을 팔 생각도 말아라. 당신에게 가장 필요한 것은 친구다.
좌절감에 빠져 있다	세네카	금욕적인 자세로 삶을 마주하는 것 외에는 다른 방도가 없다. 어차피 살다 보면 문제가 생기는 법이고, 또 결국은 죽게 되어 있다. 그러니 이를 받아들여라.
사회에 적응이 안 된다	몽테뉴	우리는 모두 똑같다. 나는 내 자신보다 더 끔찍한 괴물도, 더 놀라운 기적도 본 적이 없다.
마음에 상처를 입었다	쇼펜하우어(실존 인물 중 가장 유명한 비관주의자로 그는 우리가 모든 가능한 세계 중 최악의 세계에서 살고 있다고 믿었다)	그나 그녀, 혹은 그것이 없다면 당신은 오히려 더 잘 살 수 있다. 욕망에 사로잡히면 제정신을 잃게 될 뿐이다. 이성적으로 살면 고통도 없다.
내 문제로 너무 버겁다	니체(말년을 정신병에 시달리며 보냈던 사람이니 그의 조언에 지나치게 귀 기울이지는 말 것)	노예가 아닌 주인이 되어라!

→ 참고 : 《젊은 베르테르의 기쁨 The Consolation of Philosophy》, 알랭 드 보통

　　(Alain de Botton) (2000)

Positive

플라스틱 plastic

동물도, 식물도, 광물도 아니며 성형이 가능하다고 해서 '플라스틱(plastic, 'plasticity' 라는 단어)' 이라는 이름을 갖게 된 이것은 제4왕국 소속이 분명하다. 벨기에 태생의 화학자이자 사업가인 레오 베이클랜드(Leo Baekeland) 박사는 자신이 개발한 단단하고 반짝이는 검은 빛의 열경화성수지에 베이클라이트(Bakelite)라는 이름을 붙였고 이는 1차대전과 2차대전 사이 널리 보급되었다. 런던과학박물관에 가보면 베이클라이트로 만든 관(棺)을 볼 수 있다.

1930년대와 40년대가 폴리(poly)의 시대였다고 한다면 1950년대와 60년대는 플라스틱의 시대라고 할 수 있다. 온갖 종류의 플라스틱이 개발되어 지금과 같은 다양한 색상을 갖게 되었으며, 오늘날 우리의 생활 전반에 침투하여 공상과학적 모습으로 칭송을 받는가 하면 가짜나 허위라는 말 대신 사용되며 폄하를 당하기도 한다.

하지만 플라스틱이 없었다면 우리의 삶은 어땠을까? 글씨는 무엇으로 쓸 것이며, 컴퓨터는 어떤 모습일까? 아마도 당신의 시계나 신발, 안경은 물론 부엌 도구들도 온통 플라스틱일 것이다.

우리가 아무리 플라스틱보다는 나무나 메탈, 유리, 도자기로 만들어진 것이 좋다고 우겨봤자 내일이 되면 또 다른 매력을 지닌 플라스틱 제품이 등장할 것이다. 플라스틱 제품을 보고 훌륭한 목재로 만들어진 제품을 봤을 때처럼 감상에 빠지기는 어렵겠지만 플라스틱이 아니었다면 우리의 삶은 지금처럼 다채로울 수 없었을 것이며 물건들이 쉽게 깨지는 등 불편한 점이 많았을 것은 분명하다.

→ 참고 : 플라스틱역사학회(Plastic Historical Society) : www.plastiquarian.com/ind3.htm

낙관주의적 정치 optimistic politics

정치적 낙관주의자란 누구인가? 정치적 낙관주의자는 좌익인가 아니면 우익인가? 이에 대한 전통적인 개념은 폴리 토인비(Polly Toynbee)가 최근 〈가디언〉지에 실은 글에서 찾아볼 수 있다.

"낙관주의는… 진보적 전통이다. 비관주의는 우익의 특권이다. 비관주의자는 인간의 본성을 근본적으로 음울한 것으로 여기며 개선의 여지가 없다고 믿는다. 낙관주의는 무엇이든 개선이 가능하다고 믿는 것으로 좌익의 정치가 언제나 그렇다…"

좌익은 과거의 경험으로 얻은 증거에 의존하기 보다는 미래의 가능성을 바라보고 행동하며 유토피아를 꿈꾼다는 자체를 두려워하지 않는다. 상황이란 언제든 나아질 수 있는 것이며 새로운 방법으로 시도해야 한다고 주장한다. 그리고 혁명을 통해 상황이 나아지리라고 믿으며, 혁명이 상황을 악화시키는 일은 없다고 믿는다.

우익은 좌익 정치인들과 좌익 정부가 주변 상황을 완벽하게 지배하려는 경향을 보인다고 비난하며 인간의 본성에 대한 자신감 부족

Positive

으로 법의 힘을 빌어 진보와 선행을 강요하려 한다고 주장한다. 이러한 논증에 의하면 개인주의자, 기업가, 생산업자, 자유시장 투기자(원래는 우익을 일컫는 말이었음)들이 낙관주의자에 해당한다. 왜냐하면 이들은 자신이 한 말을 다른 누구도 아닌 자신이 직접 실행으로 옮기는 사람들이며 그로 인한 결과에 모험을 거는 사람들이기 때문이다.

시골소녀 폴리아나 Pollyanna

엘리너 포터(Eleanor H. Potter)가 1913년에 쓴 이 소설은 1960년 헤일리 밀스(Hayley Mills) 주연으로 월트디즈니에서 영화로 만들기도 했는데, 주인공 폴리아나는 아버지의 죽음 이후 뉴잉글랜드의 작은 마을에 사는 부유한 이모님에게 보내진다. 폴리아나는 용기를 잃지 않기 위해 '다행이야 놀이(The Glad Game)'를 시작하는데 이 놀이의 목적은 불행한 상황에서도 감사할 거리를 찾아내자는 데에 있다. 털끝만큼의 우울함도 찾아볼 수 없는 폴리아나의 유쾌한 모습은 뉴잉글랜드에 사는 마을 주민 모두에게 전염되어 마을을 변화시킨다. 하지만 폴리아나는 자동차 사고로 두 다리를 모두 잃을지도 모르는 극단적인 상황에 처하게 된다.

폴리아나와 마찬가지로 아동문학에 등장하는 많은 주인공들이 긍정적인 태도를 가지고 어른들의 세계에 자리하고 있는 비관주의와 냉소주의를 극복하려고 애쓴다. 폴리아나(Pollyanna)라는 단어가 순진한 구제불능에, 심지어 거슬리기까지 한 낙관주의를 의미하며 일반명사처럼 쓰이고 있다는 것만으로도 어른들의 세계가 어떤 모습인지를 알 수 있다.

인구 population

지구상에 살고 있는 사람들의 수는 65억에 달하며 이 수치는 곧 80억 혹은 90억, 심지어는 100억에서 그 정점에 도달하게 될 것으로 예상되고 있다. 어쩌면 인구의 수가 지구의 수용력을 훨씬 넘어서는 날이 올지도 모른다.

지금보다 인구가 30억이나 적었던 당시, 인류에게 닥친 최대의 위기는 '인구 폭발'이라고 모두들 믿었다. 사람들은 늘어나고 자원이 부족해지면 기아, 전쟁, 가난, 결핍이 증가되어 결국 인류는 공간과 식량을 차지하기 위해 전쟁을 시작하게 되리라는 논리였다. 하지만 이러한 상황은 아직 일어나지 않았으며 계속되는 인구 증가와 더불어 이미 여러 지역에서 인구과잉 현상이 일어나고 있음에도 불구하고 일부를 제외하고는 대부분의 사람들이 평화롭게 어울려 공존하고 있다는 사실은 그저 놀라울 뿐이다.

일부 신맬서스주의자(Neo-Malthusian, 맬서스의 인구론에 입각하여 산아제한과 같은 인구증가억제 수단이 필요하다는 이론을 펼치는 자들)들은 여전히 과잉출산이 재앙을 불러올 것이라고 믿는다. 그렇다면 기후변화가 지구의 일부에서 나타나고 있는 지연반응이며, 우리가 지금 영위하고 있는 생활양식을 적용했을 때 지구가 견딜 수 있는 사람들의 수는 얼마인가에 대한 기후적 답변이 아닐까?

수치만 보아서는 우려할 만한 상황이긴 하지만 그렇다고 위급한 정도는 아니라고 말할 수 있다. 인간의 뛰어난 적응력은 이미 밝혀진 바 있으며, 인구 폭발로 인해 지구의 종말을 맞이하리라는 논리쯤은 충분히 반론이 가능하다.

과격하지 않으면서 자발적인 방법으로도 세계 인구를 70억이나 80억 정도로 안정시키는 것은 가능할 것으로 보인다. 충분한 영양을 공급하고 의료환경을 개선하여 개발도상국가의 아이들을 살려내기만 하면 된다.

여기에는 반대 논리가 있다. 아마도 당신은 아이들이 더 많이 살아남을수록 인구가 더 많아지리라고 생각했겠지만 사실은 그렇지 않다. 가난한 사람들은 그들의 아이가 갓난아기 때에 죽는 일이 없으리라고 믿게 되면 당연히 우리처럼 핵가족을 만들려고 할 것이기 때문이다. 가난한 사람들을 부유하고 건강하게 만들어주고 더 많은 자유를 제공하여 스스로의 삶을 지배할 수 있게 해줄 수만 있다면 인구 문제는 자연적으로 해결될 것이다.

"낙관주의에는 두 가지가 있다. 미래에 대해 이미 알고 있다고 생각하는 사람들의 낙관주의와 미래는 완벽하지는 않더라도 적어도 생각보다는 훨씬 흥미로우며 더 멋질 것이라고 믿는 사람들의 낙관주의다… 만일 우리가 첫 번째 부류의 낙관주의자라면 삶의 복잡성을 초월하여 그 너머의 영원한 것, 즉 신의 견지를 발견하려고 애쓰고 있을 것이다. 만일 우리가 두 번째 부류에 속한다면 인생의 소용돌이 안에서 살아가며 생각하려고 애쓸 것이며 지식과 지혜를 목적으로 삼고는 있지만 초월이나 지배에 대한 망상을 갖고 있지는 않다."

리 스몰린(Lee Smolin)

《물리학의 문제점 The Trouble with Physics》의 저자

2007년 〈디 엣지The Edge〉에서 실시한 조사 중

긍정적 사고 positive thinking

나는 언젠가 '다시 태어났다'고 주장하는 두 사람이 진행하는 워크샵에 참가한 적이 있었다. 그들은 우리가 죽는 이유는 우리가 죽음을 필연적인 것으로 받아들였기 때문이라는 주장을 펼쳤다. 즉, 만일 당신이 계속해서 긍정적인 생각을 하게 되면 종말을 알리는 막이 내려와 세상의 번뇌를 벗어버리는 일('죽는다'는 의미로 셰익스피어의 《햄릿》에 나오는 대사 중 하나)도 없으리라는 것이다. 내가 아

는 한 어느 누구도 이 기술을 실제로 증명해 보인 사람은 없었다. 이 논리를 믿는 사람이라면 누군가 이를 실행에 옮기다가 죽기라도 하면 그 사람이 긍정적인 생각을 충분히 하지 않았기 때문이라고 여길 것이다. 그러고 보니 나 또한 아직 죽지 않은 사람들을 매일 만나고 있으니 정말 그런 것이 가능할 지도 모르겠다.

정신이 정말로 할 수 있는 것과 할 수 없는 것을 증명하기는 어려운 일이겠지만 주도적이기 보다는 반응적인 행동을 유발하는 강력한 자극제임은 분명하다. 긍정적인 사고는 정신으로 현실을 조종하게 하려는 의식적 시도다. 낙관주의가 부정적이거나 불쾌한 사상과 세계를 바라보는 시각의 균형을 잡는 반면, 긍정적인 사고는 그런 것들이 우리를 쇠약하게 하고 힘을 빼앗아 간다고 치부하며 무시하는 경향을 보인다. 이는 반드시 반자연적이라고 할 수는 없다.

긍정적 사고를 가르치는 이들은 많은 이들이 유년기를 거치면서 부정적인 비난에 너무 많이 노출되는 바람에 감정을 죄로 여기며 자라났다는 점을 지적한다. 생각의 방향을 트는 것은 깨어진 균형을 다시 잡으려는 것뿐이다. 우리의 생각을 반대 방향으로 꺾는 것은 균형을 바로 잡을 뿐이다.

긍정 심리학, 학습된 낙관주의, 신경언어프로그래밍(NLP), 인지행동 치료 등 긍정적 사고는 다양하게 사용된다. 생각의 목적딜싱 패턴에 정신을 맞추기 위한 여러 가지 기술이 있다. 웨인 다이어(Wayne Dyer)가 쓴 《믿게 되면 보게 되리라 You'll See It, When You Believe It》는 당신의 궁금증을 풀어주는 데에 도움이 될 것이다.

긍정적 사고에는 다음의 세 가지에 부합하는 목표를 설정하는 과정이 포함된다.

● 당신이 원하는 것이 분명해야 한다.

● 당신의 힘으로 할 수 있는 실현 가능한 목표를 세워야 한다.

● 당신 자신이 아닌 다른 사람을 의지해서는 안 된다.

목표 달성 시점을 확인하기 위해 사전에 객관적 테스트를 설정하는 것이 중요하다. 이 과정은 당신이 원하는 위치에 도달하면서도 그것으로 부족하다는 생각에 빠지지 않도록 돕는 역할을 한다.

이제, 내일부터가 아닌 바로 지금 이 순간부터 목표를 향해 한 발을 내디뎌야 한다. 심지어 어떤 학파는 자신이 세운 목표를 실현시키겠다는 강력하고 분명한 의지만으로도 충분히 목표를 현실로 만들 수 있다고 주장하기도 한다.

긍정적 사고를 한층 더 간결하고 미묘하게 함축한 말이 있다.

"결정을 했다면, 그것이 옳은 결정이 되게 하라."

➜ 참고:《믿음의 생물학 The Biology of Belief》, 브루스 립튼(Bruce Lipton) (2005) /《믿게 되면 보게 되리라 You'll See It When You Believe It》, 웨인 다이어(Wayne Dyer) (1995) /《무한능력 Unlimited Power》, 앤서니 라빈스(Anthony Robbins) (1987) /《학습된 낙관주의 Learned Optimism; How to Change Your Mind and Your Life, 마틴 셀리그만(Martin E. P. Seligman) (1990)

가난 poverty as history

'가난을 역사 속으로(Make Poverty History)'라는 슬로건은 비현실적이다 못해 순진해 보일 지경이지만, 이 슬로건이 진지한 의도로 만들어졌다는 점을 생각해보면 우리 인간에게 연대책임이라는 것이 생겨나고 있다는 긍정적인 신호로 받아들일 수 있다.

정말 비참할 정도로 가난한 상태를 일컫는 극빈이란 하루 수입이 미화 1달러도 채 안 되는 경우를 말한다. 그런데 2007년 5월, 뛸 듯이 기뻐할만한 소식이 들려왔다. 세계 극빈자의 수가 10억 명 이하로 내려갔다는 세계은행(World Bank)의 통계가 발표된 것이다. 이는 세계 인구의 6분의 1보다 적은 수치다. 그래도 여전히 극도의 결핍 상태를 벗어나지 못하고 있는 사람들이 많은 것은 사실이지만, 어쨌건 그 수치가 바람직한 방향으로 움직이고 있지 않은가!

프로작 Prozac

■ 올더스 헉슬리(Aldous Huxley,《멋진 신세계 Brave New World》라는 미래소설을 쓴 영국 작가)를 포함한 일부 사람들은 약물에 의존한 낙관주의야말로 우리가 가진 모든 근심에 대한 해답이라고 생각한다.

"우리에게 약물을 들이쉬거나 삼킬 힘만 있다면 적어도 대여섯 시간 동안만이라도 고독에서 해방될 수 있을 것이며 동료들로부터의 관심과 사랑으로 보상받을 것이며 삶의 모든 면면에 가치가 부여될 뿐 아니라 삶이 거룩할 정도로 아름답고 의미 있게 변할 것이다.

만일 세상을 온통 새롭게 바꾸어 버릴만한 천상의 약을 복용해도 다음 날 아침 상쾌한 기분으로 일어날 수 있고 건강에도 해롭지 않다면, 그럴 수만 있다면, 새로운 기쁨을 발견해내는 작은 문제뿐 아니라 우리의 모든 괴로움은 완전히 사라지고 지구는 낙원이 되지 않을까?"

1986년 벨기에에서 처음 소개된 이후 전 세계 5천 4백만 명의 사람들이 복용해온 프로작(Prozac)은 세계 최초의 세로토닌 관련 약물(SSRI)이었다. 이 약은 우리의 기분을 좌우한다고 알려진 신경전달물질, 세로토닌의 분비를 촉진시키는 약으로써 우울증 환자들에게 처방되고 있다.

프로작을 만드는 제약회사들은 이 약이 우울증을 완치하는 것이 아니라 완화시켜줄 뿐이라고 한다. 프로작 외에도 낙관적 태도를 유발하는 치료약이 몇 가지 있는데 술도 여기에 포함된다. 그 중에서도 최고는 아마도 비아그라(Viagra) 혹은 유사품들이 아닐까!

그러나 약물로 인한 도취감은 일시적일 뿐, 부작용의 위험이 있다. 더욱이, 경미한 우울증은 바이오리듬 주기에 따른 현상으로 간주될 수도 있으며 경우에 따라 우리로 하여금 다른 방식으로 진리를 받아들이게 만드는 자연적인 현상일 수도 있다. 에밀리 디킨슨의 말처럼 "마약성분의 약물로는 영혼을 갉아먹는 파괴력을 잠재우지 못한다."

➜ 참고 : 프로작(Prozac) : www.prozac.com (웹사이트에서 우울증 자가 진단이 가능하다.)

급진적 희망 radical hope

미래가 없다면 당신은 무엇을 하겠는가? 조너선 리어(Jonathan Lear)는 그의 책《급진적 희망: 문화적 황폐 속에서의 윤리 Radical Hope: Ethics in the Face of Cultural Devastation》에서 이 같은 질문을 던진다. 이 책에서 그는 19세기 말, 수렵과 전쟁이라는 생활양식을 포기해야만 했던 북미 인디언인 크로우(Crow) 족의 운명을 고찰한다. 추장이었던 플렌티 쿠즈(Plenty Coups)는 1920년대 당시의 상황을 다음과 같이 요약했다.

"버팔로(buffalo, 들소)가 사라지자 부족민들의 사기도 땅으로 떨어졌고 다시는 그 마음을 추스르지 못했다. 이 일이 있은 후, 아무 일도 일어나지 않았다."

크로우 족이 강제로 인디언보호 거주지에 갇혀 살게 되자 그들의 문화는 사라졌고 그 동안 그들이 누렸던 모든 것은 의미 없는 것이 되었다. 그 동안 그들의 용맹과 명예를 확인시켜 주었던 사냥과 전쟁을 금지 당하자 그들은 무력감에 빠지고 말았다. 유연하고 세계화된 서구 사회에 살고 있는 우리들은 의미를 잃은 삶의 방식이 어떤 것인지를 이해하지 못하기에 추장의 말은 더더욱 이해가 되지 않는다. 적응과 유연함, 재창조가 전부는 아닌가 보다. 아마도 적응성, 유연성, 재발명이 전부는 아닌 것 같다. 우리가 아무것에도 몰두하지 못하는 이유는 자꾸 변하리라는 것을 알기 때문이다. 하지만 반드시 모든 사람이 항상 모든 것을 바꾸고 싶어하는 것은 아니다.

삶의 의미를 빼앗긴 부족민들은 사회 문제의 악순환에 빠져들게 된다. 그들에게 남겨진 것은 수치와 혼란, 그리고 절망뿐이다. 크로우 족의 한 여인은 이런 말을 했다. "나는 내 자신이 이해할 수 없는 삶의 방식으로 살기 위해 애쓰고 있다."

플렌티 쿠즈는 듣고 관찰함으로써, 아직은 분명한 형태를 갖추고 있지는 않더라도, 새로운 삶의 방식이 가능하리라는 열망에서 영감을 얻었다. 리어는 이를 '급진적 희망'이라고 불렀는데 급진적 희망이란 구체적인 내용을 모른 채 성공(여기서는 성공의 의미조차 불분명하다)을 확신하는 상태다. 우선 여기서 말하는 불분명하기 그지없는 희망부터 정의를 내려보자. 이 희망은 분명한 정의를 가진 매개물(신,

정부, 인간의 독창성, 섭리 혹은 필연적인 진보의 흐름 등)에 의존하지 않는다. 하다 못해 이 희망은 절망에 빠지지도 않으며 문화적 죽음에 대한 창의적 대답조차 찾을 수 있다고 여긴다.

"이러한 희망을 급진적으로 만드는 것은 지금은 그 희망이 무엇인지를 이해하지 못하더라도 미래에 있을 선(善)을 향하고 있다는 사실이다. 급진적 희망이란 희망을 품고 있지만 아직은 그것을 이해할만한 적절한 개념이 부족한 사람들이 기대하는 선이다."

이러한 희망을 표현하기 위해서는 용기가 있어야 하는데, 이는 우리가 흔히 알고 있는 용기가 아닌 특수한 용기다. 한시도 경계를 게을리하지 않되 불확실하게 느껴질 때는 기존의 방식을 따르거나 성급하게 행동하지 말아야 한다. 우리는 경계심을 가지고 행동하되 불분명함을 대면해서는 이미 구축된 길을 따르거나 성급해지지 말아야 한다. 이런 의미에서의 용기는 소심함(망상에 빠지지 않기 위해 피하는 것)과 성급함의 중간쯤에 위치하는 용기다.

급진적 희망을 현대사회에서 찾자면 독재주의를 벗어나 민주주의로 넘어가게 된 국가들에서 볼 수 있다. 한 국가의 체제가 이동하는 경우, 그 국가는 국가 고유의 문화에 걸맞은 해결책을 찾아야 한다. 어쩔 수 없이 직면하게 되는 단절의 시기에 생소할 수밖에 없는 새로운 체제 속에서 익숙한 흔적을 찾을 수 있는 제노를 만들기 위해서는 이 시기를 무사히 헤쳐나가도록 돕는 안내자의 역할을 전통이 맡아야 한다.

안정적인 국가에 살고 있는 이들에게도 급진적 희망은 자기만족에 빠지면 안 된다는 것을 알려주는 신호다. 현재로서는 우리의 삶의 방식과 생각하는 방식, 상징과 의미 등이 순식간에 사라질 수 도 있다는 사실이 와 닿지는 않지만, 그래도 만일을 대비하여 그것들을 보호할 필요는 있다.

잃어버린 희망

낙관주의자들은 그들의 믿음을 결코 시험하려고 하지 않지만 19세기 중반까지만 해도 포위공격전에 투입된 군인들은 '잃어버린 희망'이라는 부대에 자원할 수 있었다. 머스켓 총과 대포의 재장전에 걸리는 이삼십 초 가량의 지연 시간이 공격에 이용되기도 했기 때문이다. '잃어버린 희망'이라는 이름의 소규모 부대가 먼저 요새를 공격하여 상대편의 방어부대로 하여금 첫 번째 일제 사격을 실시하도록 유발한다. 이론상으로는 상대편이 다음 번 사격을 위해 장전하는 사이, 본대가 재빨리 상대편 요새에 접근할 수 있도록 단 몇 초만이라도 시간을 벌어주기 위함이다. '잃어버린 희망'에서 살아남는 부대원은 거의 없었지만 만일 살아남게 되면 진급이 보장되었다. 프랑스에서는 여기에 더욱 직선적인 이름을 붙였다. '레장팡 페르뒤(Les Enfants Perdus)', 즉 '잃어버린 아이들'이라는 뜻이다.

독서 (bedtime) reading

읽을 만한 책이 없다면 그건 당신이 열심히 찾지 않았기 때문이다. '삼류' 소설이나 요란스러운 내용의 비소설류, 각종 전문서적들, 당신에게는 털끝만한 관심도 없는 분야에 광적으로 집착한 이들이 쓴 논문들까지 전부 책으로 치지 않는다고 하더라도 읽을 만한 책들은 아직도 넘쳐난다.

당신이 16세부터 70세까지(이 기간을 넘는 시간은 보너스로 치자) 날마다 일정 시간을 투자하여 책을 읽는다고 가정해보자. 이 시간을 주로 환산하면 2,808주다. 대단한 속독 기술이 없다고 하더라도 족히 1천 권은 독파하고 또 다른 1천 권을 대충 훑어볼만한 시간이다. 만일 당신이 아직 마흔 전이라면 작은 도서관 하나쯤은 쉽게 섭렵할 수 있지 않을까!

하지만 신중하게 선택해야 한다. 당신이 태어나기 전에 쓰인 책만 읽는다고 하더라도 노안이 찾아와 더 이상 글씨를 못 읽게 되는 순간까지도 책장을 넘겨야 할 것이다. (그때쯤 되면 과학기술 덕분에 오디오북으로 계속 읽을 수 있겠지만) 영어로 쓰인 고전문학만 해도 그 수가 얼마나 많은가! 프랑스어, 스페인어, 독일어, 중국어, 아랍어, 일본어, 러시아어 등과 같은 다른 언어들은 둘째 치더라도 말이다. 번역서가 아닌 원서만 읽고 싶다면 외국어 학습 시간을 따로 떼어놓아야 할 일이다.

만일 당신이 실업수당으로 살아가는 신세라고 하더라도 책을 읽는데 있어서 돈은 장애물이 되지 않으며 오히려 독서할 수 있는 시간이 길어졌다고 할 수 있다. 서구 사회에서는 책이 넘쳐나서 책들이 제 값을 받지 못하는 수준인데다가 도서관은 언제나 열려있으며 물리적 도서관과 가상의 도서관 모두 가능하다. 또한 2만여 권에 달하는 책을 웹사이트를 통해서 혹은 다운로드 받아서 무료로 읽을 수 있도록 제공하는 '구텐베르크 프로젝트(Gutenberg Project)'가 있다. 이곳에서 직접 운영하는 2만여 권 외에도 8만여 권에 달하는 무료 컨텐츠가 관련 회사들을 통해 제공되고 있다.

세계 고전문학의 절반이라도 읽어보겠다는 계획을 세웠다면 신문이나 잡지의 책소개란을 읽는 것부터 중지해야 한다. 그럴 시간이 없다. 아마존닷컴과 같은 온라인 서점사이트에 들어가보는 것도 관둬라. 쉴새없이 쏟아져 나오는 좋은 책들이 당신의 독서목록에 끝도 없이 추가될 것이기 때문이다.

그러니 읽을 책이 없다는 그런 바보 같은 불평은 집어치워라. 읽을 만한 괜찮은 책이 없어서 독서를 못하는 일은 결코 생기지 않을 것이니, 대단하지 않은가? 그러니 오늘부터 시작하자. 독서에 우선순위를 두고 TV도 팔아버려라. 시리얼 상자 뒷면을 읽는 시간마저 아깝다.

● 시작에 도움이 될 만한 자료들 :《죽기 전에 꼭 읽어야 할 책 1001권 1001 Books You Must Read Before You Die》, 피터 박스올(Peter Boxall) 편집 (2006) /《서양 세계의 위대한 책들 Great Books of the

Western World》, 모티머 J. 애들러(Mortimer J. Adler) 편집; 브리타니카 철학총서.

자유롭고 세련되고 교양을 위한 필독도서들을 집대성했다. 1952년에 최초로 출간된 이 시리즈는 54권으로 시작하여 현재는 60권에 달하며 이 책들을 전부 쌓으면 높이 77.5센티미터, 넓이 41.4센티미터, 깊이 25.1센티미터의 규모를 이룬다. 150인의 작가가 쓴 500편 이상의 작품들이 수록되어 있으며 페이지를 모두 합하면 3만 7천 페이지에 달한다.

리얼리티 프로그램 reality TV

아직은 우리 눈 속에 CCTV를 설치하여 우리의 일거수일투족을 지켜보는 수준까지 이르지는 않았지만 이미 그렇게 된 것이나 다름없다. 우리는 TV 앞 소파에 누워 우리와 특별히 다를 것도 없는 다른 이들의 시시한 일상을 구경하고 있다. 이것이야말로 텔레비전의 오랜 숙원이다. 사람들의 일상을 또 다른 사람들에게 있는 그대로 전달해주는 매체 역할 말이다.

사람들이 리얼리티 프로그램에 대해 보이는 반응은 극단적이다. 인간의 품위를 떨어뜨리는 몹쓸 것으로 여기며 혐오하는 이들과 이러한 프로그램을 통해 현대 사회와 인간 영혼에 대한 뿌리 깊은 진실을 밝힐 수 있다고 호응을 보이는 이들로 나뉜다. 두 관점 모두 틀렸다고 할 수 없다. 우리는 단지 우리의 욕구 해소를 위해 '보통' 사람들을 곤란한 상황에 빠뜨리는 프로그램들을 보아 왔다. 하지만 겉으로는 관음증처럼 보이지만 알고 보면 인간의 지식과 지성에 기여한 프로그램들도 있다.

리얼리티라는 형식을 가장 잘 활용한 경우는 2003년, 강경보수 정치인이었던 마이클 포티요(Michael Portillo)가 출연하여 싱글맘의 삶을 체험했던 일이다. 그는 일주일간 싱글맘이 되어 학급 보조, 슈퍼마켓 계산원으로 일하며 생활비 80파운드로 생계를 꾸려나갔다. TV로 비춰진 그의 모습은 겸손하고 원만한 사람이었다. 심지어는 그의 정적들마저 실제 서민의 삶을 직접 체험한 그가 더 이상 영국 수상 선거에 출마하려 하지 않는다는 점을 안타까워할 정도였다.

이와 비슷한 개념으로 만들어진 프로그램이 2006년의 〈비밀의 백만장자 Secret Millionaire〉로, 신분을 숨긴 부자 사업가가 가난한 동네에 가서 살면서 거액을 선물로 받을 만한 이웃을 찾는 내용이다. 고귀한 빈민을 찾겠다는 전제부터가 오만하기 이를 데 없지만, 가난한 사람들이 부자들보다 가진 것(시간, 집, 얼마 안 되는 재산)을 나누는 데에 훨씬 관대하며, 훨씬 덜 계산적이라는 사실을 깨닫는 순간 그들의 우월감은 사라지고 만다.

이러한 프로그램을 보고 있노라면 방송국에서 일하는 사람들 전부가 시청률에 눈이 먼 얄팍한 사람들은 아니라는 생각이 든다. 아마도 미래의 리얼리티 프로그램은 1년 동안 하루도 쉬지 않고 24시간 내내 카메라를 돌려 찍어 내는 쓰레기가 아닌, 한층 더 기발하면서 동시에 박애주의적인 리얼리티가 되지 않을까 기대해본다.

종교 religion

그리 오래 전까지 거슬러 올라가지 않더라도 내가 원하는 종교가 아닌 국가가 정해준 종교를 믿어야 했던 나라들이 있었다. 현대에 들어와 신앙의 자유, 개인의 자유를 존중하는 의견이 나오기 시작하면서 이제는 대부분의 나라에서 누구나 믿고 싶은 대로 믿으며 공공연하게 자신의 생각을 전할 수 있게 되었다. 다른 이들에게 피해를 입히지 않는 범위에서 말이다.

최근 들어 오만에 가까운 신(新)무신론이 등장하여 만물은 합리주의와 진화론으로 설명이 가능하다는 주장을 내세워 종교는 그릇된 것임을 설파하기 시작했다. 동기는 충분히 이해가 가지만 지하철에서 당신 옆에 앉은 젊은이가 단지 신의 사명을 감당하기 위함이라는 이유로 폭발물을 온 몸에 감고 있다면 정말 보통 일이 아니다.

하지만 이성이 아무리 맹렬하게 공격한다고 하더라도 종교는 사라지지 않을 것이다. "내가 살고 있는 지금으로부터 1백 년이 흐른 뒤, 성경이 자취를 감출 것이다. 호기심 많은 골동품 수집가의 수집품만 빼고 말이다." 볼테르가 이렇게 말한 지 벌써 2백 년도 넘게 지났다.

만일 우리가 이 상황을 진정시키려면 종교에 나쁜 감정을 갖지 말아야 하고, 신의 명령 또한 이용해서는 안 된다. 종교가 마땅히 설 자리를 만들어주되 종교에 대한 논쟁을 하게 될 때는 교리를 폄하하는 일이 없어야 한다.

잘 조직화된 종교는 두 가지 측면을 갖는다. 그 종교를 믿고 따르는 사람들의 내적 믿음과 이를 실천하는 외적 형태다. 전자는 현실 세계에서 실행되지 않는 한 의문을 품을 수 없으며 품어서도 안 된다. 칼 융은 《욥에 대한 대답 Answer to Job》에서 이렇게 말했다.

"진리는 반드시 '물리적'이지 않다. 어떠한 물리적 방법으로도 설명하거나, 증명할 수도, 논쟁을 벌일 수도 없는 영적 진리가 있다. 이런 류의 믿음은 논쟁이 불가능한 물리적 사실이며 입증할 필요도 없다. 종교적 믿음이란 바로 이런 믿음이다."

하지만 종교의 세속화된 행태는 더 이상 혼란이 끼어들지 못하도록 하기 위해서라도 사회적 이슈로 만들어야 한다. 성경이나 경전이 아무리 신의 지시에 따라 쓰였다고 하더라도 글로 옮긴 것은 사람이다. 그러므로 해석이 제각각 다를 수 있는 것이다. 교회나 사원도 전부 사람의 손으로 지은 것이다. 성직이나 예배 의식 또한 사람이 종교에 덧붙여 만들어낸 것이다. 그렇기에 같은 종교를 가졌다고 해서 신앙도 같다고 주장하는 것에는 오류가 있다. 다른 이의 내적 믿음을 무슨 수로 알 수 있단 말인가? 어떤 종교든 그 근본은 그 종교의 신과 각 개인 간의 관계성에 있다. 그 외의 것들은 그의 신앙을 약간 거들 수 있을 뿐 결국 액세서리에 불과하다.

이 모든 점으로 미루어보아 우리 사회는 모든 종교를 존중할 줄 알아야 하지만 종교 또한 그 종교가 속한 사회를 존중할 줄 알아야 한다. 어떤 사회나 공동체도 정치를 빼놓고는 생각할 수 없다. 아무리 신정(神政) 국가를 자처한다고 해도 그 안에는 여전히 지극히 인간적인 권력구조와 의사결정제도가 존재하기 마련이다.

정부 및 정치제도, 그리고 교육은 종교로부터 자유로울 수 있도록 철저히 보호받아야 한다. 법 또한 종교의 영향을 받아 제정되지 않도록 해야 한다. 아무리 신성모독이라고 하더라도 폭력과 살인은 정당화될 수 없다. 범죄 교사죄에 해당되어야 마땅하다.

2006년 1월, 티베트의 불교 지도자인 달라이 라마는 CNN의 리처드 게스트(Richard Guest)와의 인터뷰에서 세상이 원하는 것은 종교의 속성이 아닌 '내적인 세속적 영성'이라고 말했다. 달라이 라마가 굳이 이 뜻을 설명하지는 않겠지만, 과연 자신이 가진 신앙이 어떤 것인지 설명도 못하는 이들(신자거나 불가지론자거나 무신론자건 간에)이 달라이 라마의 말을 분명하게 이해했을지 의심스럽다.

➤ 참고 : 《만들어진 신 The God Delusion》, 리처드 도킨스(Richard Dawkins)
(2006) / 《신은 위대하지 않다 God is Not Great》, 크리스토퍼 히친스
(Christopher Hitchens) (2006) / 달라이 라마(Dalai Lama) :
www.dalailama.com

권리 rights

> "만일 코끼리가 쥐의 꼬리를 밟았는데 당신이 중립을 지키겠다고 하면 그 쥐는 결코 당신의 중립적 입장에 감사하지 않을 것이다."
>
> 데스몬드 투투(Desmond Tutu) 대주교

할리우드가 심오한 사상의 원천으로 알려져 있지는 않지만 이따금씩 우리를 놀라게 만들곤 한다. 쇄골미인 영화배우이면서 동시에 유엔 고등난민판무관실의 홍보대사로 활동하고 있는 안젤리나 졸리(Angelina Jolie)는 몸에 '당신의 권리를 알라(know your rights)' 라는 문신을 새겼다. 얼핏 보면 흔해 빠진 정치 슬로건 같이 보이지만 사실은 지극히 간단하고 보편적이다. 지난 2백여 년간 끊임없이 논쟁의 대상이 되어 왔던 인간의 권리에 대한 것이다.

인간에게는 물론 권리가 없다. 내 말은, 우리가 날 때부터 권리를 가지고 태어나는 것이 아니기에 양도받을 수도 양도를 할 수도 없다는 얘기다. '권리' 란 18세기 합리주의가 만들어낸 발명품으로 연약하며 형태가 없다. 미국의 독립선언문(1776)이 모든 인간의 평등성을 최초로 추구했고 이후 프랑스 인권선언문(1789)이 이러한 평등사상을 전 유럽에 널리 알렸다.

19세기에 소설이 널리 인기를 끌면서 독자들이 책을 통해 아무런 잘못도 없이 고통 받는 사람의 삶을 대리 체험하게 됨으로써 권리에 대한 의식이 자리를 잡게 되었다는 이야기도 있다. 하지만 거침없이 권력을 휘두르던 사람들은 늘 있었고, 그런 사람들에게 권리라는 개념은 말 그대로 넌센스일 뿐이었다. 군주들과 엘리트 귀족들, 그리고 철저하게 보호받던 그들의 경제적 이익으로 인해 그들이 누렸던 독재 권력을 강제로 포기해야 했다.

유엔이 1948년 발표한 세계인권선언문이 역사의 한 획을 그은 것은 분명하지만, 권리는 우리가 말과 행동을 통해 이를 행사하며 또한 지키려고 할 때에야 비로소 제 역할을 한다. 발명품이 그렇게 널리 적용된 적이나, 국제법이 그렇게 널리 힘을 떨친 적 모두 거의 드문 일이었다. 세계인권선언이 상징적인 제스추어 이상인 것은 물론이지만 설령 상징적인 제스추어에 불과하다고 하더라도 이는 여성과 어린이, 정치범, 난민, 동성애자, 장애인 및 기타 모든 약자들에게 깊은 의미를 부여하는 의향서였다. 어쨌든 이는 우리로 하여금 독재 행위에 의구심을 갖게 하며 인권유린자들을 적어도 변명이라도 하게 만드는 동시에 강제로라도 그들의 태도를 변화시켰다.

이러한 권리를 동물들에게까지 확대하고자 하는 사회운동가들도 있다. 여기에는 애완동물, 가축, 야생동물이 모두 해당된다. 동물의 권리문제는 지금까지의 내용보다도 한층 더 복잡한 논란을 야기하지만 적어도 이를 통해 우리 인간이 얼마나 자비로운지 혹은 다른 종족에게 자비를 베풀이야 하는지를 돌아볼 수 있다.

→ 참고 :《인권의 발명 : 역사 Inventing Human Rights : A History》, 린 헌트(Lynn Hunt) (2007)

로빈슨 크루소 상황 인식론
Robinson Crusoe assesses his situation

나는 이제야 내가 처한 상황과 환경에 대해 진지하게 생각을 해보기 시작했다. 그리고 그것들을 정리하여 글로 적어 보았다. 나를 날마다 괴롭히고 있는 마음을 조금이나마 누그러뜨려볼 생각으로 시작한 것이었다. 후계자가 생기길 바랬지만 몇 안되기에 남길 것도 없었다. 나의 이성이 나의 의기소침한 기분을 지배하기 시작함에 따라 스스로 위안을 하며 내가 처한 상황을 악과 선이라는 두 가지로 나누어 비교하며 나의 상황과 이 보다 더 못한 상황을 구별하고자 했다. 그리고 마치 대차대조표의 대변과 차변처럼 내가 누리는 안락과 내가 겪고 있는 불행을 냉정하게 대조해보았다.

악: 나는 무섭고 황폐한 무인도에 버려졌으며 살아남으리라는 희망은 찾을 수 없다.

선: 하지만 나는 배에 같이 탔던 다른 이들처럼 익사하지 않고 살아남았다.

———

악: 나만 혼자 떨어졌다. 이를테면 세상으로부터 단절되어 비참한 상황에 처했다.

선: 하지만 역시 나만 혼자 살아남았다. 죽음을 맞이하게 된 배에 탔던 다른 이들과 달리 목숨을 건졌다. 죽음으로부터 나를 살

려낸 하나님이 이 상황에서도 나를 구해줄 수 있을 것이다.

———

악: 나는 인류로부터 단절되었다. 나 혼자다. 인간사회로부터 내
쫓기기라도 한 것 마냥.

선: 하지만 굶주리지는 않는다. 이 불모지에서 먹을 것이 없어 죽
어가고 있지도 않다.

———

악: 내게는 입을 옷이 없다.

선: 하지만 이곳의 날씨는 따뜻하여, 만일 입을 옷이 있다고 하더
라도 거의 입을 일이 없었을 것이다.

———

악: 나를 보호할 것이 아무것도 없다. 다른 사람 혹은 짐승의 공격
에 맞설 수 있는 수단을 가지고 있지 않다.

선: 하지만 내가 표류하게 된 이곳에는 아프리카 해안에서 봤던
것 같은 사나운 야생동물이 살고 있지 않다. 만일 아프리카에
서 배가 난파했다면 어쩔 뻔했는가?

———

악: 이야기를 하거나 위로를 받을 상대가 없다.

선: 하지만 하나님은 놀랍게도 배를 해안 가까이까지 보내주어 나
는 배 안에서 필요한 것들을 최대한 많이 가지고 나올 수 있었
다. 내가 살아 있는 동안 내 필요를 채우거나 자급할 수 있을
만큼 충분하다.

—

전체적으로 보아, 이는 세상에서 가장 불행한 처지에 대한 고백임에 틀림없지만 이 가운데서도 부정적이건 긍정적이건 다행으로 여기는 감사의 고백이다. 행여나 우리가 이만큼 비참한 상황을 겪게 된다면 로빈슨 크루소의 방법을 따라보자. 그러면 그 속에서도 언제나 위안이 될 만한 것들을 찾아내어 나쁜 것과 좋은 것으로 대변과 차변을 세울 수 있을 것이다.

→ 참고 :《로빈슨 크루소 Robinson Crusoe》, 다니엘 디포(Daniel Defoe) (1719) / 제5장 '섬에서의 처음 몇 주간(First Weeks On The Island)' 에서 발췌

예술 said/done/written/painted etc. before, it hasn't all already been

모더니즘 이후 미술계는 끝없는 재생작업과 이를 이용하여 돈벌이하는 예술가들 외에는 아무런 발전도 없었다고 생각하기 쉽다. 하지만 이러한 포스트모더니즘 외에도 볼거리는 많으며, 또한 기존의 미술계를 벗어나도 예술은 얼마든지 추구할 수 있다.

재능이 뛰어난 시대가 있으면 부족한 시대가 있으며 만일 우리가 후자에 해당하는 시대를 살고 있다면 뛰어난 재능을 가진 자가 나타날 때까지 참고 기다려야 한다고 주장하는 이들도 있다. 하지만 중

요한 것은, "우리가 정말로 자기만족 예술의 핵심이 이것이다." 에서 벗어나고 싶다면 우리가 추구할 방향을 잘 잡아야 한다.

아니면, 우리에게 필요한 것은 예술을 볼 줄 아는 눈일 수도 있다. 예술작품에는 당신이 지난번에 보았을 때의 모습이 다음에도 그대로 남아있으리라고 보장할 수 없기 때문이다. 컴퓨터와 인터넷의 발달로 예술의 민주화가 이룩되어, 진부하건 아름답건, 평범하건, 의미 있건 간에 누구나 자신의 작품을 세상과 공유할 수 있게 되었다.

이렇게 모두를 평등하게 만든 힘 덕분에 바람직하건 그렇지 않건 간에 예술은 미술시장을 벗어날 수 있게 되었다. 언제나 모순과 편파로 똘똘 뭉친 심사위원이었던 미술시장은 때로는 놀랄만한 차세대 주자를 발굴하고 후원하기도 하지만, 대부분의 경우 수익이 훨씬 큰 〈슈렉3〉나 〈다이하드 4.0〉 등에 투자하는 일이 훨씬 더 잦았다. 명성과 후원만이 예술가의 성공여부를 측정하는 척도가 아니며, 다락방의 배고픈 예술가라고 해서 반드시 실패한 예술가가 아니다.

과학자 scientists

당신이 과학자들에게 바라는 것은 무엇인가? 과학자들이 얼른 창조의 비밀을 전부 밝혀내고, 전극으로 뇌를 자극하기만 해도 당신을 행복하게 만들 비법을 찾는 것? 아니면 과학자들이 스스로 아무것도 모르겠다고, 그 중에서도 특히 과학으로는 인간을 행복하게 만들 수 없다고 인정하며 우리의 존재 이유가 영원한 미스터리로 남게 되는 날이 오는 것?

아직은 과학이 잘난 척해도 될 만하다. 과학은 짧은 기간 동안 상대적으로 많은 진보를 이룩했으며 놀랍도록 빠른 속도로 우리의 생활과 손 안에 첨단기술을 가져다주었다. 과학자들은 우주와 인체의 신비를 점점 많이 밝혀내고 있다. 이 책 또한 그 절반이 과학과 직접적으로 혹은 간접적으로 연관이 되어 있지 않던가?

하지만 이상한 것은 과학자들이 성공을 이룩하고도 실망과 좌절을 맛본다는 점이다. 과학자들은 우리가 그들의 공로를 충분히 인정하지 않는다고 생각한다. 그들이 우리에게 바라는 것은 단순한 연구비 지원이 아닌, 자신들이 옳은 일을 하고 있다는 것, 과학이야 말로 모든 지식의 유일한 원천이며 과학만이 세상을 평가하고 자연의 비밀스런 메커니즘을 밝힐 유일무이하며 합리적이고 증명 가능한 방법이 라는 것을 온 세상이 인정하는 것이다.

하지만 왜 우리는 감명을 받지 못할까? 어쩌면 비트겐슈타인의 말처럼, 과학은 모두가 빚을 지고 있지만 아무도 어울리고 싶어하지 않는 파티 참석자일지도 모른다. "인간은 경이로움에 눈을 떠야 한다. 어쩌면 모든 인류가 그래야 한다. 과학은 인간을 또 다시 잠들게 만든다." 과학자들은 이 말에 맹렬히 반대를 하며 과학이야말로 경이로움으로 이끄는 길이라고 주장한다. 실제로 우리는 낭만을 핑계로 그 사실을 모른 척할 수는 없다.

이것이 실망의 이유다. 과학자들이 대답하지 못하고 있으며 시끄러운 논쟁이 되고 있는 몇몇 집요한 문제들 때문에 자신감이 꺾이고 있다. 그러한 문제 중 단연 으뜸은 이것이다. 만물은 어디서 시작되었는가? 우주의 폭발로 지금의 우주가 생성되었다는 빅뱅 이론에 대해서는 누구나 잘 알고 있다.

생명의 기원에 대한 문제가 그 뒤를 따른다. 순수주의인 신다윈주의자들은 화학반응의 우연과 자연선택에 의해 생명체가 생겨났다고 믿는다. 잔인하게 이야기하자면 지구상의 생명체는 "무작위적 운에 의해 진행되고 있는 정보기술"(리처드 도킨스)에 불과하거나 혹은 "적당한 크기의 행성의 표면을 떠도는 화학 찌꺼기"(스티븐 호킹)라는 말이다.

저명한 과학자들 중에는 그러한 환원주의에 회의적인 태도를 보이는 이들도 있다. 그렇다고 진화설을 무시한다거나 과학 대신 미신을 신봉하자고 주장하는 것은 아니다. 단지 최초의 단백질이 결합하여 오늘날 우리 눈에 보이는 이 모든 것들이 생성되었다는 사실을 믿기 어렵다고 지적할 뿐이다. 물리학자인 프레드 호일 경(Sir Fred Hoyle)은 이를 두고 과학자들의 '폐차장 심리(junkyard mentality)'라고 조롱했다.

"보잉747기의 부서지고 널부러진 파편과 부품들이 어지럽게 흩어진 폐차장에 엄청난 회오리바람이 불어온다. 그런데 회오리가 휩쓸고 지나간 후 보잉747기가 곧 날아갈 수 있을 만큼 완벽하게 조립된 채 남아 있을 확률이 있을까? 지구 전체를 뒤덮을 만한 폐차장에 토네이도가 몰아친다고 하더라도 그 확률은 알아보기 힘들만큼 작다."

과학시간에 창조론을 가르쳐야 한다고 주장하는 이들은 없지만 과학을 제자리에 둘 필요는 분명히 있다. 과학은 증거 수집 및 측정을 할 수 있으며 과학만이 유일한 해석방법인 분야에서는 훌륭하게 사용될 수 있다. 하지만 일부 과학자들도 인정하듯이 '증거에 입각한 지식'이라는 원칙을 삶의 모든 구석구석에 적용할 수는 없다. 당신이 사랑에 빠졌다는 증거는 당신의 감정 외에 아무것도 없듯이 말이다. 애매모호한 도덕적 태도에 대한 증거를 계산하기 위해 도덕성 계산기라는 것이 발명될 리도 없으며, 어느 쪽에 투표를 해야 옳을지를 알려주며 이에 대한 충분한 증거를 제시할 수 있는 과학기술도 생겨나지 않을 것이다. 인류가 가진 딜레마 중 일부는 과학자보다는 시인에게 조언을 구하는 편이 나은 것들도 있으니 말이다.

내가 과학자들에 대해 낙관적으로 보는 것은 서서히 깨달음을 향해 가고 있는 과학자들이 있으며 세상을 이해할 방법이 적어도 세 가지는 있기 때문이다. 일부를 떼어 합리적이고 증명 가능한 과학적 방법론으로 연구해 볼 수 있으며, 우주를 포함한 만물의 움직임을 관찰할 수 있고, 우리의 비이성적이며 직관적이고 내적인 지성을 앞의 두 가지 방법에서 얻는 정보보다 한층 더 유용한 정보를 산출할 수 있는 곳에 사용할 수 있다는 점이 그것이다.

현대과학은 짧은 기간에 비해 지금까지 잘 해왔다. 미신과 종교의 독단성을 성공적으로 밝혀냈으며, 지식을 쌓는 방법으로써 검사와 관찰의 중요성을 증명했다. 과학으로 모든 우주 만물을 설명하게 될 수도 있겠지만 과연 그럴 수 있을까? 나는 창조의 수수께끼를 푸는 과정이 연구실의 안에서 뿐 아니라 밖에서도 이루어져야 하며, 모든

Positive

지식에는 겸손이 전제되어야 한다고 믿는다.

→ 참고 : 《골디락스 수수께끼 : 왜 우주는 인간의 삶에 딱 들어맞도록 만들어졌는

가? The Goldilocks Enigma : Why is the Universe Just Right for Life?》, 폴

데이비스(Paul Davies) (2006) / 《세상, 육, 그리고 악마; 이성적 사람의

세 가지 원수의 미래에 대한 연구 The World, the Flesh and the Devil; An

Enquiry into the Future of the Three Enemies of the Rational Soul》, 존 데

스몬드 버널(John Desmond Bernal) (1929) / 《깨어있는 우주 The

Conscious Universe》, 딘 라딘(Dean Radin) (1998) / 《이기적 유전자 The

Selfish Gene》, 리처드 도킨스(Richard Dawkins) (1976)

나보다 형편이 못한 사람은 언제나 있다
someone always worse off than you, there is always

당신의 어머니, 아버지, 남편, 아내, 교도관 혹은
친구로부터 '불평 좀 그만하라'는 말을 듣게 되
면 그들 말이 옳다는 생각은 들지만, 실제로 그 의
미를 곰곰이 되새기게 되지는 않는다.

매년 전세계 모든 사람들을 각자가 가신 행운에 따라 순위를 매겨
발표하는 정기 간행물이라도 나와야 할 것 같다. 그럼 나보다 아래
에 있는 사람들을 보며 조금이나마 위안을 받을 수 있을 텐데 말이
다. 전 세계인의 상태를 체크하여 기록으로 남기는 웹사이트를 만들

어 누구나 매일 아침 웹사이트에 강제적으로 접속하여 자신의 상태를 기록한다. 그러면 거대한 용량의 컴퓨터가 이를 역학적으로 정리하여 각각의 성적을 실시간으로 뽑는 것이다. 당신에게 안 좋은 일이 생긴 날이면 웹사이트에 들어가 해당란에 표시만 하면 된다. 그러면 당신의 순위는 자동적으로 내려간다. 만일 운수 대통한 하루였다면 당신 바로 위에 있던 사람은 순식간에 당신 밑으로 내려가고, 동시에 순위 상승을 축하하는 메시지가 당신의 편지함에 도착한다.

진정으로 계몽적인 세계정부라면 세금 또한 세계시민의 행운과 불운에 따라 누진세로 공평하게 부과할 것이다. 그러므로 우울했던 날들에 대해서는 세금 환급을 받겠지만 모든 것이 잘 풀렸던 날에는 소득의 99퍼센트를 불우한 이웃을 위해 쓰는 것이 당연하다. 이렇게 순위를 매기는 것에는 문제가 한 가지 있다. 이 제도로 인하여 지구상의 모든 사람이 약간이나마 상대적 위안을 받게 되는 것은 사실이지만, 결코 위안을 받을 수 없는 단 한 사람이 생겨난다는 점이다.

흥이 절로 나는 노래들
songs to put a spring in your step

> 흥얼거리기만 해도 기분이 절로 좋아지는 곡조들이 있는데, 심지어는 우리의 흥얼거리는 소리에 근처의 비관주의자들까지도 덩달아 흥이 나기도 한다.

- 〈I Will Survive(살아남을 거야)〉, 프레디 페런(Freddie Ferren) 및 다이노 페카리스(Dino Fekaris)의 곡으로 글로리아 게이너(Gloria Gaynor)가 불렀다(1979). 원래는 이별의 아픔을 겪는 여자들을 위한 곡으로 '나쁜 놈'을 퇴치하기 위한 주문(呪文)과도 같은 노래지만 자신감과 독립심을 다시 한번 고취하고자 하는 사람들에게 널리 사랑 받는 노랫말을 가졌다.

- 〈Walking on Sunshine(햇살 속을 걸으며)〉, 킴벌리 류(Kimberly Rew)의 곡으로 카트리나 앤더 웨이브스(Katrina and the Waves)가 불렀다(1983). 흔해 빠진 노랫말이지만 펄쩍펄쩍 뛰며 허공에 대고 기타를 치고 싶다면 이만한 노래가 없다.

- 〈You Can Get It If You Really Want(간절히 바라면 가질 수 있어)〉, 지미 클리프(Jimmy Cliff)의 곡이다(1972). 영화 〈더 하더 데이 컴 The Harder They Come〉의 첫 번째 사운드트랙으로 기꺼이 최선을 다 한다면 원하는 것을 얻을 수 있게 된다는 메시지를 담고 있다.

- 〈I Can See Clearly Now(이제는 분명하게 보이네)〉, 존 내쉬(John Nash)의 곡이다(1972). "밝고 햇빛이 가득한 날이 될 거야"라는 만국적 은유가 담겨 있다.

- 〈Imagine(이매진)〉, 존 레논(John Lenon)의 곡이다(1971). 낙관주의자들을 위한 구속성이 있으며 유도피아적 테마를 가진 노래로 어느 경우에도 적용이 가능한 노랫말을 담고 있다. 영국의 리버풀 공항(존 레논 공항이라고도 불림)은 이 노래에서 따온 '우리 위에는 오직 하늘만 있을 뿐(above us only sky)'이라는 구절을 슬로건으로 삼고 있다.

존 레논은 이 노래를 두고 "반종교, 반국가, 반전통, 반자본주의적 노래"라며 "사실상 공산당 선언문"이나 다를 바 없다고 말한 바 있다.

● 〈Don't Worry, Be Happy(걱정 마, 행복해질 거야)〉, 바비 맥퍼린 (Bobby McFerrin)의 곡이다(1988). 미국에서 최초로 차트순위 1위에 오른 아카펠라 곡으로 후렴구는 인도의 영적 지도자이자 서양세계에도 영향을 미친 바 있는 메르 바바(Mehr Baba, 1894~1969)의 말을 인용해서 쓰여졌다.

● 〈Always Look On the Bright Side of Life(언제나 좋은 면만 봐요)〉, 에릭 아이들(Eric Idle)의 곡으로 몬티 파이튼(Monty Python)이 불렀다 (1979). 영화 〈라이프 오브 브라이언(The Life of Brian)〉의 피날레를 장식한 노래로, 아이러니하게도 십자가형을 당하는 사람의 노래였음에도 불구하고 이 노래는 낙관주의자들의 찬가로 불리고 있다. 이 노래로 기운을 얻고 싶다면 가사에 너무 깊이 파고들지 말 것.

● 〈On the Sunny Side of the Street(햇살 가득한 거리에서)〉, 지미 맥휴 (Jimmy McHugh)의 곡으로(1930) 도로시 필즈(Dorothy Fields)가 불렀다.

'코트를 들고 모자를 쓰고,

당신의 걱정거리는 현관문에 내려놓고,

햇살 가득한 거리로 발걸음을 향해요.'

● 〈The Roses of Success(성공의 장미)〉, 로버트 셔먼(Robert Sherman)과 리처드 셔먼 (Richard Sherman)의 곡으로(1968) 영화 〈치티치티 뱅뱅 (Chitty Chitty Bang Bang)〉의 삽입곡이다. 실패야말로 당신의 인생에

서 일어날 수 있는 최고의 일이라는 노랫말을 담고 있다.

'당신이 저지르는 큰 실수마다 감사하라.

그 실수는 다시 저지르게 되지 않을 테니까.

희미해지고 사라지는 모든 빛나는 꿈들은

두 번 더 시도할 수 있도록 힘을 불어넣는다.'

셔먼 형제가 쓴 또 다른 곡으로는 〈A Spoonful of Sugar(설탕 한 스푼)〉이 있다. 영화 〈메리 포핀스(Mary Poppins)〉에 삽입된 곡으로 약간 지나치게 들뜬 듯한 인생철학을 노래하고 있다.

금기로부터의 해방 the passing of Taboos

동물 중 폐경기를 겪는 동물은 단 두 종류뿐으로, 이들은 최근까지도 폐경기에 대해 맘 놓고 얘기하지 못했다. 하긴 돌고래들도 자유롭지 못했는지는 잘 모르겠다. 어쨌든 1950년대의 여자들은 폐경기를 노화에 따른 의학적 현상이라고 정의 내리지 못한 채 '신경과민'으로 치부해야 했다.

모든 것이 자유로운 대화의 소재가 된 지금, 얼마 전까지만 해도 언급 자체가 불편하고 조심스럽던 소재들이 있었다는 사실은 잘 믿기지 않는다. 특히 성(性)과 관련한 것들이 그랬다. 마치 그런 것들을 지칭하는 용어가 존재하지 않기라도 하듯이 행동했다. 하지만 우리에게 정말 부족했던 것은 정직과 공감, 그리고 자유였다. 우리의 삶에서 정말로 중요한 문제에 대해 서로의 생각과 감정을 묻고 답하는 것 자체를 수치로 여겼다. 한 예로, 동성애는 아예 존재하지 않는 것이나 다름없었다. 만일 당신이 게이라고 한다면 게이(gay; gay라는 단어는 형용사로 '명랑하다'라는 뜻을 지님)라는 말은 사전에 나온 그대로를 의미할 뿐이었다.

그 자체를 토론의 소재로 삼는다고 해서 자유가 저절로 생겨나는 것은 아니지만 억압에서 어느 정도는 벗어난다고 할 수 있다. 어떤 대상을 칭하면서 완곡한 표현이 아닌 제 이름을 부를 수 있다는 것은 그 대상을 제 자리에 가져다 놓을 뿐 아니라 긴장도 완화시킨다. 개인적 문제는 개인적 문제일 뿐 그 이상의 정신적 피해는 없다. 물론 지금도 금기는 존재한다. 하지만 대부분의 금기들은 진화되었다. 이미 이로 인해 우리가 겪은 혼란을 후대에까지 물려주고 싶지 않기 때문이다. 다행히도 1960년대와 페미니즘, 심리치료, 조직화된 종교의 쇠퇴, 그리고 인터넷의 발달 덕분에 은닉보다는 정직과 개방이 더 존중 받는 세상이 되고 있다.

테러리즘 terrorism

어쩌다가 한창 때의 젊은 청년이 사제폭탄이 든 배낭을 메고 지하철에 올라타 자신은 물론 생판 모르는 사람들의 목숨까지 앗아갈 생각을 했을까? 정말로 그것이 낙원으로 향하는 지름길이라고 여긴 것일까?

이처럼 세계 곳곳에서 평범해 보이는 이늘이 일으키는 테러에 우리는 날마다 무기력해지고 있다. 예측을 할 수도 없으며, 적어도 우리 눈에는 무작위적으로 보이기 때문이다. 그들이 원하는 것이 바로 이런 효과다. 테러의 목적은 자기만족 속에서 살아가는 평범한 사람들을 공포의 도가니로 몰아넣는 데에 있다. 우리가 매일 매일을 두려움 속에서 살아가게 되고 정부가 무능력해지기를 바란다.

이에 대한 우리의 반응은 이중적이다. 우선 우리는 개인의 자유가 제한을 받는 한이 있더라도 보안대책이 강화되기를 바란다. 또한 우리는 군과 경찰에 전에 없이 커다란 보복테러의 권한을 실어주기도 한다. 언제 또 일어날지 모르는 테러를 그들이 막아주었으면 하고 바라는 마음에서다. 두 가지 모두 필요한 반응이다. 하지만 테러는 그렇게 간단하게 막을 수 있는 것이 아니다. 그들은 교묘한 방법으로 경찰들의 눈을 피하고 검문도 무사히 통과한다. 그러므로 더욱 영리하고 장기적인 전략이 필요하다.

테러리스트 운동이란 장기적일 수는 있어도 영원한 것이 아니라는 사실에서 위안을 얻기도 한다. 그리고 그 어떤 테러리스트 운동도 대중매체가 치장한 것만큼 영향력이 막강하지 않다는 것 또한 알아야 한다. 테러 행위란 당연히 상대적으로 드물게 일어나는 일로써 규모의 제한을 받으며, 통계적으로 보아도 지하철에서 맞은편에 앉은 사람의 자살폭탄 테러로 우리가 이 세상을 뜨게 될 가능성보다는 횡단보도를 건너다가 음주운전 차량에 치어 죽는 쪽이 훨씬 높다. 물론 이라크와 같은 전쟁지역은 제외다. 여기서 일어나는 일은 테러라고 부를 수 없다.

테러가 일어날지도 모른다는 공포 속에서 벌벌 떨며 살아가느니, 테러의 원인을 알아내는 데에 우리의 에너지를 쏟아야 한다. 정치인들과 공동체의 지도자들, 그리고 우리의 히스테리를 먹고 사는 대중매체가 도처에 테러의 위협이 숨어있다며 우리를 위협하는 것에 넘어가면 안 된다. 이는 터무니없을 뿐 아니라 심지어 비정상적이며 사악하기까지 하다. 이것이 문제에 대한 평화로운 해결책을 추구하지 않는 과도단순화의 오류다.

정부는 테러리스트의 의도와 움직임을 잘 알고 있지만 대중들에게 알릴 생각은 없다. 그렇게 했다가는 그들의 동기에 합법성을 부여하게 될 것이기 때문이다. 그들이 공식적으로는 뭐라고 말하건 간에 결국은 테러리스트들과 대화를 할 수밖에 없다. 그들의 행동을 인정하는 것이 아니라 그들이 원하는 것을 알고자 하는 노력을 의미한다. 이것만이 테러의 위협을 잠재울 수 있는 유일한 방법이다.

테러는 특권이 박탈당했다고 여기는 이들의 좌절감에서 비롯된 계획된 행위라고 할 수 있다. 테러리스트들은 희생자의 가족이나 자신이거나 혹은 스스로 희생자들을 대신하여 행동한다고 믿는 사람들이다. 그리고 사회적 지위가 있는 사람들로 구성되어 있지만 조용하고 눈에 띄지 않는 집단이 이들을 지원한다.

테러리스트들은 언제나 자신들의 행동을 정당화하며 이러한 정당화에 대해 믿음을 갖는다. 그들의 정당성을 평가 절하하는 것은 무의미하다. 도리어 우리는 그러한 정당성에 동의하지는 못하더라도 이의 다당성은 인정해야 한다. 과거에 영국 본토를 폭파시켰지만 이에 대해 전혀 뉘우치지 않는 IRA(Irish Republican Army, 아일랜드공화국군. 영국령 북아일랜드와 아일랜드공화국의 독립을 요구하며 테러활동을 벌인 반군사조직) 테러리스트들은 스스로를 전쟁에 출전한 군인으로 묘사하고 있다. 자기들의 적이 이해할 수 있는 유일한 의사소통 수단을 사용했을 뿐이란다.

우리 또한 의도하지는 않지만 테러의 원인에 일조하고 있을지도 모른다. 우리가 직접적인 원인이 되지는 않겠지만 장기적으로는 테러의 원인을 잠재울 수 있어야 한다. 두 세계 간의 교두보를 쌓아 신뢰를 회복하고 희망을 심어주는 것이 그것이다. 한편으로는 안전장벽을 배치하되 다음 세대에서나 그 성과를 거둘 수 있는 일이라고 해서 그 작업을 소홀히 해서는 안 된다.

➔ 참고 : 다큐멘터리 〈더 파워 오브 나이트메어 The Power of Nightmares〉, 아담 커티스(Adam Curtis) 연출

심리요법 therapy

수년 동안 나는 딱히 정해진 이름은 없지만 나 스스로 '자기계발'이라고 부르는 행위에 불규칙하게 개입해왔다. 독자 혹은 참가자들에게 스스로를 더 나은 사람으로 여길 수 있도록 만드는 기술을 가르쳐 주는 책과 워크숍이 그것이다.

숨 막히는 강의실에 모여 앉아 주말을 보내는 사람들을 통해 내가 배운 것은, 세상에는 흥미진진한 이야기들이 참 많지만 우리가 들을 기회를 놓치고 산다는 것이다. 우리는 누구나 좌절되고 버려진 꿈을 가지고 있다. 그리고 우리 모두는 추구하지도 않았던 고통을 극복해야 했으며 결단을 내려야 했다. 내적으로는 누군가 지적할 때까지는 좀처럼 깨닫지 못하는 세속적 감정의 지배를 받는다. 만일 그러한 감정을 표출이라도 할라치면 어느새 파괴적인 모습이 되어 있다. 분노가 대표적이다.

자기수양 혹은 심리요법 혹은 자기계발 프로그램은 쉽게 조롱 받는다. 많은 경우, 우스꽝스러운 형태를 띠고 있으며, 대책 없이 제멋대로이기도 하고, 때로는 자기계발이 전혀 필요하지 않을 것만 같은 중산층이나 특권층의 사람들이 이 산업의 주요 고객이 되기도 한다. 또 대부분의 치료사들은 대화를 통해 자각이 가능하다고 믿는 사람들이거나 자기중심적 미치광이, 혹은 광신도들이다. 그렇다고 이러한 미치광이적 모습의 이면에 숨은 원리마저 등한시해서는 안 된다. 오히려 치료를 넘어 그 원리를 광범위하게 적용해보자.

세상을 바꾸고 싶다면 우선 당신 자신부터 바꿔라. 진부한 격언처럼 들리지만 누구나, 특히 정치에 입문하고자 하는 사람이라면 반드시 명심해야 할 말이다.

아무리 못해도 지금이 낫다
things are at least as good as they were

어느 것이든 처음 모습을 그대로 간직하기는 어려울뿐더러 다시는 원래의 상태로 돌아가지도 못할 것이다. 하지만 당신의 생각이 그렇다고 해서 그것들이 실제로 더 나빠졌다고 할 수는 없다.

물론, 요즘의 대중음악은 모방에 급급하고, 매너는 온데간데 없이 사라졌으며, TV는 황금기를 잃은 지 벌써 오래되었고, 예술은 더더욱 말할 것도 없으며, 요즘 젊은이들에게는 모험심이나 혁명심이 부족하다. 기타 등등. 하지만 현대세계에 대한 불평거리를 목록으로 엮는 일을 시작하기 전에, 다음의 내용부터 살펴보자.

1. 어느 시대나 비슷한 모습을 하고 있으며 언제나 눈 앞에 놓인 참신성과 가치를 발견하지 못한다.

고대 아테네인들은 소크라테스의 지혜에 기겁을 했다. 그의 열렬한 팬인 플라톤이 이를 철학으로 엮은 덕분에 이제는 모든 서양 사상에서 빠질 수 없는 요소가 되었지만 말이다.

인상파들이 처음 등장했을 때에는 아무도 이들을 주목하지 않았다. 인상파라는 이름부터가 1874년 프랑스의 미술비평가인 르로이가 모네의 작품 〈인상, 해돋이〉를 본떠서 조롱하듯 붙인 이름으로, 좋은 뜻으로 붙은 이름이 아니었다.

재즈연주가들에게 대중음악은 1950년대에 발전을 멈추었으며, 히피들에게는 밥 딜런이 전자기타를 연주하기 시작하고 비틀즈가 해체되는 순간 대중음악의 발전은 정지되었으며, 펑크가수들에게는 소외 받던 음악 산업이 수익을 창출하기 시작하면서 정체가 시작되었고, 브리티쉬 팝 음악가들에게는 그룹 오아시스(Oasis)와 블러(Blur)가 자만에 빠지면서 발전을 멈춘 것이다. 더욱 최근의 이야기들을 듣고 싶다면 길거리의 힙합 마니아들에게 왜 대중음악이 발전을 멈추었는지를 물어보라.

2. 옛날에 대한 그리움이 우리의 기억을 흐릿하게 만들기도 한다. 그게 아니라면 우리는 우리가 뭘 원하는지도 모르는 것이다.

테니스의 예를 들어보자. 1970년대에는 스포츠 선수들은 온통 괴팍한 성격을 가진 나쁜 남자들뿐이며 경기규칙은 그들에게 바람직한 행동을 강요하기 위해서 만들어진 것이라고 불평했다. 그런데 지금은 선수들이 왜 그렇게 맥이 없느냐고 물으면서, 지나친 바른 생활과 부자연스러울 정도로 철저한 자기 관리, 그리고 대중 앞에 비춰지는 모습을 신경 쓰는, 이기기 위한 기계가 되었다고 불만을 터뜨린다. 이런 걸 개선이라고 해야 할까?

나이 든 사람들은 자신의 젊은 시절에 마음과 시선을 고정시키고는 변화를 거부한다. 세상은 변해가지만 그 흐름을 좇을 생각은 없다. 술집에 앉아 지나간 황금기에 대한 일장 연설을 시작하기 전에 반드시 알아야 할 두 가지 교훈이 있다.

● 어느 세대건 빛나는 영광의 시절이 있으며 한창 잘나가던 전성기가 있기 마련이다. 자칫 미래에 중대한 영향을 미치게 될 새로운 재능에 대해 어처구니없는 판단을 내리시 않도록 주의해야 한다.

● 당신 눈에 독창성, 창의력, 원동력이 보이지 않는다면 잘못된 곳을 보고 있다는 뜻이다. 독창성이나 창의력, 원동력은 과거에 한 번 나왔던 곳에서 또 나오기는 쉽지 않다.

생각 thinking

원한다면 여태까지 읽은 모든 내용을 깡그리 잊어버릴 수 있다. 그래서 모든 것이 엉망이 된다 해도 생각만 제대로 할 수 있다면 모든 것이 다 잘될 것이다.

우리의 두개골 속에는 놀랄만한 능력이 잠재되어 있지만 평생 동안 이를 겨우 일부만 쓰다 죽는다는 장기가 들어있다고 한다. 그리고 "대부분의 사람들은 생각보다 빨리 죽게 될 것이다. 그리고 우리는 실제로 그렇다."라고 한탄했던 버트런드 러셀(Bertrand Russell)의 말이 여전히 많은 부분에서 사실이라는 점은 수치스러운 일이다.

과학으로도 아직 뇌의 역학을 완전하게 파헤치지 못했으며 정신과 의식 사이의 연관성도 분명하게 밝혀지지 않았다. 하지만 확실한 것은 생각이 학습 가능한 기술이라는 것이다.

이 분야의 일인자는 당연히 에드워드 드 보노(Edward de Bono)다. 그는 수평적 사고(lateral thinking)라는 개념을 주창했는데 수평적 사고란 문제를 정면으로 바라보았을 때 해결이 되지 않을 경우 측면에서 바라보게 하는 창의적 사고의 방법을 말한다.

비록 드 보노가 광범위하고 보편적인 접근방법으로 사고에 대한 글을 썼으며 평생을 바쳐 그의 사고법을 강연하고 장려했음에도 불구하고 그의 개념은 여전히 부분적으로만 받아들여지고 있다. 드 보노의 철학이 가지고 있는 핵심은 우리가 생각만 조금 한다면 더욱 효율적으로 행동하여 더 많은 것 혹은 우리가 원하는 것을 이룰 수

Positive

있다는 것이다.

"소크라테스, 플라톤, 아리스토텔레스로 구성된 그리스 3인방이 우리에게 물려준 생각 소프트웨어는 진리, 논리, 논증, 분석의 기능을 담고 있다. 이는 자동차의 왼쪽 뒷바퀴가 중요한 것과 똑같이 중요하다. 하지만 여기에는 창의성과 디자인, 그리고 직관이 빠져있다. 사고의 오류 중 90퍼센트는 논리가 아닌 직관의 오류다."

드 보노가 제시한 '6가지 생각 모자'의 착용법을 배우고, "예, 아니오"라는 이분법적 관점을 넘어 옳고 그름을 분별할 수 있는 능력을 길러, 익숙하지만 제한적인 '흔들리지 않는 논리'를 벗어나 훨씬 더 유연한 '흐르는 논리'를 채택한다면 우리는 제아무리 고집스러운 문제라도 해결할 수 있을 것이다.

우리가 태어나는 순간부터, 어쩌면 그 이전부터 생각이 시작되었다는 점에서 생각은 위대한 것이다. 하지만 좀처럼 우리는 기존에 가졌던 생각의 기술을 발전시키거나 새로운 기술을 배우려고 하지 않는다. 드 보노가 말하는 생각의 '체계'는 '직관'의 예시가 분명하다. 우리가 그 힘을 과소평가하고 있는 직관은 국어나 수학처럼 교과목의 하나가 되어 학교에서 가르쳐야 하며 정치에도 적용될 필요가 있다. 어쩌면 미래에는 '생각 컨설턴트'가 등장하여 평화 협정 테이블에 앉아 세계 문제, 즉 대표적으로 정신적 성제현상을 보여주고 있는 오늘날의 기후변화 문제 등에 대한 회의를 주재하게 될지도 모를 일이다.

→ 참고 : 에드워드 드 보노(Edward de Bono)가 쓴 모든 책, 그 중에서도 《수평적 사고의 활용 The Use of Lateral Thinking》(1967)과 《생각이 술술 여섯 가지 생각 모자 Six Thinking Hats》(1985)

과도기 transitions

어느 것이나 그렇듯이 정치에도 유행이 있는 것 같다. 한때는 전체주의자 및 독재자의 따뜻한 품에 안기고자 하는 나라들의 행렬이 꼬리에 꼬리를 물고 이어지더니, 다행스럽게도 요즘에는 민주주의와 자유가 그 주류를 이루고 있어 예전과는 정반대로 흐르고 있다.

하지만 한 체제에서 다른 체제로 넘어가는 과도기는 결코 만만치 않다. 어느 정도까지는 국가가 스스로 해결책을 찾아야 하며, 이라크의 경우만 봐도 알 수 있듯이 외부로부터 지원받은 해법을 적용한다는 것은 결코 쉬운 일이 아니다.

하지만 다행히도 우리는 이를 통해 모든 나라에 통용될 수 있으며 정치적 냉각기를 겪고 있는 국가라면 각색의 과정을 거쳐 적용할 수도 있는 교훈을 배웠다. 특히 스페인이라면 꽤 쓸만한 조언을 해줄 수 있으리라. 1975년 독재자 프랑코가 세상을 떠난 후, 그가 40년이라는 시간을 들여 장악했던 억압적 단일 기구가 모두의 동의하에 평화롭게 해체되는 데에는 그리 오랜 시간이 걸리지 않았다. 그처럼 아무런 탈 없이 과도기가 지나간 것에 대해서는 스페인사람들도 놀라고 있다. 이제는 30년 전 스페인이 유럽의 주류에 끼지 못한 채 허우적거렸다는 사실은 좀처럼 상상이 되지 않는다.

"먼저 미래를 위한 기초를 다진 후, 과거 문제를 다루라." 옥스포드대학교의 유럽학 교수인 티모시 가튼 애쉬(Timothy Garton Ashy)는 이제 막 민주주의를 시작하려고 하는 국가에게 이렇게 조언한다. 과거사를 다루는 것도 중요하지만 너무 성급하거나 너무 빠르지 않게 접근해야 하며 견고한 헌법적 기반이 먼저 세워져야 한다는 것이다.

구체제 일원들을 괴롭히는 일부터 시작했다가는 과거에 대한 분쟁에서 벗어나지 못하게 될 수도 있다. 그럴 바에는 차라리 구정부의 사람들을 사면해주고 민주주의라는 새로운 체제 속에서도 제 기능을 할 기회를 주는 편이 낫다.

하지만 과거는 반드시 재조명되어야 하며, 또한 심판을 받아야 한다. 그것도 되도록 빨리, 또다시 분열이 시작되지 않도록 말이다. 남아프리카 공화국의 '진실화해위원회'는 가해자와 피해자 모두를 공청회로 소환하여 성공적이었다는 평을 받고 있지만 이러한 과정이 교묘하게 사유를 박탈하는 체제 하에서 누구나 직면하게 되는 복잡한 도덕의 문제를 해결하는 데 큰 역할을 맡고 있다.

한편 민주주의는 과거의 제도에서는 배세뇌었던 소수민족과 이민자들을 보호하는 규정을 만들어야 한다. 하지만 오랜 세월 동안 쌓인 불만이 완전히 해소되기까지는 꽤 많은 시간이 걸리는 것 같다. 프랑코 정권의 탄압을 받았던 스페인 북부의 바스크 민족이 독립을 요구하며 끊임없이 테러를 일으키는 것만 봐도 알 수 있다.

어떤 면에서 과거는 과거로 끝나야 하지만, 이후의 세대는 반드시 자신의 역사를 되돌아보고 그들이 어렵게 일궈낸 자유를 지키는 법을 배워야 한다.

→ 참고 : 《문화의 기억상실: 내 시절의 여백에 적은 기록 Cultural Amnesia: Notes in the Margins of My Time》, 클라이브 제임스(Clive James) (2007) / 《마법의 등; 바르샤바, 부다페스트, 베를린, 프라하에서 목격된 1989년의 혁명 The Magic Lantern; The Revolution of '89 Witnessed in Warsaw, Budapest, Berlin and Prague》, 티모시 가튼 애쉬(Timothy Garton Ash) (1990) / 《새로운 스페인 사람들 The New Spaniards》, 존 후퍼(John Hooper) (1995)

폭력 violence

지금의 세상은 전에 없이 폭력적이라는 인상을 받기 쉽지만 이러한 생각은 공포로 인해 왜곡된 것일 수도 있고 정치나 방송이 내린 냉소적인 결정에 우리가 겁을 먹은 것일 수도 있다.

모든 통계수치에는 오류가 있을 수 있다. 위험성과 발생가능성이 높게 나온 부분에 대해서는 주의를 기울여야 하지만 지역마다 특성이 있음을 고려해야 한다. 전쟁을 겪었거나 폭력 범죄에 피해를 입었던 적이 있는 사람이라면 통계로 뭉뚱그려지는 큰 그림 속에서 위안을 찾기는 어려울 것이다. 하지만 실제로 통계를 보면, 과거와 비교할 때 폭력이 줄어들었으며 전체적으로 세상은 더욱 안전한 곳이 되었다는 사실을 알 수 있다.

캐나다 밴쿠버에 소재한 사이먼프레이저대학교의 연구진이 2005년도에 발표한 《인간의 안전보장 보고서 Human Security Report》는 다음과 같이 결론을 내린다.

"대체적으로 알려지지 않은 편이지만, 지난 10년 사이 전쟁과 학살, 인권 유린의 횟수는 급격히 감소했다··· 냉전 이후 유례없이 급증한 국제적 행동주의만이 이러한 변화를 설명할 수 있는데 그 선두에는 유엔이 있다."

보고서를 작성한 저자는 인간의 안전보장은 국가 지도자들이 종종 실패하곤 하는 국가 안보와는 다른 것이라고 강조했다.

TED 컨퍼런스의 크리스 앤더슨(Chris Anderson)도 폭력이 감소 추세에 있다고 믿는 사람 중 하나다.

"수렵채집 사회에서 남자들이 폭력으로 목숨을 잃는 비율은 아마도 30퍼센트는 되었을 섯이다. 20세기에 태어나 두 번의 세계대전과 몇 번의 핵폭발을 겪은 사람들 중에서 폭력으로 목숨을 잃은 남자들의 비율은 1퍼센트에 불과할 것이다. 21세기인 지금, 여태까지 발생한 폭력으로 인한 사망은 급격히 감소하고 있다."

우리 인간이 전반적으로 덜 난폭해지고 있다고 말하는 스티븐 핀커(Stephen Pinker)는 이를 역사적으로 비교한다.

"놀이로써의 잔인성, 미신에 빠져 인간을 제물로 바치는 인신공양, 인건비 절감 차원으로써의 노예제도, 간편하게 말살하려는 목적으로 자행되는 집단학살, 고문과 수족절단을 관례적인 처벌로 일삼는 행위, 사소하고 가벼운 범죄에 대해 실시하는 사형, 정치적 계승을 위한 암살, 좌절감의 돌파구로써 사용되는 대량 학살, 분쟁의 주된 해결책으로써의 살인… 이런 것들은 어느 역사에서나 반드시 존재하는 요소들이다. 하지만 오늘날 통계적으로 볼 때, 그런 것들은 서양에서는 드물게 나타나는 현상이며 만일 발생할 경우에는 대대적인 비난을 받게 된다."

우리에게 나쁜 일만 눈에 띄는 이유는 "왜 평화가 존재하는가?"라는 질문보다는 "왜 전쟁이 일어나는가?"라는 질문을 훨씬 더 좋아하기 때문이라고 핀커는 말한다. 여기에 대한 대답은 다양하다. 세계 대전을 두 번이나 겪고 전체주의자들에게 한참을 시달리고 나니 더 이상 전쟁할 힘이 없기 때문일 수도 있고, 비폭력적인 방법으로 대립과 분쟁을 해소하는 민주주의가 보편화되었기 때문일 수도 있고, 인간의 심리를 더 깊이 이해하게 되었기 때문일 수도 있고, 전 세계의 모든 사람들이 서로를 좀 더 현실적으로 느낄 수 있도록 만들어준 통신기술의 향상 때문일 수도 있고, 더욱 광범위해지고 강력해진 무역관계 덕분일 수도 있고, 일시적이라고 하더라도 전쟁 때문에 우리의 안정된 생활이 위협받는 것을 원치 않기 때문일 수도 있다. 아니면 폭력은 피해자를 낳을 뿐 폭력을 통한 장기적 승자란 없다는 메시지를 이제 우리가 받아들여야 할 때일 수도 있다.

→ 참고:《인 간 의 안 전 보 장 보 고 서 Human Security Report》 :
www.humansecurityreport.info《힘의 역사; 탄압, 유혈, 파괴의 습관에
대항한 세계적인 운동에 대한 탐구 A History of Force; Exploring the
Worldwide Movement Against Habits of Coercion, Bloodshed, and
Mayhem》, 제임스 페인(James Payne) (2004)

세계의 불가사의 wonder of the world

우리는 지극히 세련된 일렉트로닉 오락과 놀이에
지나치게 빠져있으며 전 세계의 유명한 미술작품
이나 건축물의 사진도 언제든지 컴퓨터로 다운로
드 받아 감상할 수 있다. 하지만 다행히도 세상에
는 이미 다 봤다고, 다 안다고 잘난 척하는 우리들에게 한방 먹일만
한 것들이 아직도 많이 있다.

당신이 오늘 밤 짐을 꾸려 내일 아침 일찍 여행길에 오른다고 하
더라도 세상의 곳곳에 존재하는 놀라운 것들을 전부 보고 세상을 떠
나지는 못할 것이다. 좀 더 완곡하게 이야기하자면, 볼거리들이 부
족하여 여행을 마치게 되는 일은 결코 없을 것이다.

'구(舊)' 세계 7대 불가사의 중 이집트 기자(Giza)에 있는 피라미드
만이 '신(新)' 세계 7대 불가사의에 포함되었다. 2000년 현대에 걸맞
은 7대 '비공식' 불가사의로 목록을 재정비하자는 운동이 일어났고,
"인간의 손으로 지었으며 보존의 가치가 있다고 인정되는" 구조물

들이 여기에 해당되었다.

그 결과 유적들의 본질적인 가치보다는 민주주의를 사칭한 조사
방법만 부각되었지만 이러한 고고학 미인대회를 통해 최종적으로
선발된 21개 후보지들은 시간이 남아도는 사람에게는 꽤 괜찮은 방
문지가 될 것이다. 오늘날 신비한 곳이라고 알려지면 곧 관광지로
전락하고 만다는 점은 꽤나 안타까운 일이지만, 어쨌건 관광지가 되
면 적어도 어느 정도는 보존작업이 수반됨을 의미하기에 안심해야
할 것 같다.

새로운 세계 불가사의의 입후보 명단은 다음과 같으며, 그 중 별
(★) 표시가 된 곳들이 최종적으로 세계 불가사의 목록에 등재된 곳
들이다.

● 아크로폴리스 (아테네)

● 알람브라 궁전 (스페인 그라나다)

● 앙코르 와트 (캄보디아)

★ 치첸잇사 (멕시코)

★ 그리스도상 (리우 데 자네이루)

★ 콜로세움 (로마)

● 이스터 섬의 석상들 (칠레)

● 에펠탑 (프랑스)

★ 만리장성 (중국)

● 성 소피아 성당 (이스탄불)

● 교미즈 사원 (일본 교토)

- 모스크바 크레믈린 궁전, 성 바실리 대성당 (러시아)

★ 마추픽추 (페루)

- 노이슈반슈타인 성 (독일 퓌센)

★ 페트라 (요르단)

- 기자의 피라미드 (이집트)

- 자유의 여신상 (뉴욕)

- 스톤헨지 (영국)

- 시드니 오페라 하우스 (호주)

★ 타지 마할 (인도)

- 팀북투 (말리)

세계 불가사의의 선정 기준은 이것뿐 아니라 더 다양할 수도 있다. 직접 당신만의 '반드시 방문해야 할' 목록을 작성하여 관광객 인파도 피하면서 비행기 삯이나 호텔 요금, 입장료 등을 비싸게 지불하지 않고도 세계의 불가사의를 즐길 수도 있다. 7대 불가사의 목록은 국내에서나 혹은 당신이 사는 도시 내에서 볼 수 있는 신비한 건축물들로 작성될 수도 있다. 아니면 자연의 신비를 찾아보는 것도 좋다. 입장권이라는 장벽 없이 절경을 즐길 수 있다. 그리고 현대적 불가사의도 있을 수 있다. 기존의 형태에 기능성을 더한 것들이 있는가 하면 최고의 명성을 가진 건축가들의 고객은 어떤 취향을 가졌는지를 알 수 있는 것들도 있다. 런던의 '거킨(Gherkin, 스위스 재보험사 건물)'이나 두바이의 버즈 알 아랍(Burj al Arab), 빌바오의 구겐하임 미술관 등이 여기에 해당한다.

현대인의 정신에 막대한 영향을 끼치고 있는 일곱 장소를 목록으로 만든다면 아마도 다음과 같지 않을까?

- 바티칸
- 예루살렘
- 라스베가스
- 맨해튼
- 백악관
- 크레믈린 궁전
- 베를린 장벽의 잔해

이보다 더 재미있는 것은 규모, 비용, 방문자 수, 역사적 역할을 무시하는 대신, 우리의 호기심을 자극하고 가르침을 주지만 머릿속으로 의문을 일으키는, 그러면서도 굳이 해답을 찾을 필요를 느끼지 못하는 것들을 강조하는 것이다.

엉덩이가 근질거려 가만히 앉아서 주변을 감상하기가 힘든 영장류들을 위해서는 움직임의 상징적 궤도와 방법을 모아 목록으로 엮어 줄 수도 있겠다. 성지 순례 여정, 철도망, 터널, 운하, 지하철 시스템 및 항공로와 같이 우리의 삶을 크게 바꾸어 준 것들이 그것으로써, 모스크바 전철, 영국과 프랑스를 잇는 해저터널, 시베리아횡단철도 등이 여기에 해당한다.

이러한 '불가사의' 목록 만드는 일을 꼭 지리적 장소로만 제한할 필요는 없다. 유일한 제한적인 요소는 우리의 상상력이다. 단순히 장소에 국한되지 않고 우리가 인터넷을 통해 방문하거나 혹은 우리의 머릿속에 담긴 발명, 과학적 발견, 인공물, 예술작품, 정치적 사건, 혹은 사상까지도 그 대상이 될 수 있다.

→ 참고 : 신 세계 7대 불가사의 재단(New 7 Wonders Foundation) : www.new7wonders.com /《죽기 전에 꼭 봐야 할 자연절경 1001 1001 Natural Wonders; You Must See Before You Die》, 마이클 브라이트 (Michael Bright) (2005)

세계 정부 World government

나는 세계정부를 '좋은 것'이라고 생각하곤 했는데 요즘에는 그 말을 다시 생각해보기 시작했다. 그 동안 내가 상상했던 세계정부란 각자가 속한 민족이나 인종, 종교, 국가, 회사, 스위스 은행계좌 등과 관계없이 오로지 인류의 최선만을 고민하는 냉정하고 침착한 석학들이 국제적 안전지대에 모여 이룬, 계몽적이며 다채로운 색깔을 가지고 있는 의회였다는 것을 깨닫게 되었다.

그렇다, 나는 너무 순진했다. 그래서 나는 내가 가진 정치적 이상향을 한 단계 낮추었다. 20세기에 있었던 다양한 정치적 실험을 통해 나는 어떻게 안전하고 자유로우며 민주적인 세계정부가 세워질 수 있는 지에 대해 의문을 품게 되었다. 국제 의회를 결성한다고 가정하더라도 결국에는 또다시 국제적인 독재자가 생기고 말 것이기 때문이다.

그렇지만 우리에게는 여전히 국가 간의 입장 차이를 중재하고, 어리석은 분쟁을 가라앉히며, 막강한 권력의 횡포에 개입하고, 어떤 형태의 정부든지 인권이 최우선이라는 사실을 상기시켜 줄 초국가적 의사결정 기관이 필요하지 않은가?

조심스럽게 '그렇다' 라고 대답하겠다. "우리는 19세기와 20세기의 정부구조 속에서 21세기의 문제점들을 가지고 살고 있다." 경제학자 제프리 삭스(Jeffrey Sachs)의 말이다. 자본이 광섬유 펄스의 속도로 순식간에 지구 한 바퀴를 도는 지금의 시대에 비해 국가와 정부가 한참 뒤떨어져 있다는 얘기다.

우리가 정치적 의사결정과 행정을 통해 배울 것이 있다고 한다면 각 기능이 적절한 지위와 수준을 유지하고 있다는 점이다. 때때로 카톨릭의 교구회가 가장 효율적인 권력 행사기관이 되기도 하지만 여전히 상위기관에서 다룰 문제들은 따로 있다. 명목상으로 지금은 상당히 불완전한 유엔이 세계정부 역할을 하고 있다. 그 동안 유엔이 많은 것을 이루어낸 것도 사실이지만, 야망만 큰 이빨 빠진 조직이라는 혹독한 비난도 피할 수 없다.

그렇지만 우리는 최후의 순간까지 살아남는 강대국조차 지배할, 완전한 초국가적 조직이 생겨나리라는 희망을 접어서는 안 된다. 불법적 전쟁에 대해 유죄를 선고하고, 환경오염에 크게 일조하는 국가들을 책망할 수도 있으며, 독재자들을 추방하고, 전쟁범죄들을 재판에 회부하고, 가난의 문제를 국제적인 수준에서 다룰 수 있다면, 그리고 이 모든 것들이 국제적 토론을 통해서 해결될 수 있다면, 바로 그것이 오늘날의 우리에게 반드시 필요한 것이다.

→ 참고 : 《세계 의회 · 세계연방의 원리 A Global Parliament · Principles of World Federation》, 크리스토퍼 하머(Christopher Hamer) / 《아워토피아 Ourtopia》, 가레트 존스(Garret Jones) (2004)

좋을 때가 있으면 나쁠 때도 있는 법
things could always be worse

이는 위기의 상황에서 사용되는 오래된 낙관주의적 모토로, 영국인들은 이를 줄여서 "어쩌겠어 (mustn't grumble)"라고 하기도 한다. 선진 세계에 사는 대부분의 사람들에게 이는 의심할 여지없는 사실이다. 하지만 이 말은 머릿속으로 생각만 해야지 입 밖에 내서는 안 된다. 안 그랬다간 지나가던 비관주의자가 당신의 말을 듣고 이렇게 응용할 지도 모른다.

"나쁠 때가 있으면 더 나빠질 때도 있는 법."

힘든 시기가 닥치면 낙관주의자들도 '나쁘지 않아'가 '좋지 않아' 보다는 나은 것이라고 믿으며 감사한 마음을 갖기 위해서는 의

지와 노력이 필요하다는 사실을 인정한다. 만일 당신이 직장에서 해고를 당한 날, 집에 돌아와 보니 우편함에 세금고지서가 꽂혀 있고, 남자친구 혹은 여자 친구와 저녁식사 약속이 있어 나갔더니 이별 통보를 받고 심지어 저녁식사 값까지 계산하게 되었다면, 그리고 버스 막차를 타고 집에 돌아가려고 버스정류장에서 기다리고 있는데 버스가 서기는커녕 물웅덩이를 지나가 머리끝부터 발끝까지 흙탕물로 세례를 받는 날이 오면, 다음의 처지를 생각하며 감사한 마음을 갖길 바란다.

- 말에 매달려 질질 끌려가며 사지가 찢기는 능지처참 당하는 것
- 전신의 살갗이 벗겨지거나 화상을 당한 후 살아남는 것
- 배 젓는 노예로 강제 징집되는 것
- 매춘부로 팔려 가는 것
- 정신이 멀쩡한 채로 정신병동에 수감되는 것
- 달랑 칼 하나만 차고 있는데 포병 중대를 공격하라는 명령을 받는 것

〈주의〉: 응석받이들에게는 이해하기 어려운 개념일 수 있으니 그들에게는 굳이 설명하느라 땀 빼지 말 것.

지구의 종말 the end of the world

당신이 지금 이 글을 읽고 있다면 아직은 세계의 종말이 도래하지 않은 것이다. 세계의 종말은 가까운 미래에 일어날 것 같지는 않으며 심지어 아예 일어나지 않을 수도 있다.

세상이 시작된 순간부터 인간은 말세를 예언했으며 그것이 지금까지도 이어지고 있다. 종말을 중상모략한 자들 중 가장 유명한 2명의 예언자가 노스트라다무스와 마더 쉽튼(Mother Shipton)이다.

하지만 그들의 예언은 모두 분명하지 않았다. 이들보다 덜 용한 예언자들은 수점(數占), 요한계시록, 대(大) 피라미드 등과 같은 '확실한' 증거들에 의존하여 종말을 예언했으며 어느 종교나 다양하게 해석이 가능한, 나름대로의 종말론적 입장을 취하고 있다. 하지만 이들 중 어느 누구도 희미하게나마 정확하게 맞춘 이가 없기에 이 모든 비과학적 예언은 전부 틀렸을 가능성이 높다.

우선 우주의 종말과 지구의 종말, 그리고 인류의 종말 간의 차이점을 구분하는 것이 좋겠다. 이 셋 중에서 우리 인간의 명이 가장 짧으며 가장 연약히고, 가장 어리석은 것은 분명하다. 핵전쟁이나 기후 변화가 우리의 씨를 말려버릴 수도 있겠지만 인간의 독창력과 생존 본능이 이에 굴복하지 않고 이거낸디고 가정해보자. 사, 그렇다면 두려울 게 뭐가 있나?

문명 혹은 지구의 종말에 대한 한층 더 괴상한 생각으로는 지구가 태양에 빨려 들어가며 달이 지구로 떨어지고 지구가 혜성이나 운석 따위와 충돌하고 외계인이 지구를 침략하며 극 이동이 일어난다는 것 등이 있다.

극 이동이란 아프리카가 북극으로 옮겨가고 남극이 적도의 자리로 가게 된다는 설이다. 이들 중 전부 혹은 일부가 실제로 일어날 수도 있겠지만 그렇다고 한들, 우리가 할 수 있는 일이라고는 그저 산꼭대기에 있는 동굴 속에 식량이나 좀 숨겨두고 모든 것이 잘 되기만을 비는 수밖에 없다.

하지만 우주는 어떨까? 얼마나 오래 견딜 수 있을까? 이에 대한 답은 우주의 질량에 따라 달라진다. 기술적으로 너무 깊이 들어갈 수는 없지만 모든 것의 종말은 밀도를 나타내는 오메가(Ω)의 값에 달렸다.

오메가의 값이 1보다 크다면 우리는 닫힌 우주(closed universe)에 살고 있는 것으로 조만간 우주는 스스로 수축하여 '빅 크런치(Big Crunch, 대붕괴)'의 상태로 돌아가게 될 것이다. 만일 오메가 값이 1보다 작다면 우리는 열린 우주(open universe)의 상태에 놓인 것으로 우주는 영원히 팽창을 계속하게 될 것이다.

우주에 존재하는 열이 사라지게 된다는 '빅 프리즈(Big Freeze)', 또는 전부 해체되어 원자의 상태가 된다는 '빅 립(Big Rip)'이 일어나 우리를 삼켜버릴 가능성도 여전히 존재한다. 이는 유령과도 같은 암흑 에너지(dark energy)에게 달려 있는 일이다. 만일 오메가 값이 1과 같거나 1보다 작다면 우리는 평탄한 우주(flat universe)에 살고 있는 것으로 열린 우주의 경우와 비슷한 일이 일어나게 될 것이다. 현재 측정되고 있는 오메가 값은 1 또는 그 이하로, 어쩌면 우주가 멸망하는 일은 일어나지 않을 수도 있다. 우리가 무한대의 다중 우주, 즉 평행 우주(parallel universe) 속에서 살아가고 있으며 우리가 살고 있는 우주의 수명이 무한할 가능성 또한 있다.

하지만 우주가 '빅 크런치'의 상태를 향해 가고 있다고 하더라도 우리는 그렇지 않을 수도 있다. 1994년 프랭크 J. 티플러(Frank J. Tipler) 교수는 우주가 종말의 순간에 가까울수록 컴퓨터의 용량이 시간의 속도보다 빨리 증가하는 것과 같이 자연적 에너지가 생겨난다는 '오메가 포인트(Omega Point)' 이론을 제창했다. 그러므로 우주에서 무슨 일이 벌어지든지 우리에게는 즐길 수 있는 주관적인 시간이 무한대로 있는 것이다. 그러한 순간이 올 때쯤이 되면 아마도 우리의 의식은 대단히 영리한 기계로 옮겨져 있어 그 모든 일들을 실제가 아닌 모의(가상)로 경험하게 된다고 해도 그다지 신경 쓰지 않을 것이다. 서라운드 음향시스템에 와이드스크린으로 볼 수 있다면 더욱 좋을 일이다.

이처럼 우리에게는 자연적 연산력이 생길 것이므로 우리는 이미 죽은 사람을 다시 만들어낼 수 있을지도 모르고 혹시나 원한다면 무덤에서 일어나게 할수 있을지도 모를 일이다.

그래서 우리는 인간의 역시를 계속해시 되풀이해 보면서 시루한 부분은 빨리 감기를 할 수도 있으며, 당신이 또 다시 태어나는 도중에 정지 버튼을 누르고 차를 끓일 수도 있게 될 것이다. 그리고 이 정도로도 낙관적이 되기에 충분치 않다고 생각한다면 당신은 정말로

까다로운 사람이다.

→ 참고 : 《불멸의 물리학 The Physics of Immortality》, 프랭크 J. 티플러(Frank J. Tipler)(1994)

본문 또는 주석의 내용은 많은 책들과 웹사이트들을 참고로 했다. 보충 설명을 하기도 했지만 더 깊이 알아보고 싶은 독자들을 위해 참고서적들도 소개해 두었다. 내가 직접적으로 의지하지는 않았지만 각각의 주제에 대해 더욱 자세한 내용을 찾아볼 수 있는 책들로써, 그 책들을 통해 나의 이야기보다 훨씬 더 다양한 생각을 이끌어내기를 바란다.

내가 여기에 소개한 자료의 내용이 내 생각과 반드시 일치하는 것은 아니라는 점을 분명히 해두어야겠다. 그 저자들은 스스로를 낙관주의자로 여길 수도, 혹은 그렇지 않을 수도 있다. (내가 그들을 대신해서 그렇다고 주장할 수는 없는 노릇이다.) 나는 내 생각을 뒷받침할 만한 내용들을 찾아 내 글에 맞도록 선별하여 요약하고 정리했다.

이 책은 본문에 등장하는 참고서적들뿐 아니라 다음에 나열된 자료에도 큰 신세를 지고 있다. 나는 여기에 나오는 정보를 일반적 기준으로 삼았으며, 또 이를 출발점으로 수많은 생각의 꼬리를 이어나가기도 했다.

*《발전된 세계: 어째서 우리가 더 깨끗한 지구에서 더욱 오래, 건강하게, 안락하게 살게 되었는가? The Improving State of The World: Why We're Living Longer, Healthier, More Comfortable Lives on a Cleaner Planet》, 인두르 고클라니(Indur Goklany), 카토연구소(Cato Institute), 2007

*《불가능한 일들은 시간이 걸린다: 두려움의 시대를 살아가는 사람들을 위한 희망 지침서 The Impossible Will Take a Little While: A Citizen's

Guide to Hope in a Time of Fear》, 폴 로엡(Paul Loeb) 편저

*위키백과(Wikipedia)

*디 엣지(The Edge), 존 브록만(John Brockman)이 발행인 및 편집인으로 있는 온라인 매거진. 2007년 1월, 세계질문센터(World Question Center)는 160인의 제3문화 사상가들에게 물었다. "당신은 어떤 것에 대해 낙관적입니까?'

*〈터질 듯한 지구 Bursting at the Seams〉, 제프리 삭스(Jeffrey Sachs)가 2007년도 리스 강연(Reith Lecture)에서 했던 강연으로 BBC 라디오방송국의 '라디오 4'로 방송되었다. 제프리 삭스는 콜롬비아대학교의 지구연구회(Earth Institute)의 국장으로 있다.

이 책 속에는 이야깃거리들이 ABC순(그렇다고 반드시 ABC순으로 읽을 필요
는 없다)으로 나열되어 있으며 각각의 주제에 대한 긍정적인 면을 다루고
있다. 대부분의 경우 진지한 정보를 전달하고 있지만 간간이 기분전환
꺼리들도 등장한다. 그런 것들이 없었다면 이 책은 잔인할 정도로 가치
있는 생각으로 똘똘 뭉친 종이뭉치가 되고 말았으리라. 또 일부는 낙관
주의자라면 반드시 한번쯤은 짚고 넘어가야 할 간단한(적어도 내게는 그렇
게 보인다) 개념에 대한 것이다. 인간이란 믿을 수 있는 존재인가? 미래를
정확하게 예측하는 것이 가능한가? 낙관주의와 희망의 차이는 무엇인가?
행복의 본질은 무엇이며 그리고 결코 얼렁뚱땅 넘어갈 수 없는 인생의
의미란 무엇인가?

　　이 책 속에 어떤 주제를 남을지에 대한 선택은 지극히 주관적으로 이
루어졌지만 각 주제마다 등장하는 낙관주의적 논리는 사실과 논증을 바
탕으로 하고 있다. 일부러 의도한 바는 아니었지만 자연스럽게 두 주인
공이 생겨났다. 하나는 인류요, 다른 하나는 지구다. 그리고 당신과 내가
소연을 맡고 있다. 서로 연결된 이 네 명의 배우들이 이음새 없는 매끈한
완전체, 즉 우주를 구성하고 있다. 우주에 대한 내용은 책의 끄트머리에
등장한다.

　　부유한 서구사회에 사는 우리들은 소위 개발도상국에 사는 사람들보
다 더 낙관적이어야겠지만 사실은 그렇지 못하다. 세계를 경제블록으로
구분지어 '우리'와 '그들'이라는 선을 긋는 것은 실수다. 각각의 나라들
마다 고유한 특성을 지니고 있으며 그 안에 속한 개개인 역시 서로 다르

다. 인류의 대부분이 나나 당신이 가진 부를 누리지 못하는 것은 명백한 사실이지만 적어도 이 책에서 다루는 내용은 대부분 보편적 타당성을 지닌다.

지금까지는 낙관주의를 통해 현실을 좀더 정확하고 유용하게 바라볼 수 있다는 이야기를 했다. 다음은 앞으로 이 책을 읽으면서 반복해서 만나게 될 주제들을 요약 정리한 것이다.

숲과 나무를 동시에 볼 필요가 있다.

우리는 역사의 위엄에 감화되어 인류를 쉽게 일반화하는 경향이 있지만 각 부분들이 모여 전체를 이루었다는 사실을 잊어서는 안 된다. 지나치게 거창한 관점에 사로잡혀 우리 자신을 거대한 지구상의 작은 생명체에 불과하다고 제한시키면, 소소하지만 여전히 가치 있는 수억 개의 이야기들을 놓치고 만다. 물론 우리는 정부나 다국적 기업, 국제적인 단체들이 하는 일에도 관심을 가져야 하지만 그 밑바닥에 있는 보통 사람들이 하는 일에 대해서도 잊어서는 안 된다. 권력이나 배경이 없는 사람들도 세상을 바꾼다. 일인 시위로 수백만 명을 움직이기도 하며 처음에는 아무도 관심을 갖지 않았던 사소한 실험에서 비롯되어 대규모의 사회적, 기술적, 경제적 운동이 야기되기도 한다. 성공 신화를 특정 인물이나 지역, 아니면 특정 시기의 일로 치부하며 경시할 수도 있다. 하지만 지구의 어느 작은 한 부분에서 일깨워진 교훈이 텔레파시의 속도로 전 세계를 향해 뻗어나가기도 한다.

대중매체가 호도하는 대로 받아들여서는 안 된다.

우리가 TV를 통해 보는 것은 현실의 묘사지 현실 자체가 아니다. 우리와 관심사가 다를 수 있으며 일이 너무 많아 바쁜 기자들이 하는 말을 있는 그대로 받아들이지 않고 그 이면의 것을 볼 줄 알아야 한다.

결코 과한 것을 바라서는 안 된다.

빈곤율 1퍼센트 줄이는 일은 우스워 보인다. 대단한 수치도 아니고 또 너무 늦은 것처럼 보이기 때문이다. 하지만 이는 1천만 명에 해당하는 남자, 여자, 아이, 아기들의 생명을 살리기 위한 움직임이다.

미래지향적 사고를 할 줄 알아야 한다.

소비자중심주의가 나 자신과 단기적 필요만을 생각하게 만들고 있지만, 미래는 내일이나 다음 주에서 그치지 않는다. 우리는 현재를 잘 사는 동시에 다음 세대의 안녕을 준비할 수도 있다.

모든 것은 서로서로 연결되어 있다.

혼자 생겨난 문제란 없다. 그러니 섣불리 해결책을 내놓기 전에 다른 일과의 연관성부터 관찰할 것. 이렇게 할 경우 얻을 수 있는 이점은 하나의 문제에 대한 대책이 연쇄작용을 일으켜 다른 문제들까지 한꺼번에 해결하기도 한다는 점이다.

다양성은 바람직한 것을 의미한다.

독단적이며 천편일률적인 정치적, 경제적 '통일장 이론' 들로 가득한 20세기 이후의 모든 이데올로기, 중앙집권적 계획, 일괄적인 해결책 등을 주의 깊게 살펴야 한다. 공동의 문제라고 여겨지는 것에 대한 해결책은 한 가시가 아닐 수도 있다. 각 개인과 공동체마다 고유의 방법으로 접근하도록 허용해야 한다. 문제를 안에서 바라보는 것보다 바깥에서 바라보는 것이 훨씬 낫다는 생각을 버려라.

과학을 존중하되 무조건 숭배해서는 안 된다.

조금 더 정확하게는 합리성과 경험주의가 지식의 유일한 자원이라고 맹신해서는 안 된다는 얘기다. 그렇다고 미신을 두둔하자는 것이 아니다.

우리가 오늘날 직면한 지적 도전은, 증거를 지식의 기초이자 결정과 행동의 전조로써 받아들이는 것이 아닌 우리의 감정, 윤리, 직관으로 알 수 있는 '내적 증거'를 받아들이는 일이다. 그리고 이 두 가지는 동시에 존재하는 것이 가능하다.

H. G. 웰스(H. G. Wells)의 말처럼 "인류의 역사가 교육과 재앙 사이의 경주"라면 이를 미래에도 적용해 볼 수 있겠다. 우리는 개인으로서, 또한 인류라는 종(種)으로서 배울 것이 많지만 본질적으로는 교과과정에 맞추어 진도를 따라가는 것이다. 계속해서 낙관주의적 견해를 가지고 수업에 임해보라. 누가 알겠는가? 혹 우리가 인류의 문제를 해결하고 과업을 이룩해낼는지?

2009년 2월
옮긴이가

INDEX